VOYAGES EXTRAORDINAIRES

ET

NOUVELLES AGRÉABLES

PAR

MOHAMMED ABOU RAS BEN AHMED BEN ABD EL-KADER EN-NASRI

RÉCITS HISTORIQUES

SUR

L'AFRIQUE SEPTENTRIONALE

TRADUIT

PAR

M. A. ARNAUD

INTERPRÈTE MILITAIRE

ALGER

ADOLPHE JOURDAN, LIBRAIRE-ÉDITEUR

IMPRIMEUR-LIBRAIRE DE L'ACADÉMIE

1885

VOYAGES EXTRAORDINAIRES

ET

NOUVELLES AGRÉABLES

RÉCITS HISTORIQUES

SUR

L'AFRIQUE SEPTENTRIONALE

VOYAGES EXTRAORDINAIRES

ET

NOUVELLES AGRÉABLES

PAR

MOHAMMED ABOU RAS BEN AHMED BEN ABD EL-KADER EN-NASRI

RÉCITS HISTORIQUES

SUR

L'AFRIQUE SEPTENTRIONALE

TRADUIT

PAR

M. A. ARNAUD

INTERPRÈTE MILITAIRE

ALGER

ADOLPHE JOURDAN, LIBRAIRE-ÉDITEUR

IMPRIMEUR-LIBRAIRE DE L'ACADÉMIE

1885

INDEX DES NOMS
CONTENUS DANS CET OUVRAGE

A

Abbâd (Les). 111.
Abdallah ben Ibâd. 178.
Abdallah ben Ouahb. 12.
Abdallah ben Sa'd ben Sareh. 39, 40.
Abdallah ben Zobéir. 38, 39, 40.
Abdallah El-Ketâmi. 44.
Abd El-Berr En-Nemri. 2, 7.
Abd El-H'akk' le Mérinide. 89.
Abd El-Kâder El-Djîlani (Sidi). 120 à 124.
Abd El-Mâlek ben Merouâne. 48.
Abd El-Ouâd. 86.
Abd El-Ouâd (Beni). 133, 134, 158.
Abd El-Moumène. 60, 61, 65 à 70, 131.
Abd Er-Rah'îm ben Abd Er-Rahmâne El Mohr. 111.
Abd Er-Rahmane ben Hâkem. 47, 49.
Abd Er-Rahmane ben Rostem. 51, 82.
Abd Er-Rahmane Ed-Dakhel. 187.
A'bed (Beni). 187.
A'bou (Beni). 46.
Abou Abdallah Ech-Cherîf. 75.
Abou Abdallah El-Makoufel. 47.
Abou Abdallah Mohammed Ech-Chéikh. 89.
Abou Bekr Es-Siddik. 1.
Abou El-H'assane El-Kelbi. 44.
Abou El-H'azm Djomhour. 111.
Abou El-Khatt'âb. 81.
Abou El-Mohadjer. 31.
Abou El-Oualîd Abdallah ben Mohammed. 118.
Abou Hammou. 21, 23, 75, 165.
Abou Hammou Moussa ben Otmâne. 133.
Abou H'assane. 84, 87, 88, 103.
Abou H'atem ou Abou K'adoum. 186.
Abou I'nâne. 23, 29, 86, 91, 134, 135.
Abou Kelmès. 95.
Abou K'orra. 186.
Abou Mediène. 88.
Abou Mohammed Abd El-Ouahb. 62.
Abou Noéim. 1.
Abou O'béida. 1.
Abou Tâbet. 75.
Abou Ya'k'oub. 70.
Abou Yéid. 198.
Abou Zakariâ le Hafcide. 45, 102, 104, 132.
Abou Zéid (ibn). 37.
Abou Zéid Àbd Er-Rahmane Et-Ta'lebi. 21.
Abter (El-). 55.
Abyssins (les). 15.

Achir. 43, 56, 71, 98, 165.
A'djes et A'djiça. 50 à 53, 157.
Aft'euss' (El-). 112.
Ah'laf. 20.
Ahmed ben Abdallah ben Ish'ak'. 2.
Ahmed ben Abd El-A'ziz. 203.
Ahmed ben El-K'adi. 138.
Ahmed ben Tâbet. 182.
Ahmed ben Youssof (Sidi). 78.
Ahmed El-A'kel. 75.
A'iche (Beni El-). 74.
Akh'al (Sidi El-). 46.
Alexandrie. 143.
Alger. 50, 56, 68, 128 à 142 et suiv.
Ali (Oulad). 86.
Ali ben O'tmâne. 85.
Ali ben R'ania. 61.
Ali ben Yab'ya. 61.
Ali ben Youssof ben Tachefine. 131.
Ali Ech-Cherif (Sidi). 119.
Almohades (les). 60, 61, 65, 73, 75, 76, 132.
Almoravides (les). 14.
Alouh'at. 90.
Alphonse. 112.
Amdoudjât. 192.
A'mer (Beni). 18 à 20, 22, 97, 117, 127, 150.
A'meur ben El-Aci. 90.
Andalousie. 208, 212.
Angad (les). 20, 22.
Aouras (Aurès). 216.
Arib. 20.
Arizer (Beni (ou Beni A'zouz. 186.
Ark (El-) ou Alarkos. 71, 101.
Ar'mat. 112.
Arménie. 2.
Arminakèche. 2.

Ar'ouat (Beni El-). 178.
A'rouba ben Youssof El-Ketami. 51.
A'rouci (El-). 74.
A'roudj (voir H'assane Khéir Ed-Dîne. 140, 141.
Asmaï. 1.
A'tt'âf. 19.
Azdâdja. 50 à 53.
A'zîz (El-). 43, 130.

B

Badajos. 105.
Bâdène (Beni). 158.
Badîs (Beni). 81.
Badîs Ba-Amakacène. 112.
Bâdis ben Bologuîne 57.
Bâdis ben El-Mans'our. 36, 128, 130.
Barca. 157.
Beladori (El-). 2.
Belkâna. 56.
Berânès. 31, 54.
Beraz. 19.
Berbers (les). 54, 55, 168.
Berr'outa. 44, 59.
Betouya. 84.
Betre (El-). 54.
Biskra. 120.
Boh'a. 15.
Bokhâri (El-). 7, 8.
Bologuine (Beni). 164.
Bologuine ben Ziri. 43, 44, 56, 58.
Bordjanes (les). 14.
Bordj Djedid. 16.
Bordj El-Ah'meur. 15, 84.
Bordj El-Ihoud. 15.
Bordj El-Morsa. 17, 84, 95.
Bordj Merdjadjou. 15, 22.

Bordj O'ïoun, 15.
Bot'h'a. 19, 43, 96.
Bougie. 129, 133, 199.
Bouira. 74.
Bou Kamel. 19.
Bou Ras (son voyage à Tunis, à La Mecque, à Oran. 192.
Bou Saci. 20.
Bulgares (les). 14.

C

Caire (Le). 216.
Carthage. 38, 201, 202.
Cha'bâne (Bey). 23, 115 à 117.
Châfa'. 96.
Châfa' (Beni). 19.
Cha'nba. 177.
Chebanat. 20, 161.
Chehir Ed-Dine Abou Abdallah. 2.
Cherîf (les). 74.
Cherifa. 20.
Choé'ib (Beni). 176.
Chouchaoua. 176.
Chrétiens (Nazaréens-Nessara. 93.
Cordoue. 12.

D

Dahbi (Ed-). 2, 3.
Danouna (Don nuño). 85.
Daoudi ben Nas'r. 75.
Dellys. 3.
Dra' (oued). 159.
Derrak (Djebel). 83.
Derène (Djebel). 159.
Dialem. 19.
Didon. 38.
Dja'aouna. 20.

Djafar ben Ali. 43, 166. 167.
Djahouche. 18.
Djaloula. 38.
Djeraoua. 39.
Djerba. 12, 197 à 199.
Djerdjera (Djebel). 74.
Djerid. 157.
Djobéir ben Motéim. 1.
Djohéiche. 18.
Djordjine ben Menh'aïl. 130, 131.
Djordjir. 38, 39.
Djouher. 42, 52, 153, 205.
Djouta. 19.
Dongola. 15.
Dou En-Noun (ibn). 112.
Doui Abdallah. 20.
Doui H'assane. 20, 101.
Doui Mans'our. 20.
Doui Ziâne. 20.

E

Espagne. 111.
Espagnols. 92, 95, 101, 102.
Erzeroun. 2.

F

Felfoul (Beni). 41.
Fez. 59.
Fezzane. 13, 90.
Flita.. 19.
Fort'as (El-). 45.
Four'âl. 186.
Francs (les). 38, 92, 94, 95, 105.
Frenda. 178.

G

Génois (les). 58, 91, 196.

Grenade. 113, 210.
Guezoulya. 161.

H

Habra. 19, 97, 98.
Hadadj. 20.
H'addad. 23.
Hadjez (Beni). 18.
Hafcides (les). 105.
Haloui (Sidi El-). 89.
Hamakna. 20.
Hamdane. 19.
Hamdane (Beni). 45.
Hamdane (Ibn). 44.
Hammad. 11.
Hammad (Beni). 202.
Hammond (Beni). 49.
Hamza (pays de). 74.
Haouara. 19, 63, 77, 81, 157.
Haouazène. 18.
Harit. 20.
Haroun (Ibn). 88.
Hassane Khéir Ed-Dine 136, 140.
Hassasna. 19.
H'azem (Ibn). 7, 38.
Hechima. 187.
Héidour (Djebel). 125.
Hentâta. 134.
Heranda (Ferdinand). 85.
Hicham El-Mouayed. 112.
Hilal. 126.
Himiar. 38.
H'ofra. 23.
Homéid (Beni). 18
Homéis. 20.
Homiane. 22, 96.
Horéima ben O'ïoun. 91.

I

Ibadites (les). 81, 174.

Ibrahim d'Oran (Sidi). 79, 80.
Ibrahim (Beni). 74.
Ibrahim ben Tachefine. 60.
Ibrahim Et-Tazi (Sidi). 84.
Ibrahim Pacha. 22, 23, 116.
Idris (Enoch). 7.
Idris Ier. 34, 39, 175.
Idris II. 74, 175.
Ifkâne. 42.
Ifrek (Beni). 59.
Ifrène (Beni). 73, 158, 169, 174 à 176.
Ifrikès ben S'éifi. 54.
Ikrima. 23.
Iloul (Beni). 187.
Iloula (Beni). 86.
Ilouma (Beni). 86, 158.
Irnane (Beni). 46.
Ish'âk' (Ibn). 7.
Ish'âk' ben Ali. 60.
Ismaïl l'Alide. 12.
Ismaïl ben Ali Es-Sedjelmaci. 119, 124, 127.
Ispahan. 2.
Iznacène (Beni). 84.

J

Jayme (Don). 215.
Jésu. 93.

K

K'a' (El-). 96.
Ka'ber. 15.
Kabès. 194.
K'aïd (El) ben Hammâd. 128.
Kairouane. 31, 34, 37, 201, 202.
K'ali-K'ala (Erzeroum). 2.
Kebedlaoua. 39.
Keñt. 161.
K'erâkèche El-R'ozzi. 61, 74.

Kernît'a. 186.
Ketama. 157.
Khachena. 23.
Khaldoun (Ibn). 7, 11, 23, 41, 52, 139, 158, 165, 171, 172, 176.
Khalifa (Oulad). 20.
Kharadj (El-). 20.
Kharedjites-Ibadites (voir Ibadites). 51, 178, 180.
Kharedjites-Sofria. 186.
Khatîb Es-Selmani (El). 113.
Khéir Ed-Dine (voir Hassane).
Khéir (El) ben Mohammed. 51.
Khellouf. 46.
Khezer (Beni). 42.
Khezeroun (Beni). 41.
Khezroum. 41.
Khorz El-Mor'raoui. 49.
Kiouma. 158, 187.
Kitem. 92.
Kiza. 96, 117.
Kocéila. 31 à 34.
K'ola Ankour. 52
K'ola Beni Hammad. 68, 128.
Korz (Beni). 23.
Kouche. 13.
K'out' (Beni). 46.
Krioum 66.

L

Lah'ek (Oulad). 23.
Latins (les). 93.
Lemaya. 54, 82, 177, 178, 186.
Lemdia. 68.
Lemta. 161.
Lemtouna. 14, 54, 58, 63, 65, 75, 162.
Lou. 81.
Louâta. 81 à 84.
Louis IX. 151, 152.

Louloua (Djebel). 129.

M

Ma'âfa (Oulad). 23.
Mad'fara. 74
Mafès. 30, 34.
Mahammed K'addâr (Sidi). 97.
Mahdi (El) ben Toumert. 65, 66, 73, 130.
Makhis. 19, 125, 126.
Makhoukh. 86, 129, 158.
Ma'k'el. 161.
Ma'k'il. 20, 22, 164.
Mâlef. 19.
Malek (l'Imam). 47.
Malek ben Zar'ba (Beni). 19.
Malte 83.
Mans'our (El-). 71, 169.
Mans'our (Beni). 20.
Mans'our ben Amer. 44.
Mans'our ben Abou Amer. 42, 112.
Mans'our ben Bologuine. 129.
Mans'oura. 87.
Marachou. 14.
Mar'îla (ou Mer'îla). 158, 185 à 187.
Mar'litaï 3.
Mar'reb 11, 33, 139, 148, 154, 156 à 158.
Maroc. 59.
Masmouda. 31, 159.
Massakène Er-Rih. 14
Massoudi (El). 3.
Massoufa. 31.
Mazouna. 45.
Mecifa. 187.
Mecila. 167.
Med'âreb. 139.
Medar'er (El-). 74.
Médéa. 56.

Medinet El-Beida. 91.

Mediouna. 20, 39, 86, 158, 186, 187.

Méditerranée. 13.

Medjaber. 19.

Medjamed. 23.

Meh'âl. 139.

Mchammed El-Mor'raoni. 47.

Mehâya (El). 20.

Mehdia. 196, 200, 201.

Mekh'aïl d'Antioche. 91.

Mekki de Kabès (Ibn). 91.

Meklâta. 186.

Meknassa. 159.

Melâta. 96.

Meliana. 56, 68 139, 167.

Mendâs. 188.

Mendîl (Beni). 45, 46, 139, 170.

Mendîl ben Abd Er-Rahmâne. 166.

Merâba'. 23.

Mer'arâ. 187.

Merine (Beni). 86, 89, 90, 165.

Mer Kolzoum ou de Suez. 13.

Mer Manideb. 13.

Mer Nitèche (mer Noire). 14.

Mernak. 38.

Mer Verte ou des Ténèbres. 13.

Meskène (Beni). 51.

Messoufa. 162.

Mestîr. 196.

Metarfa. 20.

Metar'ra. 158.

Metidja. 164.

Met'mata. 158, 186, 187, 188.

Metrouh' (Ibn). 91.

Mezab ou Moss'a'b. 82, 177, 178.

Mezer'nna. 142.

Moawya. 31.

Moa'zz. 42 à 44.

Moa'zz ben Bâdis. 57, 128.

Moa'zz El-Obéidi. 68.

Mohammed Baktache. 145 à 148.

Mohammed ben A'bbad. 111.

Mohammed ben Ali El-Djouti ben Cherif. 89, 90.

Mohammed ben Abd El-Kerîm El-Mer'îli. 183, 184.

Mohammed ben Bou A'cida. 133.

Mohammed (Sidi) ben Khalef. 36.

Mohammed ben El-Khéir. 42, 43, 52, 53, 82.

Mohammed ben Khezer. 52.

Mohammed El-Montacer ben Abou Zakariâ. 105, 202.

Mohammed El-Haouari. 46, 76 à 78.

Mohammed Bey ben O'tmâne. 4, 5, 9, 27, 29, 35, 36, 99, 100, 156, 167, 178, 180, 189, 194, 208, 217, 218.

Mohammed ben R'ania. 61.

Mohammed ben Taferguine. 87.

Mohammed ben Yahya. 47.

Mohammed ben Youssof. 112.

Mohammed Kharz. 51.

Moh'rez (Sidi) le Tunisien. 36, 37.

Mondir ben Yahya ben Hocéine. 112.

Montas'ir le Hafcide. 38.

Montas'ir l'Omeyade. 43.

Mor'raoua. 38, 40, 41, 43 à 46, 158.

Moss'a'b ou Mezab (voir Mezab).

Mostafa, Bey de Mazouna. 146.

Mostancer d'Égypte. 190, 191.

Mo'tad'ed (El). 111.

Mo'tamed (El). 111.

Moulaï 1er. 74.

Moulouya (Oued). 34, 159.

Moussa (Beni). 23.

Moussa ben Nocéir. 92.

Moussa (Oulad). 176.
Moussa ben Salah. 86.

N

Nassâra (En-) (voir Chrétiens.
Nacer (En-). 72.
Nacer l'Omeyade. 42, 51.
Nacer ben A'lennâs. 129.
Nas'r (Benou). 112, 113.
Nefouça. 39, 157.
Nefzaoua. 82, 157.
Nemrod. 13.
Nezrouma (Nedrouma). 20.
Nil. 14.
Noun (Oued). 160.
Nubie. 13, 15, 90.

O

Obéira (El-) ou Bouira. 74.
Océan Atlantique. 13.
O'k'ab (El-). 72.
O'k'ba ben Nafé. 31, 74.
Okéil ben Abou Taleb. 1.
Omar ben Abd El-A'ziz. 3.
Oméya (Beni). 44, 47, 48.
Oran. 15, 24, 37, 50 à 52, 78, 79, 114, 116, 150, 151, 155, 156, 180, 182, 204, 214. 218.
Ortokides (Turcs). 191.
Ouahbites. 12.
Ouanezmor ben Mor'lab. 40, 41.
Ouanoud (Beni). 45.
Ouaterma Es-Souéidi. 134.
Oudjeda. 20, 45.
Oued ben El-Khéir. 115.
Oued Chelef. 158.
Oueddane. 90.
Ouelhaça. 186, 188.
Oulili. 34.

Ouemannou (Beni). 158.
Ouenanou (Beni). 86.
Ouergla. 63, 162.
Ouettâs (Beni). 86, 90, 119.
Ouezdedjine (Beni). 83.
Ouezid (Beni). 84.
Oum Er-Rabi' (Oued). 159.
Oûra (Ben). 46.
Ouriaguel (Beni). 130.
Outtât (Beni). 46.

P

Philistins. 55.

R

Râceb (Beni). 12.
Rached (Beni). 86, 168, 169.
Rafidites. 51.
R'ania (Ibn). 71, 72.
R'ania (Oulad). 61.
R'azali (El-). 60, 65, 66.
R'ecel (El-). 20.
Refdjouma. 186.
Rekachi. 1.
Riab. 18.
Riab. 12.
Rir'a. 46.
R'oféir. 19.
Roger de Sicile. 91, 195.
Rok'éitat. 20.
Romains. 93, 94.
Rome. 38.
R'omza. 117.
Roum. 94.

S

Sabik ben Soléimâne El-Matmati. 3, 188.

Sa'd (Beni). 18.
Sa'd ben Mâlek. 23.
Sahari. 20.
Saïd (Beni). 119, 162.
Sakerdir ben Roumi. 31.
Sak'iet El-H'omra. 160.
Salah (Beni). 52.
Sanhadja. 31, 41, 43, 55, 63, 64, 69, 70, 159. 161.
S'a's'a'. 18.
Sederdja. 186.
Sedjelmesse. 82, 120.
Sela (château de). 131.
Selkoucène (Beni). 83.
Semadeh (Beni). 112.
Sefax. 66, 196.
Sendjâs. 46.
Senous (Beni). 20, 187.
Seressou. 82, 83.
Sert. 82.
Set'foura. 186, 187.
Séville. 107.
Sicile. 44.
Sîra. 90.
Sirat. 19, 96.
Sirîne (Ibn). 1.
Sobćih' ben A'lâdj. 19.
Sobćitla (Suffetula). 38, 39.
Solćim. 126.
Solćimâne ben Abdallah El-Kâmel. 74.
Sor'éir (Beni). 20.
Souéid. 19, 96 à 98, 126.
Soumâta. 186.
Souria (Ibn) El-Karadi. 8.
Sous (Oued). 124, 160.
Soussa. 66, 195, 199.

T

Ta'aleba. 20, 21, 164, 165,

Tabari (Et-). 7.
Tachefine ben Ali. 60.
Tadela. 59.
Tagaoust. 160.
Takdemt. 172.
Talh'a. 20.
Tanger. 12, 119.
Tarek. 33.
Tarifa. 10.
Tedjine. 45, 86.
Temime, fils de Bâdîs. 57.
Tenès. 164.
Tenis. 167.
Tiagueraret. 187.
Tiaret ou Tahret. 82, 166, 178.
Tigrarine. 162.
Tikraret. 135.
Tina'mer (Ibn). 129.
Tîoura. 187.
Tlemcène. 73 à 76, 78, 79, 86, 129, 133, 135, 158, 173, 175. 183.
Tobna. 33, 186
Todjine. 171, 172.
Tolède. 106, 112, 208.
Tork. 97.
Touareg. 58, 161.
Touat. 159, 162.
Toudjine. 158, 168 à 173.
Tripoli. 44, 66, 90, 91.
Tunis. 88, 105, 170, 201 à 203.
Turkoman. 3.

V

Valence. 102.

Y

Yacine (Ibn). 14.
Yadîne (Beni). 168.

Yahya ben El-A'ziz. 130.
Yahya Ed-Dafer. 112.
Yahya (Sidi) ben Râched. 172.
Yahya ben R'ania. 45, 61, 62, 64, 162.
Yahya ben Temîm. 196.
Yak'oub (Beni). 18, 20.
Yak'oub ben Abd El-Hakk. 85, 89, 105, 119.
Yak'oub El-Mans'our. 61.
Ya'la l'Ifrénide. 51.
Ya'la ben Mohammed. 42.
Yar'moracène ben Ziane. 22, 75, 89. 176.
Yedd ben Ya'la. 44, 53.
Youssof ben Abd El-Moumène. 70, 104.
Youssof ben Tachefine. 14, 46, 54, 58, 59, 103, 104, 111, 129.
Youssouf ben Yakoub le Mérinide. 75, 133.

Z

Zab. 133.
Zar'ba. 19, 20, 22.
Zâtîma. 186.
Zellak'a 59.
Zenacène (Beni). 20.
Zenata. 31, 42, 55, 158, 168.
Zerdâl (Beni). 168.
Zerouâl (Beni). 46.
Zer'raoua. 13.
Ziane (Beni) ou Zianites. 75, 76, 95, 136, 175, 176.
Ziri. 43.
Ziri ben A't'ia. 45.
Ziri ben Menad. 56, 68, 166.
Zohéir El-Maloui. 33, 34.
Zohri (Ez-). 1.
Zor'b. 126.
Zouaoua. 64.
Zouilya. 13.

ERRATA

Lire Beni partout où il y a Benou.

Page	10,	ligne 20,	au lieu de :	El-Asmoï, lire : El-Asmaï.
—	15,	— 19,	—	Es-Siouti, lire : Es-Soïouti.
—	22,	— 35,	—	de repousser, lire : à repousser.
—	22,	— 35,	—	de la protéger, lire : à la protéger.
—	23,	— 2,	—	sur les Aïas, rois des Beni-Ziane, lire : sur ces vigoureux souverains des Beni-Ziane.
—	31,	— 2,	—	El-Fahdi, lire : El-Fihri.
—	33,	— 30,	—	— — —
—	40,	— 16,	—	Tu porteras l'outre d'eau sur la nuque. A la ville se trouve ta maîtresse, lire : Tu porteras l'outre d'eau de K'obâ. A Médine se trouve ta maîtresse.
—	41,	— 2,	—	Safféine, lire : Siffine.
—	41,	— 5 et 20,	—	Ouârrâd, lire : Ouerrâd.
—	42,	— 1,	—	Mouied, lire : Mouaïed.
—	74,	— 7,	—	Moulaï Ier, lire : Moulaï Idris Ier.
—	125,	— 6,	—	Bey, lire : Sultan.
—	159,	— 36,	—	*Azkane*, lire : *Argane*.
—	160,	— 1,	—	— — — (Argan, arbre oléifère, de l'ordre des Sapotées, *argania sideroxylon*.)
—	161,	— 17,	—	durée, lire : denrée.
—	211,	— 6,	lire avec guillemet au commencement du paragraphe.	

VOYAGES EXTRAORDINAIRES

ET

NOUVELLES AGRÉABLES

PAR

MOHAMMED ABOU RAS BEN AHMED BEN ABD EL-KADER EN-NASRI

—

RÉCITS HISTORIQUES

SUR

L'AFRIQUE SEPTENTRIONALE

L'histoire a toujours obtenu une attention sérieuse de toutes les classes de la société. Pour chaque époque et pour chaque peuple de l'antiquité, la phalange des historiens s'est composée d'hommes à imagination féconde, à esprit pénétrant, qui ont su lire dans la pensée de ceux dont ils s'occupaient, qui se sont rendus utiles à l'humanité, les uns, par des compilations intelligentes, les autres, par des créations ou des œuvres personnelles, et enfin, qui, doués des qualités les plus éminentes, ont poursuivi les événements jusque dans leurs conséquences les plus extrêmes. Puisse Dieu leur accorder les marques de sa satisfaction et leur attribuer une place dans le paradis !

A partir de l'établissement de l'islamisme, les historiens les plus érudits, après le Prophète toutefois, sont : Abou Bekr Es-Siddik, Ibn Abbas, Djobéir ben Motéim, Okéil ben Abou Taleb. Immédiatement à leur suite viennent Ez-Zohri, Ibn Sirine et autres. Plus tard apparaissent El-Asmaï, Abou Obéida, Er-Rekachi, Ech-Chéibani, etc.

Un grand nombre de savants populaires et de saints personnages, tels que le traditionniste Abou Noéim, ont acquis la célébrité par leurs recueils chronologiques. Cet Abou Noéïm est l'auteur de l'ouvrage intitulé : *Caractères des hommes remarquables par leur piété*. Son véritable nom est Ahmed ben Abdallah ben Ishak ben Moussa ben Mohrane d'Ispahan. C'est l'un de ceux dont la mémoire a gardé, avec la plus grande fidélité, les actes du Prophète, et qui pouvaient, le plus sûrement, en rendre témoignage. Il est l'auteur d'une monographie sur Ispahan. Il y dit que son aïeul Mohrane, affranchi de Moawya ben Abdallah ben Djafar ben Abou Taleb, fut le premier habitant d'Ispahan qui embrassa l'islamisme. Abou Noéïm mourut en l'année 430. Ispahan est situé dans la montagne.

Le traditionniste Ahmed ben Tabet, surnommé Abou Bekr, et originaire de Baghdad, était un homme largement instruit. Ispahan le compte parmi ses historiens. N'eût-il abordé que l'histoire, que sa mémoire resterait encore illustre. Riche de vastes connaissances, il a composé près de cent ouvrages. Ses vertus sont trop connues pour qu'il soit besoin d'en parler ; il mourut en l'année 463. Ce qui est digne de remarque, c'est que ce traditionniste de l'Est était contemporain de Ibn Abd El-Berr En-Nemri, traditionniste de l'Ouest, et que ces deux célébrités moururent la même année.

El-Beladori est également un historien de valeur. C'est à lui que l'on doit de savoir que l'Arménie tire son nom de l'un de ses rois, Arminakèche. L'un des successeurs de ce souverain, la reine Kala, fonda la ville qu'elle appela Kali et qu'on désigna, par la suite, sous le nom de Kali-Kala (Erzeroum).

Chehir Ed-Dine Abdou-Abdallah Mohammed ben Ahmed ben Otmane, plus connu sous le nom de Ed-Dahbi, turcoman d'origine et habitant de Damas, a composé, en dix gros volumes, un traité d'histoire de l'islamisme, depuis l'hégire jusqu'à l'an 700. Il a divisé son travail en périodes de dix années chacune. Il mourut en 748, sept ans après son professeur Abou El-Midjadje. Cet ouvrage est fort complet ; les faits y sont narrés avec un tel soin, un tel entrain, que le lecteur accorde immédiatement une valeur historique au détail le plus minutieux. Cet historien a comme groupé la nation dont il s'occupe sur un tertre élevé, bien en vue, et en a ensuite décrit les hommes et les choses, avec une aussi grande vérité que s'il en eût été le témoin oculaire.

La série des historiens turcomans comprend :

Le traditionniste Mar'litaï.

Le nom de *turcoman* tire son origine de la montagne Tarak. Cent mille individus de cette région ayant adopté dans le même jour l'islamisme, on leur reprocha d'avoir abandonné leur foi ou *Taraka Imane*, et ces deux mots, dépouillés peu à peu d'une partie de leur matériel, sont devenus *teurkmane* (turcoman).

Ed-Dahbi, qui a soutenu que le *Mahdi* ou Antéchrist devait être Omar ben Abd El-Aziz. Cette opinion ne fut point admise et donna lieu à de nombreuses controverses.

El-Masseoudi, qui a composé un ouvrage volumineux d'histoire, intitulé *Les prairies d'or*.

Citons encore : Ibn Makoula, Ibn Khatib Es-Selmani, Ech-Cheikh Ahmed El-Makkari, Ibn Khaldoun, Es-Soïouti, et autres qu'il serait trop long d'énumérer.

Antérieurement à l'islamisme, on trouve Daher El-Farici, Bollouki, l'israélite Youcef ben Krioun (Josèphe) et le grec Harchios.

Chez les Berbers, on remarque Sabik ben Soléimane El-Matmati, dont la généalogie remonte à Matmata ben Tamcit ben Ad'ris ben Zadjik ben Madr'is ben Berber.

Depuis longtemps, je m'étais avidement plongé dans l'étude de l'histoire. Ne cessant pas d'y consacrer tous mes instants, j'avais fini par combiner un aliment savoureux et nutritif, par réunir de nombreux documents destinés à souder ensemble tous les espaces de la chronologie. Je m'étais décidé à composer, moi aussi, un ouvrage et à ajouter un anneau à la longue chaîne des historiens, tant j'étais arrivé à trouver toute simple une entreprise audacieuse ! Mais à peine avais-je avancé un pied dans cette direction, que je reculais l'autre. Comment mener à bien une pareille tâche, alors que j'étais réduit à mes seules et modiques ressources ? Vouloir imiter quelqu'un quand on n'en a pas la forme extérieure, c'est s'affubler d'un habit pour lequel on n'a pas été fait. Devenir auteur ! mais il m'aurait fallu pour cela passer par dessus les nombreux obstacles qui se seraient dressés devant moi et auraient interrompu, à chaque instant, le cours de mes travaux. En effet, je vis dans un temps où les projets de la nature de celui que j'avais formé, ont à lutter contre des difficultés de toutes sortes : insuffisance de sociétés savantes, pénurie de cercles littéraires, obstruction des sources et des débouchés de l'esprit humain, abandon de ses monuments dont tout vestige a disparu, effacement des éléments de la science dont il ne reste plus le moindre vestige, et surtout décadence complète de l'histoire et des belles-lettres, insouciance déplorable devant les récits des faits dont nos pères ont été les acteurs ou qui se rattachent à leur généalogie.

Aujourd'hui la science historique est reléguée dans les lieux les plus solitaires de l'exil ; elle est enveloppée de la toile que l'oubli, immonde araignée, a tissée autour d'elle; son soleil est descendu à son extrême occident. Les sommités littéraires vivent retirées dans les recoins de l'obscurité, en pleurant sur l'absence générale de goût pour l'étude et les vertus, en gémissant sur le trouble apporté dans l'organisme moral des hommes d'intelligence et de mérite. L'âme désolée élève sa voix suppliante vers l'Éternel, pour se plaindre de la persistance de ce siècle à faire le mal, et des regrets qu'il manifeste devant le bien qu'il a inconsciemment produit.

Je ne pouvais revenir de l'étonnement douloureux où me jetait un pareil état de choses, et j'arrêtais mes pas hésitants. Tout à coup une vive lumière jaillit du sein de ces ténèbres et éclaire la voie que je dois suivre. Je sens aussitôt les nobles résolutions se ranimer en moi et mon courage renaître. Dieu venait d'étendre sa munificence sur tous les Musulmans et particulièrement sur ceux du Mar'reb central : la ville frontière d'Oran était prise ; les trinitaires et les iconolâtres avaient disparu. Pour abattre la chrétienté, Dieu s'était servi de la main de celui que le Tout-Puissant et éternel Appréciateur des choses a rendu victorieux, du Bey Sidi Mohammed ben Otmane, roi incomparable, autant par sa bonté que par ses mérites, qui résume en lui toutes les vertus et tous les titres les plus indiscutables de la gloire.

Ce monarque a passé ses premiers ans sous la tutelle du pays; il a fait ses premiers pas parmi nous et a sucé le lait nourrissant des puissantes mamelles du royaume. Son équité et ses bienfaits illuminent sans cesse nos contrées, et les nuées de son indulgence entretiennent constamment la fraîcheur du feuillage des branches de l'arbre du bien. Il a saisi d'une main ferme les rênes du pouvoir pour le guider à la protection de l'islamisme; il a élevé sur la voie orthodoxe de solides édifices qui n'ont pas à craindre d'écroulement; il a répandu sur le monde de telles pluies de libéralités et de générosités, que les hommes ont senti le collier léger de la reconnaissance se former autour de leur cou et sont devenus doux comme des colombes. J'ai alors repris, avec une ardeur nouvelle, mon premier projet, et, relevant résolument les bords du manteau de l'indécision, qui embarrassaient ma course, j'ai composé un poème rimé avec la lettre *sine*.

Ce poème remplit absolument l'idée qu'on en pourrait avoir : c'est l'homme lui-même, c'est son image réfléchie par la pupille de l'œil. J'ai disposé ses ornements de façon à faire ressortir la vivacité de leurs couleurs; les nobles actions sont les fils qui attachent ses colliers de perles.

J'ai saisi avec bonheur l'occasion qui s'est offerte à moi, de parler du passé; je n'ai tenu compte ni des angoisses qui étreignaient mon âme, ni des difficultés qui ne font que grandir à notre époque. Je ne me suis point laissé abattre par le nombre redoutable des ennemis et des occupations qui m'entouraient de tous côtés, par les événements qui naissent actuellement avec tant d'imprévu, par les espions qui surveillent le moment de nous nuire.

Lorsque, après avoir terminé mon travail, j'eus promené les rayons de mes yeux sur ses mystérieuses significations et fait courir mes vers sur le rythme du mètre *Kâmil*, je le présentai à S. M. Mohammed ben Otmane. Ce roi excellent et magnanime lut une partie de mon ouvrage, m'adressa les éloges les plus flatteurs sur le choix de mes expressions et les fictions auxquelles j'avais eu recours, et me conseilla d'en faire le commentaire, afin d'extraire la moelle de ses fécondes combinaisons, de rendre plus pur le courant de ses eaux limpides, et de détacher le parfum de ses allégories en pressurant les fleurs qui l'ornementent. J'ai obéi ; et maintenant, alors même que les pluies dont on implore la venue manqueraient à mon travail, je n'en aurai pas moins fait ressortir tout ce que ses métaphores renferment d'instructif, et j'aurai soulevé les voiles qui dissimulaient les vérités. Son feuillage sera désormais protégé contre les agitations insensées, et ses arbres chargés de fruits résisteront à la ruine dont les menacerait une impuissante méchanceté.

Mon poème se présente ainsi, aux yeux et à l'esprit, tout resplendissant de lumière, et, du premier coup, atteint le but que marquait le roseau dans la carrière. Les sens mystérieux qui y abondent en font une œuvre grandiose, alors surtout que la démonstration en éclaire les termes trop obscurs. Il m'est donc permis de dire que mes vers sont la parure de ma pensée, comme les colliers sont l'ornement des cous, comme les marques sur le front des coursiers sont le signe de la noblesse de leur origine.

Quand les circonstances l'ont demandé, j'ai agrémenté mon récit d'anecdotes piquantes, de dialogues propres à dépeindre le caractère des hommes. Le style que j'ai employé est celui des gens érudits et policés, et la forme que je lui ai donnée est celle des poètes et des prosateurs.

Ce n'est pas une vaine ambition qui m'a poussé à écrire un traité d'histoire ; j'ai voulu simplement prouver la vérité de cette parole du poète : « Le premier a laissé beaucoup au second », et me montrer reconnaissant de la faveur que Dieu m'a faite en m'inspirant la pensée de mettre au jour des détails intéressants, des faits curieux, en me maintenant sur la route de l'orthodoxie et en m'évitant les abîmes de perdition.

A notre époque, on s'occupe si peu de généalogie, qu'on ne trouverait pas deux historiens d'accord sur la filiation d'une même famille. En ce qui concerne le développement des peuples, on rencontre de nombreuses divergences, provenant du mélange des origines et de la diversité des prétentions. Aussi est-ce pour cela que Malek blâme l'homme qui se pique de faire remonter la liste de ses ancêtres jusqu'à Adnane. « Mais, lui disait quelqu'un, il le pourrait, du moins, jusqu'à Ismaïl. — Eh ! de qui tiendrait-il donc ses informations ? répondit le célèbre jurisconsulte. »

Quelques historiens s'en sont tenus à l'opinion de Malek pour écrire leurs annales. D'autres, se basant sur ce passage du Coran : « Ceux qui viennent après eux ne sont connus que de Dieu, » ont traité les généalogistes de menteurs. Certaines gens, sachant que les compagnons du Prophète regardaient les généalogistes comme gens de peu de foi, quand ils conduisent les ascendances au-delà d'Adnane, ont été d'avis que l'histoire est une science inutile, et que l'ignorer ne porte pas un grand préjudice.

Ibn Ishak, Et-Tabari, El-Bokhari et autres nombreux légistes, loin de défendre les recherches généalogiques, les ont non seulement autorisées, mais leur ont accordé une grande importance pour déterminer la ligne des agnats en matière de succession, pour établir les liens d'affinité dans le mariage, fixer les branches de consanguinité dans la responsabilité des tribus, et enfin pour connaître les origines de famille du Prophète. La filiation des individus devenant ainsi l'un des préceptes de la foi, on est donc impardonnable d'en négliger l'étude.

La connaissance des rapports de famille est encore nécessaire pour découvrir les droits à la succession au trône, dans les empires héréditaires.

Ibn Khaldoun, quand il cite ces paroles de la tradition : « Les faiseurs de généalogie sont des imposteurs, » ajoute que Es-Sohéili rapporte, le tenant de Oum Solama, que le Prophète a dit : « Adnane, fils de Add, fils de Adad, fils de Yazid, etc. »

Quant à cette opinion que la science généalogique n'est d'aucune utilité, El-Djordjani, Ibn Hazem et Ibn Abd el-Berr En-Nemri ne lui attribuent aucun caractère sérieux.

Les annales et la généalogie ne sont, pas plus que la langue arabe, exposées aux falsifications. Lors donc que nous reconnaissons qu'une filiation transmise par la tradition est pourvue de garanties d'authencité, il ne nous reste qu'à en faire l'application, suivant les circonstances.

La plupart des généalogistes, contrairement à l'opinion de Ibn Ishak, soutiennent que Idris n'est pas un ancêtre de Noé. Les philosophes, à leur tour, prétendent que Idris n'est autre que le célèbre Hermès le Sage. Mais le sentiment de Ibn Ishak est confirmé par la grande autorité du Pentateuque, quand ce livre sacré s'occupe de la filiation de Moïse et d'Israël, et de celle des personnages de l'époque comprise entre ces deux grands prophètes et Adam. En outre, El-Bokhari, dans son *Sah'ih'*, corrobore cette opinion, lorsqu'il parle du Voyage nocturne. Cet auteur raconte que le prophète Idris, au moment où le prophète Mohammed passa près de lui, s'étant enquis de ce voyageur auprès de Gabriel, et ce dernier ayant répondu : « Celui-ci est Mohammed, » s'écria : « Que le prophète de bien, le frère de bien, soit le bienvenu. » On peut remarquer que Idris ne dit pas le fils de bien, comme le firent Noé et Abraham. A vous, lecteurs, de tirer des conséquences de ce fait.

On a accusé les Juifs d'avoir altéré le texte du Pentateuque, afin de l'approprier à leurs intérêts temporels. El-Bokhari rapporte que Abbas regardait ce reproche comme dénué de tout fondement. Dans le Coran, ajoute l'auteur du *Sah'ih*, il est dit : « Que Dieu me garde de croire qu'une nation puisse dénaturer les paroles de son Prophète. » Il n'y a eu d'autres changements dans les mots que ceux amenés par les diverses interprétations. Il y a des preuves à l'appui de ce qu'avance El-Bokhari. Du reste, les Juifs considèrent le Pantateuque comme l'expression de la volonté de Dieu. Quand le Coran parle de falsification du texte, il n'a en vue que les fausses interprétations. C'est ainsi que Ibn Souria El-Karadi, pendant qu'il lisait le verset de la Lapidation, dans le Pentateuque, en cacha une partie avec son doigt. Abdallah lui cria de lever le doigt de dessus le verset et se mit à lire le texte. Ibn Souria, qui était professeur de Pentateuque, resta tout troublé. On ne saurait rien affirmer à l'égard de l'action commise par ce Juif. A-t-il agi par irréflexion, ou sous l'empire de l'idée que les Juifs, ayant perdu leur puissance, vivant dispersés, étaient sans pouvoir régulier ? Quoi qu'il en soit, il existe des copies du Pentateuque, dont le texte est pur de toute fraude.

Les Samaritains de Schoumroun et de la montagne de Naplouse sont persuadés que seuls ils ont une copie non altérée du Pentateuque et que leurs autres coreligionnaires n'en ont que des copies falsifiées.

J'ai été amené à parler de généalogie, parce que le but de ce livre est de raconter la prise d'Oran, de faire l'éloge du héros qui s'est emparé de cette ville, le Bey Sid Mohammed ben Otmane, prince auquel nul n'est comparable, car il est la terre de promission, le cœur de l'Islamisme, pendant que les autres souverains n'en sont que la poitrine ; il est la lumière intense de la pleine lune, qui efface celle des étoiles ; il est le jour au milieu des ténèbres ; il a relevé les ruines de la vérité et effacé les dernières traces de l'iniquité qui, à sa vue, s'est enfoncée dans le gouffre dont elle habitait les bords.

Chaque fois donc que les circonstances le voudront, j'exposerai les origines des individus et des races, qu'il s'agisse d'étrangers ou d'Arabes.

Je termine ici les prolégomènes qui résument mon plan et vais maintenant entrer dans mon sujet, en lui donnant tous les détails explicatifs. Mon livre est composé de centons choisis dans tout ce que la littérature a de plus précieux ; aussi, puis-je dire qu'il est la perle des perles, la quintessence de la moelle. Pour l'écrire, je me suis basé sur les apophthegmes suivants :

L'intelligence de l'homme se concentre autour de sa plume (Platon). Cette maxime concerne le choix des expressions dont l'écrivain habile ne doit prendre que les plus belles, c'est-à-dire celles qui doivent le mieux remplir le but auquel elles sont appelées.

On écrit mieux qu'on n'entend, ou retient mieux qu'on n'écrit, on parle mieux qu'on ne retient. (Yahya ben Khaled le Barmécide).

La science est trop étendue pour être embrassée tout entière ; il ne faut en apprendre que les principales parties. (Ibn Sirine.)

Toute composition littéraire, soit en vers, soit en prose, provoque l'examen, et cet examen n'est bienveillant que chez les personnes prévenues favorablement et décidées à émettre un jugement impartial. (El-Attabi.)

L'œil qui est bien disposé envers une chose ne lui trouve aucun défaut. (Abdallah ben Moawya ben Abdallah ben Djafar.)

Protége tes oreilles contre ta bouche. Tu as deux oreilles et une bouche, parce que tu dois plus entendre que parler. (Abou Derda.)

J'ai rimé mon poème sur la lettre *sine,* car les hommes de goût et les princes préfèrent le retour de ce son à tout autre. Ech-Cherici raconte l'anecdote suivante, dans son Commentaire sur les séances de Hariri : « Abou Omar ben El-Ala Et-Temimi, l'un des sept lecteurs, causait poésie, un certain soir, avec le prince Abbad El-Mohallabi. Ce dernier se prononçait, en fait de rime, pour la lettre *sine.* Le poète alors, dans cette seule nuit, récita soixante poèmes dont tous les vers avaient la terminaison *sine,* sur soixante poètes portant le nom de Omar. » Pareille aventure est arrivée à Hamma-le-Conteur avec Yazid ben Abd El-Malik ben Merouane.

Cet Abbad est issu de El-Mohallab ben Abou Sofra El-Azdi. El Bokhari, dans son *Sah'ih',* au chapitre des explications, parle du fils de ce prince, Abbad ben Abbad.

Quant à Abou Omar, il est appelé Mohammed, ou Hammad, ou Hamid ben Abdallah ben Hanine Et-Temimi ; il eut pour disciples : Aïssa ben Omar Et-Takbi, Younès ben Habib, Abou El-Khattab El-Akhfache, El-Asmoï, et autres. « Un jour raconte El-Asmoï, cet éminent professeur m'aperçut sans turban et m'en offrit un, en me disant : Vêts le turban, car le turban est le signe de l'orthodoxie, protège le sinciput, augmente la taille. Il me fit encore don d'un habillement. » Il mourut en 154, à l'âge de 86 ans. El-Asmoï mourut en 217, à l'âge de 88 ans.

J'ai intitulé mon livre : *Les Voyages extraordinaires et les Nouvelles agréables.*

J'entre maintenant en matière, après avoir invoqué le secours de Dieu.

طيب الرياح جميع ارض الله جسى * وبشرى البكم مع الجن والانس

Vents doux parcourez toute la terre de Dieu et annoncez la bonne nouvelle aux génies et aux hommes, même aux êtres organiques et inorganiques de la nature.

بمغرب لارض هبى ومشرفها * جوبا وفبلتنا ولانجم الخنس

Soufflez à l'ouest, à l'est et au nord de la terre, dans notre kibla et parmi les étoiles rétrogrades

COMMENTAIRE

مغرب — Le Mar'reb s'appelle également *R'arb*, parce que les habitants de cette région se servent d'un grand seau (r'arb), pour arroser leurs semences et leurs plantations d'arbres.

Le Mar'reb est limité, à l'ouest, par l'Océan Atlantique et la ville d'Asfi. Au sud d'Asfi se trouve le pays de Bouda ; au sud de Bouda, le pays des Lemtouna, qui touche à l'Océan Atlantique ; au sud des Lemtouna est le Soudan.

Le Mar'reb, selon quelques géographes, serait limité, à l'est, par Kelzoum (mer Rouge) et Suez, et comprendrait dès lors l'Égypte, le pays de Barca et le R'arb. Aujourd'hui on s'accorde généralement à lui donner comme limite l'État de Tripoli. Restreint de cette dernière façon, le Mar'reb devient réellement la terre d'origine et d'habitation des Berbers. C'est là, du reste, l'opinion émise par Abou Zéid Abd Er-Rahmane ben Khaldoun, dans son grand ouvrage d'histoire.

Je parlerai plus loin, à propos du Mar'reb central, de la division de cette contrée, en Mar'reb extrême, en mar'reb le plus proche et en Mar'reb central.

Le Tell du Mar'reb est borné par des montagnes qui partent de l'Océan Atlantique et aboutissent à Bernic (Bérénice), ville du pays de Barca, dans la direction du Nil. J'ai lu quelque part que la longueur de cette chaîne de montagne est de soixante journées de marche.

« La guerre cessera sur toute la terre, par suite de la faiblesse des musulmans; elle ne se maintiendra que dans le Mar'reb. Il y a dans le Mar'reb des peuples toujours prêts à défendre leurs foyers, alors même que leurs hommes reposent aux côtés de leurs femmes. » (Le Prophète).

Les Riah (رياح pluriel de *rih'*), sont une fraction de Yerbou'.

Abdallah ben Ouahb est originaire des Riah et, selon d'autres, des Beni Râceb.

Les Beni Râceb forment la principale fraction des Khawaredj.

Les Ouahbites ont pour souche Abdallah ben Ouahb. Ils sont nombreux à Djerba.

Le Prophète a parlé des orients de la terre et de ses couchants. Il n'a point fait mention ni du sud ni du nord, parce que le développement de son peuple a eu lieu vers l'ouest et l'est. En effet, la nation musulmane s'est étendue à travers les Indes jusqu'à l'extrémité de l'orient, et, dans l'ouest, jusqu'à Tanger, à l'extrémité du couchant.

Tanger est un mot berber. C'est le nom d'une grande cité dont les musulmans se sont emparés. Les chrétiens en sont devenus maîtres en 876, à la suite d'une sanglante bataille, et l'ont possédée jusqu'au commencement du douzième siècle, époque où le sultan Ismaïl l'Alide, né à Sedjelmasse, et habitant de El-Yanbou', la leur reprit.

— « Dans un songe, racontait le cheikh Ibn Timia, j'ai vu le monde sous la forme d'un oiseau qui avait une tête, deux ailes et une queue. La tête représentait l'orient, la poitrine le Hidjaz, les deux ailes la Syrie et l'Yemen, la queue le Mar'reb.

— Si votre vision n'est point trompeuse, dit un auditeur, homme du Mar'reb, l'oiseau était certainement un paon.

Un silence d'étonnement accueillit cette ingénieuse interprétation et les assistants demeurèrent sans réplique.

Dans le Pentateuque, il est dit que Nemrod est issu de Kouche. D'après l'exégèse, les gens de Zouilya, dans le pays de Barca, aussi bien que les habitants de la Nubie, du Fezzan et de Zer'raoua, ont la même origine. Fezzan est au midi de la Tripolitaine.

طوامى لابحر واهل جزايرها ٭ ببتح وهران دار الشرك والومس

Remplissez les mers et leurs îles du bruit de la prise d'Oran, de ce séjour du polythéisme et de l'impiété.

COMMENTAIRE

الابحر — La mer la plus importante est l'Océan Atlantique ; on l'appelle aussi mer Verte, et mer des Ténèbres, à cause des brouillards qui la couvrent constamment.

La mer Méditerranée est formée par l'Océan Atlantique, dont les eaux s'y écoulent entre Tanger et Tarifa. Cette dernière ville est située en Andalousie. La largeur du détroit est de 8 milles. Là, d'un rivage à l'autre, s'étendait autrefois un pont que les eaux ont recouvert. La Méditerranée se prolonge jusqu'aux côtes de Syrie, dont les ports sont Antakia (Antioche), El-Alaya, Tarssous, Massissa, Sour (Tyr), etc. Sur ses rivages méridionaux s'élèvent Alexandrie, Alger, puis Oran, sujet de notre poème, et autres villes. Sa longueur est de 6,000 milles, et sa largeur, entre l'Ifrikia (Tunisie) et Gênes, est de 700 milles.

Viennent ensuite la mer de Kolzoun et de Suez, la mer de Manideb qui va jusqu'à Aden, sur les côtes de l'Yemen, la mer des Indes, la mer de Perse.

Certaines mers communiquent entre elles, d'autres sont isolées.

Citons encore la mer de Nitèche (mer Noire). Ses côtes méridionales sont habitées par des peuplades turques. Il y a aussi beaucoup de Turcs dans les îles situées au nord. Les contrées qui s'étendent au nord de cette mer sont peuplées par les Bulgares, qui tirent leur nom de leur capitale. Plus au nord sont les Bordjanes, qui forment une grande nation dont l'histoire est peu connue.

Le Nil, auquel on donne aussi le nom de mer, prend sa source derrière l'Équateur; il sort d'une colline élevée. L'une de ses deux branches se dirige vers l'est et se jette dans la Méditerranée, près d'Aboukir; l'autre branche coule dans la direction de l'ouest et se perd dans l'Océan Atlantique, à l'extrémité du pays des Lemtouna.

Nous allons rapporter l'origine du nom d'El-Morabitine (Almoravides), sous lequel Youcef ben Tachefine et sa tribu, les Lemtouna, sont connus.

Ibn Yacine, que Youcef avait envoyé en pèlerinage à La Mecque avec les Lemtouna, rencontra, lors du retour de la tribu, le disciple de Abou Amrane El-Faci (de Fez), qui s'était retiré dans une île formée par le Nil et s'y était consacré aux pratiques de dévotion. Yahya ben Omar ben Talâtâtine, l'un des chefs des Lemtouna, son frère Abou Bekr, puis leur cousin germain, l'illustre Youcef, s'attachèrent aux pas du solitaire. Ce fut bientôt à qui viendrait entendre leurs prédications. Mille prosélytes ne tardèrent pas à se presser autour d'eux, et ce nombre ne fit que s'accroître. Ces dévots insulaires devinrent célèbres sous le nom d'El-Morabitine (Almoravides), qui leur fut donné parce qu'ils s'occupaient exclusivement de pratiques de piété. Ils prirent pour chef Yahya, auquel ils attribuèrent le titre de Amir El-Hakk (prince de la vérité), et se préparèrent ardemment à la guerre dans le but de rétablir la foi, etc.

Les Massakène Er-Rih se trouvent sur la mer des Indes; leur capitale est Halsa. A l'ouest sont les habitants de la ville de Ma'-rachou. Plus à l'ouest, et sur la mer des Indes également, se présente la peuplade appelée Ed-Demâdème. Les naturels de ce pays marchent nu-pieds et sans vêtements d'aucune sorte. Plus à l'ouest, sur les côtes occidentales de la mer et en face de l'Yemen, se trouvent les Abyssins. Leur capitale est Ka'ber. Ils sont chrétiens et n'ont pas encore perdu l'espoir de rentrer, à la fin des temps, en possession de l'Yemen.

Les îles de la Méditerranée sont : Maïorque, Iviça, Minorque, la Sicile, la Corse, la Sardaigne, Chypre, la Morée, etc., etc. Les îles de la mer de Suez, sont aussi nombreuses, et peut-être même plus nombreuses que celles de la Méditerranée. Elles sont occupées par un peuple appelé El-Boh'â, et composé de chrétiens et de musulmans. En face de ces îles s'étend la Nubie, avec Dongola pour capitale : mais les indigènes de cette région habitent les rives de la branche occidentale du Nil : il y a des chrétiens parmi eux. C'est l'état le plus voisin de l'Égypte.

وهران — Oran est une grande ville du Mar'reb central, située sur les rivages de la mer Méditerranée. Elle est entourée d'un rempart et protégée par des forts ; des arbres et des fontaines l'embellissent ; elle a des monuments comme il ne s'en trouve dans aucune autre cité. Son plan est si gracieux qu'il doit rester inimitable. Si l'historien du Caire, l'imam Es-Siout'i avait pu jeter les yeux sur cette ville, il l'eût certainement comptée au nombre des merveilleuses constructions qu'il a décrites dans son livre intitulé : *H'osn El-Mohâd'ara*. Si, de son côté, El-R'azzali, ministre du Sultan du Mar'reb et auteur de la *Rihla*, avait connu Oran, il n'aurait trouvé aucun intérêt à nous parler de Cebta (Ceuta) et de T'oléit'ila (Tolède). L'auteur du Lobâb, qui a dépeint diverses contrées avec tant d'emphase, ne se fût pas écrié : « Il n'y a au monde que deux palais, Youane et R'amdane », s'il avait visité Oran et surtout la forteresse de Merdjadjou. Cette remarquable forteresse est sans égale ; grâce à son imposante grandeur, elle réunit toutes les utilités. Sa pareille ne doit que rarement se rencontrer sur la terre. Elle est plus élevée que les châteaux des Beni H'ammoud. La montagne, au sommet de laquelle elle est assise, de son bras touche les orbes célestes, et son vertex est couronné d'étoiles ; les nuées lui servent de manteau et les vents se réfugient sur sa cime ; elle s'élance vers le ciel comme pour écouter les discours qui s'y tiennent, et ses crêtes dominent orgueilleusement la mer ; elle se détourne avec dédain du Sirât et du Mellata, et les montagnes des Beni Makhoukh semblent dormir à ses pieds.

El-Djedid et El-Ou'ïoun ont droit à des éloges : leur vue rafraîchit agréablement les yeux. Mais le Bordj El-Ahmeur est la réunion de ce que l'art a produit de plus surprenant ; il surpasse en hauteur les forteresses des Beni El-Ah'meur. Quant au bordj El-Ihoud, s'il eût été donné à Ibn Krioun (Josèphe) de le voir, cet historien aurait renoncé à tracer le tableau des citadelles d'Amasia, roi des Juifs.

Une description complète des citernes d'Oran, de ses immenses travaux souterrains, convaincrait le lecteur que Souradib lui-même, l'architecte hardi des pyramides, n'aurait pu en venir à bout. Soléïmane ben Sabek', en face de ces grandeurs, aurait jeté ce cri d'admiration : de telles œuvres sont au-dessus de l'imitation, aussi bien dans l'avenir que dans le passé.

Ces temples, ces palais, ces monuments publics, par la protection de l'éternel Rétributeur, sont devenus la propriété du Roi, de Monseigneur le Bey Mohammed ben Otmane. Ces merveilleux édifices sont aujourd'hui son butin licite, son bien légitime. Les yeux se sont mouillés des fraîches larmes de la joie ; les musulmans ont senti s'éteindre la soif de la vengeance qui leur dévorait le cœur en face du séjour du polythéisme, et ils ont ainsi rendu grâce au ciel : Louange à Dieu, qui a éloigné de nous le chagrin. Dieu est miséricordieux et clément.

Déjà notre auguste souverain a eu l'excellente idée de faire construire, sur le bordj El-Ah'meur lui-même, une Cour de justice, où le droit de chacun sera reconnu avec dévouement, équité, douceur et bonté. On peut dire de ce tribunal qu'il est un aigle sur un aigle, une étoile dans la nue ; les nuages forment son turban et la lune le sommet de sa tête. C'est à cette occasion que j'ai composé la pièce de vers suivante :

Quel splendide édifice ! Il s'élève au-dessus de Sa'oud dans l'Yemen. C'est un dôme d'une éclatante blancheur ; il serait difficile de trouver son pareil. La beauté s'y montre, qu'il soit nu ou paré.

Orion lui tend la main ; le disque du ciel s'approche de lui pour lui parler.

Il n'y aurait rien d'étonnant à ce que sa hauteur dépassât celle des étoiles filantes, puisqu'il dépasse celle de toute hauteur comparable.

Dans ce tribunal existe une salle élégante et gracieuse. La forteresse, du jour où elle en a été ornée, est devenu le plus resplendissant des édifices.

وحدثيهم بويلات لنا سلبت ٭ بطال ما رمت الاسلام بالتعس

Racontez-leur nos malheurs passés. L'Islam à longtemps été en butte à la destruction.

COMMENTAIRE

ويلات — Les calamités dont les infidèles ont accablé les Musulmans sont célèbres dans l'histoire : ce sont les incursions armées et autres actes d'hostilité.

Les Chrétiens — Dieu les confonde ! — s'étaient emparés du fort d'El-Morsa (Mers-el-Kebir), grâce aux manœuvres d'un Juif. Lorsque la ville (d'Oran) tomba en leur pouvoir, ils établirent ce Juif dans le fort, et lui abandonnèrent la perception des impôts de terre et de mer. Cette charge lucrative resta dans sa famille de l'an 915 à l'an 980. A cette époque, des brouilles étant survenues entre le Juif collecteur et les mécréants, ceux-ci mandèrent à leur roi que les Juifs avaient conspiré de livrer la ville aux Musulmans. Il fut répondu par l'ordre de l'expulser de la ville et de l'exiler en Espagne.

Quand le collecteur israélite sortait du fort pour percevoir les impôts et les contributions des Beni A'mer, il vêtait les habits somptueux de roi, et des esclaves musulmans, anciens prisonniers de guerre, l'escortaient. Dès qu'il avait dressé ses tentes, il décidait en souverain des contestations entre musulmans, ordonnait, défendait, enchaînait, tuait et frappait. En somme, son pouvoir était absolu. C'est là, pour les Musulmans, la plus grande des calamités et le comble de l'ignominie. Ce Juif avait, comme concubines, les plus belles filles de l'Islamisme. C'est à cela que fait allusion le cheikh Bou Mah'lli quand il s'écrie :

« Qui parlera de moi aux tribus des Beni A'mer, à celles surtout qui demeurent sous la loi de l'Infidèle ;

« A chacun des preux des Râched, à leurs chefs et à leur capitaine Abd el Kâder ;

« Au chéikh des Beni Ya'koub, au protecteur valeureux de chaque tribu passionnée pour les combats ;

« Aux T'alh'a, aux Ah'laf, qui sont à l'Ouest des Beni A'mer, au chéikh des Souéid, à tous les rivaux en gloire ?

« O peuple musulman ! où sont donc tes héros ? n'ont-ils donc pas vu que le samedi est fêté par nos épouses,

« Qu'entre les mains du Juif se trouve une femme sans famille, et, pendant qu'il la couvre de ses caresses, que le pourceau (le chrétien) se vautre sur votre terre ? »

Les tribus des Beni A'mer dont il s'agit ici, sont issues de A'mer, fils de Zar'ba, fils de Rabia', fils de Nahîk, fils de Hilal, fils de A'mer, fils de S'a's'a'.

Les S'a's'a' sont une branche des Haouâzène, fils de Mans'our, fils de I'krima, fils de Yazîd, fils de H'afs'a, fils de K'éis, fils de R'îlâne. Leur territoire se trouve dans le Djebel R'azouâne, près de T'aïef. Ils ont pour frères les Beni Sa'd, fils de Bekr, fils de Houzâne, chez lesquels le Prophète fut allaité.

Les Beni A'mer du Mar'reb forment trois branches :

1° Les Beni Ya'k'oub, qui ont donné leur nom à la célèbre terre d'El-Ya'k'oubya ;

2° Les Beni H'oméid, auxquels appartiennent les Hedjaz. Ces derniers ne sont autres que les Beni H'âdjez, fils de O'béid, fils de H'oméid, dont font partie les Djah'ouche, les Djohéiche, les Mohammed, les Rtâb, les Meh'âdjeza et autres ;

3° Les Beni Châfa', qui formaient l'armée des chrétiens d'Oran, pendant que plusieurs de leurs frères, par suite, alors, de leur proximité de cette ville, étaient les raïas de ces mêmes chrétiens.

Le commandement de tous les Beni A'mer appartenait à Daoud ben Hilal ben A'tt'af ben Kerche ben A'yâd ben Manî' ben Ya'k'oub.

Aux Zar'ba se rattachent les Beni Mâlek-ben-Zar'ba, dont font partie les Souéid, mentionnés dans la susdite pièce de vers. Souéid était fils de A'mer, fils de Mâlek ; il avait pour oncle paternel El-H'arit, fils de Mâlek. Parmi la descendance d'El-H'arit, on compte les A'tt'af, dont le territoire est près de Miliana et qui sont issus de A'tt'âf, fils de Roumi, fils de H'arit.

Les Diâlème appartiennent à la postérité de Déilème, fils de Hassane, fils d'Ibrahim, fils de Roumi.

Le pays de Sîrat, les Bot'h'â, les Haouara étaient tributaires des Souéid.

Des Souéid sont sortis les Flîta, les Medjâher, les Djouta, les Hassâsna, fils de Hassâne ben Chebbâba, puis les R'oféir, les Châfa' (autres que les Châfa' des Beni A'mer), les Mâlef, les Bou Rah'ma, les Bou Kâmel, les H'amdane, tous fils de Mok'der, et enfin, les Makhis ben A'mmar, frère de Souéid, établis dans les environs d'Oran.

Les Habra sont également une branche des Souéid. On les dit issus de Medjâher ben Souéid. Quant à eux, ils prétendent appartenir à la postérité du compagnon du Prophète et combattant de Bedr, El-Mik'dâd ben El-Assoued. Il s'en trouve cependant parmi eux qui soutiennent qu'ils sont originaires de Tadjîb, tribu de Kenda. Le nom qu'ils portent est celui de leur mère. Dieu connaît mieux que personne la vérité à cet égard.

Les S'obéih' ben A'lâdj ben Mâlek sont une tribu nomade des Souéid, belliqueuse et puissante.

A côté des A'tt'af se trouve une fraction des Beraz, branche de El-Achiedj ben Hilal. Ces Beraz avaient des apanages dans le Djebel Derâk.

Le territoire des Diâlem est au Sud de Ouâncheris. Cette tribu possédait les apanages d'Ouzna.

Les H'arit ont donné naissance aux A'rîb ;

Les Beni A'mer aux Beni Sor'éir ben A'mer ;

Les Ya'k'oub aux Bou Sàci ben Soléimane ben Daoud ;

Les Zar'ba aux H'oméis ben O'roua ben Zar'ba ;

Et ceux-ci aux Oulad Khalîfa, aux Hemák'na, aux Cherîfa, aux Sahári et aux Doui Ziáne.

Les T'alh'a et les Ah'làf, auxquels il est fait allusion dans la pièce de vers citée plus haut, sont issus des Arabes d'El-Ma'kil, dans l'Yemen ; ils se composent des tribus des Doui Abdallah, des Doui Mans'our et des Doui H'assane, dont les terres s'étendent à l'ouest de Tlemcen jusqu'à la Moulouya, et forment les populations du pays d'Angad. Ils soutiennent qu'ils sont de la postérité de Dja'far ben Abou Tàleb. Mais cette prétention ne repose sur rien de solide, parce qu'il n'entre point de nomades ni de pasteurs dans la famille du Prophète. Ce qu'il y a de plus probable, c'est qu'ils sortent de l'Yemen, soit des Ma'k'il, fils de Ka'b, fils de A'lîm, fils de Khabbáb, originaire des Beni K'odd'àá', soit de Ma'k'il des Beni Rabîa', issus de Madh'edj. Cette dernière filiation, rapportée par Ibn Khaldoun, est la plus conforme à la vérité.

Des Ma'k'il descendent les Ta'álba de la Metidja, ainsi que les Rok'éit'at, les Chebânàt, les Beni Mans'our, les Doui Abdallah, tous établis dans le voisinage des Beni A'mer, du côté de l'ouest, et qui avaient pour tributaires Oudjda, Nezrouma (Nedroma), les Beni Zenacène, Mediouna et les Beni Senous. Ces tribus, issues de Ma'k'il, sont rangées sous deux principales fractions : El-Hadàdj et El-Kharàdj. Un vieillard, puissant et considéré, appelé T'alh'a, étant venu à commander aux dites tribus, dont il était originaire, on désigne maintenant la population d'Angad sous le nom de T'alh'a. Ce chef mourut à la fin du VIIIe siècle.

Les deux branches d'El-Hadàdj et d'El-Kharàdj ont donné naissance aux El-Dja'àouna issus de Dja'ou, fils de Kharàdj ;

Aux El-R'ecel, issus de R'àssoul, fils de Kharàdj ;

Aux El-Met'arfa et El-A'tàmna ;

Aux El-Mehàya, fils de Mahtà, fils de Mot'ref, fils de Kharàdj.

Les Beni Hadàdj sont fixés à Táourît.

Les Ta'àlba, frères des Beni Hadàdj, étaient souverains de la

Metidja. Leur puissance se maintint jusqu'à la fin du VIIIe siècle. A cette époque, Abou H'amınou les massacra et réduisit les survivants en esclavage, de telle sorte qu'il n'en est plus resté de trace.

Des Ta'âlba, est originaire le cheikh Abou Zéid Abd Er-Rahmane ben Mohammed ben Makhlouf ben O'mar ben Nawfel ben A'mer ben Mans'our ben Mohammed ben Siba' ben Mekki ben Ta'lba ben Moussa ben Sa'ïd ben Mofd'il ben Abd El-Berr ben K'éis ben Hilal ben A'mer ben Hassâne ben Mohammed ben Dja'far ben Abou Taleb.

C'est là la filiation la plus répandue du chéikh ; mais elle est en contradiction avec ce que nous avons rapporté plus haut.

Le chéikh Sidi Abd Er-Rahmane Et-Taâlebi est mort en 872, à l'âge de 76 ans. Il a été enterré à Alger, au-dessus du quartier Bab-el-Oued. Son tombeau a toujours été en grande vénération ; les rois d'Alger lui rendent honneur et gloire.

Ce saint homme quitta Alger pour aller, en pays étrangers, à la recherche de la sapience. Il prit la direction de l'Orient au commencement du IXe siècle. Il passa par Bougie, où il rencontra les disciples du chéikh Abd Er-Rahmane El-Ouer'lissi. Il assista à leurs conférences, puis se rendit à Tunis. Dans cette ville, il trouva le chéikh Aïssa El-R'obrini, El-Oubbi, El-Bezli et autres. Il suivit les leçons de ces maîtres, et partit ensuite pour le Caire. Là, il vit le chéikh Ouali Ed-Dine El-I'rak'i, qui lui enseigna diverses sciences, surtout la Tradition. Après avoir reçu de ce professeur le diplôme de docteur, il s'achemina vers la Mecque pour s'acquitter du pèlerinage. Dans la capitale de l'islamisme, il s'aboucha avec les hommes les plus éminents. Il revint à Tunis, où il fit connaissance avec Abou Abdallah Mohammed ben Merzouk', qui était sur le point de se rendre aux lieux saints. Il compléta son instruction sous ce grand maître et reçut de lui la faculté d'enseigner les diverses branches des connaissances. « Il m'engagea, racontait le chéikh Sidi Abd Er-Rahmane Et-Ta'âlebi, à terminer mes gloses sur Ibn H'âdjeb El-Fare'i. Le chéikh Ibn Merzouk' m'arriva une seconde fois, mais dans mon pays et après son pèlerinage. C'était en 863. Il venait de Tlemcen et se rendait à Tunis pour mettre la bonne harmonie entre le sultan de cette ville et celui de Tlemcen. »

Nous avons cru que le récit des voyages de ce Chéikh algérien terminerait agréablement l'origine que j'ai retracée de quelques tribus arabes.

Les Infidèles continuèrent d'oppresser les terres de l'islame, voisines d'Oran, jusque vers le milieu du XIe siècle. A cette époque, Ibrahim-Pacha dirigea une expédition contre eux. C'est à ce prince que revient le premier l'honneur d'avoir pris les armes contre les mécréants. Il dressa ses batteries de canons et de mortiers à Maïda ; mais la ville lui résista, et il rentra dans son royaume.

A la suite de cette tentative, les chrétiens jugèrent d'extrême importance la construction de la forteresse de Merdjadjou. Ils s'ingénièrent à la rendre inexpugnable. Comme il leur était très-difficile de se procurer l'eau nécessaire, le chéikh des Homiâne leur en apporta dans des outres, avec l'aide de sa tribu. Ce fait doit être pour le musulman un objet constant d'étonnement : Dieu est insondable dans ses moyens.

Ces Homiâne sont une branche des Beni Yazîd fils de A'bs, fils de Zar'ba. Les pays de H'amza, les Dahous, le pays des Beni Hassane, étaient leurs tributaires avant les Almohades.

Nous allons raconter la cause de la venue des Homiâne dans la contrée qu'ils occupent actuellement.

Lorsque Yar'moracène ben Ziâne devint souverain de Tlemcène, les Ma'k'il qui étaient ses voisins, puisqu'ils occupaient le territoire d'Angad, remplissaient le pays de désordres et de troubles. Ce prince fit alors venir les Beni A'mer du Sahara des Beni Yazîd, et les établit entre lui et les Ma'k'il. En effet, les Zar'ba s'étendaient auparavant dans le désert, depuis Mecîla, à l'est, jusqu'au sud de Tlemcène, à l'ouest. Au moment où le roi de Tlemcène attirait auprès de lui les Beni A'mer, la tribu des H'omiâne, branche des Beni Yazîd, se joignit à ces émigrants et s'installa entre les Ma'k'il et Tlemcène, de manière à servir de bouclier à cette ville, de repousser les attaques dirigées contre elle et de la protéger contre toute entreprise hostile. Ils restèrent sur ce territoire jusqu'au jour où Abou Hammou le jeune, en l'an 760 et quelques, s'empara de la souveraineté sur les A'ïâs', rois des Beni Ziâne, que Abou I'nâne avait déjà fort maltraités et même presque entièrement exterminés. Abou H'ammou chassa les Beni A'mer des environs de Tlemcène et les établit à Tassâla. Les terrains de parcours de cette tribu arrivèrent jusqu'à Héidour, montagne d'Oran. Une portion des H'omiane, branche des Beni Yazîd, se fixa sur ce nouveau territoire, à El-H'ofra et dans les localités environnantes; mais la plus grande partie qui, du reste, ne s'était pas jointe aux Beni A'mer, lors de leur première émigration, fut reléguée dans le désert d'où elle n'a point bougé jusqu'à présent.

Telle est l'histoire des H'omiâne, fils de O'k'ba ben A'bs ben Zar'ba.

Je tiens de personnes dignes de confiance, dépositaires des traditions du pays, que les H'omiâne ont donné naissance aux Medjâmed, établis à H'addad, aux Beni Korz, aux Beni Moussa, aux Merâba' et aux Khachena, qui sont tous originaires des Beni Yazîd. Les I'krima, fils d'A'bs, sont frères des H'omiâne.

Le commandement appartint d'abord aux Oulad Lâh'ek', puis passa aux mains des Oulad Ma'âfa, et enfin échut à la famille de Sa'd ben Mâlek, descendant de Mahdi ben Yazîd ben A'bs ben Zar'ba. Cette famille prétend que son fondateur est Mahdi ben Abd Er-Rahmane ben Abou Bekr Es-Siddik. Mais cette origine qu'elle s'attribue est combattue par cette considération que le commandement aurait ainsi appartenu à une maison étrangère aux tribus, — ce qui n'est pas admissible. C'est là, d'ailleurs, l'opinion d'Ibn Khaldoun, dont on peut consulter l'histoire pour de plus amples détails.

La main sacrilège des Infidèles put encore s'étendre sur la terre de l'Islamisme, lorsque Ibrahim-Pacha leva son camp de dessous les murs d'Oran. Toutefois leur domination eut à subir des alternatives de revers et de succès jusqu'au règne de l'aigle généreux, du lion intrépide, de l'honneur de la religion et du monde musulman, le Bey Cha'bâne, dont nous parlerons tout à l'heure. Les Chrétiens eurent à soutenir contre ce dernier prince de longues guerres et ses armes leur infligèrent de graves échec. Ces événements se passèrent vers l'an 1060. Dieu mit plus tard un terme aux désordres des mécréants, éteignit leur éclat et effaça leurs traces de la terre des Musulmans. Ils en arrivèrent à ne plus se montrer hors de leur forteresses, à ne plus oser perdre de vue leurs sentinelles et leurs vedettes. Leur pusillanimité dura jusqu'au jour marqué par les événements que nous raconterons, et auxquels j'ai fait allusion dans mon vers en disant : « L'Islamisme fut pendant longtemps en butte à la destruction. »

Ainsi donc, le sens de mon dernier vers est que les Chrétiens d'Oran ont longtemps fait sentir aux tribus leur puissance tyrannique, qu'ils ont non-seulement inspiré aux Musulmans un effroi excessif, mais les ont encore avilis et violemment dépouillés. La période pendant laquelle leur joug a été le plus pesant et le plus douloureux commence au premier jour de leur conquête et finit à l'avénement du Bey Cha'bane. Depuis ce prince jusqu'aux victoires de l'islamisme, leur despotisme n'a été qu'accidentel.

كي جرد ربنا الكرة عليها لنا * فضينا دينا منها قد كان في تنس

Dieu nous a rendu possible le retour contre Oran ; nous nous sommes acquittés d'une dette presque oubliée et contractée par nous envers cette ville.

COMMENTAIRE

الكر — « La fin est à ceux qui craignent Dieu (Coran). »

Ces paroles du Livre saint sont applicables à la situation critique où nous étions à l'égard d'Oran. Après avoir plié pendant longtemps, Dieu nous a permis de revenir à la charge contre les mécréants de cette ville, jusqu'à ce que nous eussions délivré notre religion, tellement enveloppée dans les toiles de l'oubli que nous avions perdu l'espoir de la sauver, que nous n'osions croire à des jours plus heureux et que l'esprit hésitait à s'avouer à lui-même sa foi dans l'avenir. Enfin, Dieu nous a prêté le secours de son bras tout-puissant, et la victoire est revenue de notre côté. Nous avons apaisé notre soif de vengeance et mis notre religion à l'abri des atteintes de l'ennemi. Après le désespoir et la disparition des causes qui le produisaient, nos yeux endoloris ont été rafraîchis par le ravissement, comme le sont ceux du voyageur qui rentre dans sa patrie.

Je donne ici des vers que j'ai composés sur Oran :

« Mon ami, le moment est arrivé de boire le vin rosé. Dès que le prince eut pris la direction de la ville forte,

» Les selles des voyageurs se détournèrent de Mascara, qui était demeurée jusque-là le lieu de repos et le but que chacun se proposait.

» Oran prise par notre prince a attiré les foules à elle. Cette ville s'est écriée : Bienvenu soit le chéri Mohammed !

» Apportez-donc ce vin, qui brille dans son enveloppe de verre comme un rubis en feu incrusté dans une perle.

» L'eau qu'on y versera coulera comme un lingot d'argent en fusion, avec des anneaux blancs qui s'ouvrent et se ferment tour à tour.

» Assis sur les sommités des fortifications, vous ne verrez plus à Oran ni cloches, ni idoles adorées.

» Ses monuments frémissent à la voix qui nous appelle dans le sanctuaire, à ce cri répété par le Muezin pour les cinq prières : Je confesse qu'il n'y a de Dieu que Dieu, et que Mohammed est son Prophète.

» N'avez-vous donc pas vu la joie de cette ville quand nous convoquons à la prière et à la lecture des livres saints, ou bien vos yeux sont-ils malades ?

» Si le bras ennemi nous a coupé une main en Andalousie, il nous en reste — sois béni, ô mon Dieu ! — encore une autre.

» Les musulmans espèrent toujours que l'Andalousie leur

reviendra. Le temps, en effet, s'il éloigne les heures, les rapproche également.

» La voilà cette Oran des ennemis ! Elle est entre nos mains, pure de ses souillures passées. Nous avons pour contempler chacun de ses secrets appas un lieu d'observation.

» On dirait qu'hier elle ne nous lançait pas ses foudres, au milieu des profonds et terribles rugissements d'une colère sauvage.

» Qu'elle n'avait pas amassé contre nous le feu le plus ardent, celui de l'enfer. Ce contraste n'est-il pas merveilleux : hier ennemie, aujourd'hui amie.

» Quoi ! l'infidèle conserverait Khizarat, Tadmir et aussi l'incomparable Ronda,

» Cordoue, qui était la station de nos caravanes, Cherîs (Xérès) qui a donné le jour à Ech-Cherici, Chakk'a, Loukad !

» Les Espagnols ! A leur souvenir la douleur devenait publique et violente, et notre tristesse a duré jusqu'au jour où un vaillant capitaine l'a dissipée,

» Par la prise d'Oran, la pierre la plus fine de leur collier, ville qui donnait auparavant une longue portée à leur puissance.

» La prise d'Oran a mis l'allégresse dans les deux Égyptes, dans les deux contrées du Nedjd et notre Syrie. Le poète chantera notre gloire aux habitants de ces pays et les temples y retentiront de notre nom.

» Déjà les populations du Hidjaz ont à l'envi prêté l'oreille au récit de l'héroïsme de notre prince, et il n'y a pas de doute que sa renommée ne s'élève et ne monte dans les deux Égyptes.

» Le R'arb tenait caché dans son sein le fléau des Chrétiens. Que de perles d'un prix élevé la mer cèle dans ses eaux !

» Les dons de notre prince se sont étendus sur tous ceux qui les ont recherchés. La disposition à la bienfaisance est une de ses qualités ; il n'y a pas à le nier. »

بجهبذ شهر للحروب متنزرا * بجلل النصر بيا لم من لبس

C'est le génie de la guerre, qui s'est élancé aux combats paré des vêtements sans pareils de la gloire.

COMMENTAIRE

جهبذ — Notre prince, Sidi Mohammed ben Otmane, victorieux par la grâce de Dieu, est non-seulement doué d'un remarquable esprit guerrier, mais encore il a abondamment pourvu nos marchés de richesses scientifiques ; il a élevé parmi nous le niveau des connaissances humaines, augmenté le crédit des lettres et accru l'influence de ceux qui les cultivent. Son âme, résolue et ferme, a su concilier le zèle religieux avec les devoirs de ce monde, et est restée libre de toute dépendance. Son gouvernement, aux larges vues, quoique plein de mansuétude, est l'appui des grands et, en même temps, le bonheur du peuple.

Tel est notre prince. Il réunit en lui les nobles qualités d'un gouvernant et marche en même temps dans la voie sainte et expérimentée que Dieu a tracée. Il mérite d'être comparé à O'mar ben Abd el-A'ziz, dont il a les aptitudes naturelles. Son initiative est merveilleuse et sa perspicacité étonnante. Aucun nuage de poussière, aussi épais qu'il soit, ne peut arrêter ses pas. Personne plus que lui n'est digne de parcourir l'arène des batailles ; car il a une imagination féconde, pareille à une gerbe de feu, à un bouquet des fleurs les plus éclatantes, de celles que la pensée est seule à même de se figurer. Ses bienfaits affermissent solidement en ses mains la puissance souveraine, et sa sage politique lui a enchaîné les hommes. Il dépasse Ibn Mokddème en courage, et O'mar en énergie.

J'ai dit au sujet de notre prince :

« Bonne nouvelle pour les populations du Mar'reb central : leur grandeur repose maintenant sur de solides fondations.

« Chez elles se trouve l'axe autour duquel se meuvent tous

les rois, ainsi que la gloire des monarques, si toutefois les monarques ne sont pas encore un terme trop faible de comparaison.

» Je parle de Mohammed le magnanime, dont la colère armée est effrayante ; les vêtements de la gloire couvrent sa poitrine et ses épaules.

» Que de maux ce prince n'a-t-il pas guéris dans les années de sécheresse ! Il a donné l'abondance à ses sujets, qui ont vu le bien-être succéder à leur détresse.

» Sa générosité et sa bienfaisance se sont étendues sur tous, comme la lumière de la lune s'étend sur toutes les créatures.

» Grâce à lui, le fléau de la famine s'est éloigné du pays, des habitants des villages et des cités, aussi bien que des gens de la tente.

» Aussi, par tous les passages, leur foule est accourue pour se mettre sous sa protection. Quelle belle forteresse ! quel beau seigneur glorieux !

» Si la pluie cesse maintenant d'arroser leurs terres, ils lui crieront : ô pluie, nous t'avons remplacée par Abou Otmane.

» Il s'est emparé de la gloire, de la prééminence, de la mansuétude, comme les faucons et les oiseaux à serres s'emparent de leur proie.

» Si tu es près de lui, ne t'inquiète de rien : quand on est déjà revêtu de la cuirasse, pas n'est besoin de la lance. »

※ نكب من جانب طرف عوافبها ۰ لم يستشر الا السيب ۰ والفنا الدعس

لا يثنى من رجاء غير مبتسم ۰ حتى يزاوله بالسيب والبرس

Il a laissé de côté les routes où se trouvaient les périls. Il n'a consulté que le sabre et la redoutable lance.

Alors même que l'espoir ne lui souriait plus, il n'a

point abandonné ses projets. A l'aide de l'épée et du cheval il a changé le cours des événements.

COMMENTAIRE

بِرِس — Fârès est le nom d'un souverain du Mar'reb, fils de Abou El-H'assane El-Merini. On le nommait aussi Abou I'nâne. Abou Zéid Sidi Abd Er-Rahmane ben Makhlouf a composé une grande et célèbre histoire de ce prince, dont il était, ainsi qu'il le dit dans sa préface, l'un des secrétaires ou ministres.

Je place encore ici une de mes poésies sur Sidi Mohammed-Bey :

« C'est le sultan d'Oran ! il ne déçoit point l'espoir de ceux qui ont recours à lui ; il fait l'ornement et l'élévation des contrées de la terre.

» Son énergie a affermi les fondations d'Oran. Cette ville, confiée à ses soins, ne manquera pas d'époux et personne n'essayera de lui faire injure.

» Cette cité est désormais l'héritage des enfants de son roi. Telle la famille de Chîba hérite toujours des clés de la ville sainte.

» A son apparition, le monde s'est trouvé vêtu de ses plus belles parures. C'est un autre Rachîd, c'est lui qui a produit Oran dans l'univers.

» Comme une pluie fertilisante qui arrose les collines et les monticules, ses bienfaits se sont étendus sur les nomades et les citadins.

» Il réside sous un dôme bâti avec des matériaux choisis sans parcimonie. Là, parmi ses secrétaires, on compte Dja'far ben Yahya.

» Dans son cortège on voit Ibn Omâma, Ibn Sa'di, Hâtem, Abou Delef et Harem.

» Sa main généreuse a tellement l'habitude de s'ouvrir que s'il tentait de la fermer elle n'obéirait pas et s'étendrait encore davantage.

» Parfois sa marche ressemble à la lente révolution de Saturne ; d'autres fois, c'est le vent rapide qui souffle sur les terres et les collines.

» Il est comme le soleil qui répand ses flots de lumière du haut des espaces célestes, et éclaire indistinctement les hommes, arabes et étrangers.

» Les rois de la terre sont ses constellations ; mais ses rayons éblouissants les obscurcissent et les rejettent dans les ténèbres.

» Bonne nouvelle ! la fortune a rempli ses promesses. C'est un astre qui ne se couche jamais, et auquel rien ne saurait se comparer.

» Les célébrités du monde ont désespéré d'atteindre à l'éclat de ses actions : elles se sont arrêtées dans leurs efforts pour l'égaler et ont compris leur néant. »

فاد المفانب للجهاد رايدها * يبغى كباح ذى التثليث والجرس

حتى افام على ارباض وهران لا * تحصى عساكره بالعد والحدس

جند عرمرم لاشى . يقدم له * يضيف عنه فضا الاثلاث والهبس

Ce vaillant capitaine a conduit ses escadrons à la guerre sainte ; il voulait se trouver face à face avec les Trinitaires, qui prient au bruit des cloches.

Il a fait occuper les faubourgs d'Oran par ses soldats, dont le nombre était incalculable et inimaginable.

Il a une armée nombreuse que rien n'arrêtera. La plaine de El-Atlât ou celle de El-Mafès serait trop étroite pour la contenir.

COMMENTAIRE

(مبس) — Mafès (Mems ?) est le nom d'une localité près de Kaïrouane. Elle doit sa célébrité aux faits suivants :

Lorsque Moa'wya se vit possesseur incontesté du trône des khalifa, il nomma O'k'ba, fils de Nâfé' El-Fahdi, au commandement du Mar'reb.

O'k'ba fonda Kaïrouane en l'année 47.

Les Francs, dont la puissance se démembra, se réfugièrent dans les forteresses. Les Berbers se maintinrent dans les pays qu'ils occupaient jusqu'à l'avénement, comme khalifa, de Zéid, fils de Moa'wya. Ce souverain mit à la tête de l'Afrique Abou El-Mohâdjer-Moula.

Le prince des Berbers était alors Kocéila, des Berânès. Immédiatement au-dessous de lui venait Sakerdir ben Roumi, des Arouba. L'un et l'autre avaient, dès la première invasion arabe, embrassé l'islamisme, puis étaient rentrés dans la religion chrétienne, sous l'administration de Abou El-Mohâdjer. Les Berânès ayant pris les armes sous la conduite de ces deux chefs, Abou El-Mohâdjer marcha contre eux et les repoussa jusqu'à l'Isser, près de Tlemcen ; là, il les défit complétement, dispersa leurs masses et s'empara de Kocéila, auquel il rendit la liberté dès qu'il se fut converti.

Après Abou El-Mohâdjer, O'k'ba fut une seconde fois nommé au gouvernement de l'Afrique. Les Berbers s'avancèrent contre lui, dans le Zab : leur déroute fut éclatante. Leurs tribus se rallièrent dans le Seressou, au sud de Tihâret ; elles subirent un second désastre.

O'k'ba continua sa marche vers l'ouest en bon ordre et envahit le Mar'reb extrême. Les R'omâra ayant fait leur soumission, il entra à Oulili, et pénétra dans le Djebel Derène, à l'ouest de Maroc. Les Masmouda, habitants de ces montagnes, l'enveloppèrent. Les Zenata du Mar'reb central coururent à son secours et le dégagèrent.

O'k'ba appesantit sa main de fer sur les Masmouda jusqu'à leur entière conversion à la foi du Prophète et la subjugation totale de leur pays. Il marcha ensuite contre les S'anhâdja, au visage voilé, et les traita avec la dernière rigueur. Arrivé à Taroudant, il se montra tout aussi dur pour les Massoufa, situés au delà du Sous ; il fit chez eux de nombreux captifs. Il reprit alors la route de l'est, traînant avec lui Kocéila, son prisonnier.

En effet, O'k'ba, à peine entré, pour la seconde fois, en possession de son gouvernement d'Afrique, prit ombrage de l'amitié qui unissait Abou El-Mohâdjer à Kocéila. Il s'empara de sa personne et le conduisit, enchaîné, vers les rivages de l'Océan Atlantique. Dans cette expédition, il subjugua, ainsi que nous l'avons dit, tous les Berbers de ces lointaines régions.

Le chéikh Ali ben Tâbet, dans son commentaire sur El-Borda, ajoute :

« Sur les bords de l'Océan, O'k'ba poussa son cheval dans les flots et ne s'arrêta que lorsque l'animal eut de l'eau jusqu'à la naissance du cou. Il s'écria alors : « Tu sais, ô mon Dieu, que si cette mer n'était un obstacle, j'irais porter la guerre sainte chez tes ennemis, en Andalousie. »
Pendant tout le temps que dura son retour, il accabla Kocéila de mépris et d'humiliations. Un jour il lui donna l'ordre d'écorcher un mouton en sa présence. Kocéila commit ce soin à ses gens. O'k'ba voulut que le roi berber se chargeât lui-même de cette opération répugnante et lui parla en termes violents. Kocéila, plein de colère, se mit à faire ce qu'on exigeait de lui. Mais, toutes les fois qu'il introduisait la main entre la chair et la peau pour soulever cette dernière, il se passait la main sur la barbe.

— Que signifie ce geste, Berber ? lui demandaient les Arabes.
— Cela est excellent pour le poil, répondait-il.
— Du tout, remarqua à la fin un des chefs de l'armée ; le Berber vous menace.

Abou El-Mohâdjer s'interposa vainement entre le tyran et la victime ; il conseilla de délivrer Kocéila de ses chaînes.

— Le Prophète, disait-il à O'k'ba, cherchait à s'attacher, par la douceur, les chefs arabes ; et vous, vous n'avez aucun égard pour un homme puissant, dans un pays étranger, qui n'a été que tout récemment arraché au polythéisme. Vous indisposerez le Prince contre nous. »

Abou El-Mohádjer découvrait au général les terribles conséquences de sa conduite.

O'k'ba détourna les oreilles de ces sages conseils. A T'obna, où il s'arrêta au retour de sa longue expédition, il licencia son armée, par corps entiers, tellement il était devenu confiant d'avoir subjugué une aussi vaste étendue de territoire.

Kocéila informa sa nation de l'amoindrissement des forces arabes. O'k'ba fut tué et son armée anéantie : pas un seul soldat n'échappa au carnage. 308 compagnons du Prophète ou disciples de ces compagnons furent massacrés. Parmi ces derniers se trouvait Abou El-Mohádjer, qui vendit chèrement sa vie. Leurs tombeaux se voient encore dans le Zab.

Sur le tombeau de O'k'ba, on a construit un oratoire de même nom, pour la prière du vendredi. Autour de cet oratoire s'est élevée une ville. Dans la croyance générale, le tombeau de ce capitaine musulman est l'un des saints édifices que Dieu a le plus favorisés de ses bénédictions ; il est très-visité par les pèlerins.

Au nombre des compagnons du Prophète faits prisonniers dans ce jour néfaste, se trouvaient Mohammed ben Ouéis des Ans'ar, Yazid ben Akhlef El-K'éici et autres. Ibn Mess'ad, seigneur de K'afss'a, paya leur rançon.

A la nouvelle du désastre, Zohéir El-Maloui s'enfuit de Kaïrouane avec les Musulmans et ne s'arrêta qu'à Barca, où il attendit les secours des khalifa. Kocéila entra à Kaïrouane et donna l'*amane* aux Musulmans qui, chargés de famille, n'avaient pu fuir assez rapidement, ainsi qu'aux enfants.

Le prince berber demeura souverain de l'Afrique pendant cinq ans, grâce à la coïncidence de ces événements avec la mort du khalifa Yazid, la révolte de D'ahhak ben K'éis El-Fahdi à Meredj Rábet', et la guerre de la famille de Ez-Zohéir. La puissance des khalifa trembla sur sa base. Le Mar'reb prit feu et l'apostasie s'y montra au grand jour.

Selon Mohammed ben Abou Zéid, le Mar'reb apostasia douze fois. La foi ne prit de l'assurance dans le cœur des Berbers que lors du passage de T'árek' en Espagne. Un grand nombre d'entre eux suivirent ce général auquel Dieu donna la victoire. Ils renoncèrent alors à tout espoir de rentrer jamais dans leur ancienne incrédulité.

Kocéila conserva la royauté de l'Afrique jusqu'au jour où Abd El-Málek eut saisi, d'une main ferme et sûre, le pouvoir suprême. Zohéir était resté à Barca depuis la mort de O'k'ba. Abd El-Málek lui dépêcha des secours. En l'année 67, Zohéir se dirigea vers l'Afrique à la tête de quelques milliers de soldats, dans le but de venger la mort de O'k'ba. Kocéila alla à sa rencontre avec de nombreuses troupes. Le choc eut lieu à Mafès (Mems ?), dans les environs de Kaïrouane. La lutte fut acharnée. Les Berbers furent mis en déroute et Kocéila tué. Les Arabes, par une faveur divine, virent le dos de leurs ennemis ; ils en tuèrent des quantités innombrables. A la suite de cette bataille livrée pour la cause de Dieu, les Musulmans détruisirent, l'un après l'autre, tous les corps d'armée que les Berbers voulurent encore leur opposer et soumirent le pays jusqu'à l'Oued Moulouya. Ces défaites successives mirent le comble à l'humiliation des aborigènes ; les Arabes moissonnèrent à leur profit la puissance des Africains, tuèrent leurs cavaliers, s'emparèrent d'Oulili, entre Fez et Mequinez, sur le flanc de la montagne de Zerhouène. Toutefois, à différentes reprises et jusqu'à l'avénement d'Idrîs l'Ancien, les troupes de Kaïrouane furent obligées à des opérations armées dans le pays.

Les Berbers reconnurent Idrîs pour leur souverain, l'aidèrent à fonder sa puissance. Grâce à eux, le trône fut affermi dans ses mains et il put le transmettre à ses enfants, qui l'ont conservé en leur possession jusqu'à la dynastie des Fatimites, rois de Mahdya. C'est ainsi que les dominations se succèdent les unes aux autres. Dieu seul maintient son empire.

ملا هنيا له التمكين ساحتها * سلاهبا كست الاوعار والوعس

Puisse-t-il tirer profit de sa victoire ! Telle est sa puissance, qu'il a rempli de chevaux les environs d'Oran, et que les montagnes et les vallées en ont été couvertes.

COMMENTAIRE

Voici encore l'un de mes chants sur notre héros :

« On l'a vu bien souvent diriger ses coups contre Oran, à la tête d'une armée nombreuse qui portait l'affliction dans les rangs des Chrétiens.

» Il n'y avait pas d'instant qu'il ne conduisît ses bataillons contre les Espagnols. Il a eu maints combats à soutenir contre les ennemis,

» Dont chaque chef, alors même qu'il était le premier de sa nation, se retirait précipitamment devant nous pour se mettre en sûreté dans un château.

» Si les Chrétiens s'éloignaient un jour de la ville pour mener pâturer leurs troupeaux ou pour faire du bois, ils étaient enlevés par un tourbillon

» De cavaliers de l'islamisme, de lions dévorants, qui savaient protéger et défendre, pareils à des faucons fondant avec furie sur leur proie.

» C'étaient les cavaliers de l'armée du prince des Croyants, Mohammed, que chaque guerrier, dur au combat, était avide d'imiter.

» Ils ont laissé pour tout héritage aux filles des Chrétiens le deuil et la douleur ; celles qui avaient perdu leur voile déchiraient les pans de leur manteau.

» Notre prince a surpassé la gloire des rois des Beni-Khakâne ; car sa puissance redoutable s'appuie sur la réunion des plus belles qualités.

» De même que les ornements font ressortir un vêtement de couleur, de même son règne a donné à la royauté plus de grandeur et d'éclat.

» Il est le pôle de la sphère des rois ; il a atteint le roseau, but de la course, et il n'en sera pas repoussé.

» On croirait voir en lui Selîm ben O'tmâne, à l'époque où vivait ce monarque, au commencement du Xe et à la fin du IXe siècle. »

وقام فيها بامر الله منتصرا ٭ كالصارم اهتـزاو كجود منبجس

Vainqueur des ennemis par la volonté de Dieu, il s'est installé à Oran comme une épée brandie et menaçante, ou comme une pluie abondante de bienfaits.

COMMENTAIRE

جود — Personne ne peut disputer de générosité avec notre Prince. Sa force prodigieuse n'a à craindre aucune rivalité. Sa prééminence est aussi solidement établie que celle de Temîm ou celle de Bâdîs ben El-Mans'our.

Ce Bâdîs gouvernait l'Afrique et le Mar'reb au nom du sultan d'Égypte, El-Hâkem ben O'béidi. Il était d'une force peu commune : il brisait une lance rien qu'en l'agitant. Il mourut en l'an 406, dans les circonstances suivantes :

Les Tunisiens ayant tué les Chiites qui étaient dans son armée, il mit le siége devant Tunis, bien décidé à ruiner cette ville de fond en comble : « Tunis disparaîtra, s'écria-t-il ; il n'en restera que le sol pour la charrue. » Il passa la revue de ses troupes, dont le défilé dura depuis l'aurore jusqu'au milieu du jour. Le nombre et la belle tenue de ses soldats le remplirent de joie.

Les Tunisiens se réfugièrent, tout tremblants, auprès de l'homme de Dieu, du saint patron de la ville, Sidi Mohammed ben Khalef, connu également sous le nom de Sidi Moh'rez le Tunisien, et le supplièrent de les sauver du péril qui les menaçait. Ils lui répétèrent les paroles prononcées par Bâdîs. « Non, leur dit-il ; c'est Tunis qui restera et Bâdîs qui s'en ira. — O mon Dieu ! ajouta-t-il, délivre-nous de Bâdîs. » Et le gouverneur de l'Afrique mourut la nuit suivante. Son corps fut transporté à Kaïrouane, qui était alors la capitale de son gouvernement.

Ainsi, d'après le récit qui précède et que j'ai lu dans un livre d'annales, à Tunis, lors de mon voyage à la Mecque, la mort de Bâdis aurait eu lieu pendant le siége de Tunis, tandis que, selon Ibn Khallikâne, elle serait arrivée pendant qu'il assiégeait une bourgade de la Tripolitaine. Dieu est le plus savant.

Le cheikh Moh'rez mourut en l'année 413. Sa tombe est ornée d'une immense stèle. C'est à ce saint homme que le monde savant est redevable de la *Rissala* (traité de jurisprudence), composée, sur sa demande, par le cheikh Ibn Abou Zéid. Cet auteur est mort en 396. A Fez, cette *Rissala* fut présentée à Ibn Zarf, qui n'y attacha aucune importance. A Baghdad, au contraire, lorsque le cadi Ismaïl ben El-Mocieb, Ibn El-K'ass'âr, le cadi Abd El-Ouahhâb, et autres, la reçurent, ils en firent immédiatement grand cas et l'eurent en haute estime. Cet ouvrage atteignit, à Baghdad, le prix de cent dinars d'or.

١٢ ثغر لهغراوة حلوه سابفته * على يد الاموى سلطان اندلس

Oran est une ville frontière des Mor'raoua, lesquels l'ont autrefois occupée sous la direction de l'Oméyade, sultan d'Andalousie.

COMMENTAIRE

(ثغر) — On appelle *tar'r* toute ville que sa situation sur le bord de la mer expose aux coups des ennemis.

Oran est une ville frontière et maritime, aussi bien que Ascalon et Damiette, restées, jusqu'à nos jours, soumises aux agressions des Chrétiens et surtout des Maltais, — que Dieu les humilie et les anéantisse !

(مغراوة) — Les Mor'raoua forment une des principales tribus berbères du Mar'reb. Avant l'Islamisme, ils avaient des rois pour les gouverner, des capitaines pour leurs armées et des préfets pour administrer leurs provinces. « Au moment où ils eurent à subir l'approche mortelle des Musulmans, dit Ibn Khaldoun, ils avaient une grande puissance. »

Les Berbers étaient idolâtres et adoptèrent souvent la religion du peuple qui les vainquait.

D'après Ibn El-Kelbi, H'imiar, souche des tribus, régna dans le Mar'reb pendant cent ans et bâtit la ville de S'ak'lia (Sicile).

Les Romains dirigèrent des expéditions contre les Berbers et rasèrent Carthage, ville située entre Tunis et la mer, du côté du nord. Ils la relevèrent ensuite de ses ruines. La destruction de cette cité eut lieu 900 ans après sa fondation et 700 ans après celle de Rome. Carthage est plus ancienne que Rome de 72 ans (sic).

Rome tire son nom de Romulus, son fondateur. Quant à Carthage, elle fut créée par Didon ben Achtâs, de la postérité d'Esaü, fils d'Isaac. Elle fut la capitale de l'Afrique et ne disparut entièrement qu'au 7ᵉ siècle, sur l'ordre donné par El-Montas'ir le Hafcide de la détruire.

Cet El-Montas'ir est fort loué par H'azem, auteur de la Mak's'oura.

Les Romains ont fondé Sobéitla au sud de Kaf, ainsi que Djaloula, Mernâk' et plusieurs autres villes ruinées par les Musulmans.

Les Berbers, défaits par le roi des Romains, créateurs des susdites villes, adoptèrent la religion chrétienne et payèrent tribut au vainqueur. Ils agirent en cela comme les rois de Tripoli, d'Andalousie, d'Alexandrie, etc., qui, battus par les Romains, avaient embrassé le christianisme.

Il est bon de constater ici que les Francs seuls nommèrent à l'emploi de gouverneur de l'Afrique, tandis que les Romains n'eurent jamais aucune autorité administrative dans ce pays. Dans les livres d'histoire de la conquête d'Afrique, on parle, il est vrai, des Romains, mais au seul point de vue de la prééminence de leurs armes. Ainsi, Djordjir (Grégoire), tué par notre seigneur Abdallah ben Zobéir, était un Franc.

Quelques collectivités berbères avaient embrassé le judaïsme importé des Beni-Israël. C'étaient les Djeráoua de l'Aourâs, les Nefouça, les Kebedlâoua, les Medîouna. Idrîs l'Ancien réunit toutes les différentes religions sous une seule et même croyance : l'islamisme.

La domination des Francs sur les Berbers dura jusqu'à l'invasion de l'Afrique par Abdallah ben Sa'd ben S'areh', l'un des Beni A'mer ben Louey, sous le règne du khalifa Otmane.

Abdallah ben Sa'd était frère de lait du khalifa, qui le nomma d'abord gouverneur de l'Égypte et lui ordonna bientôt, en l'an 29, d'envahir l'Afrique. Quatre mille compagnons du Prophète, parmi lesquels Ibn Khaldoun cite Abdallah et A'ss'em, fils de O'mar ben El-Khatt'âb, Abdallah ben Dja'far ben Abou T'âleb, et plusieurs autres, quittèrent le Hidjaz avec leurs enfants, et suivirent le général musulman dans son expédition.

A cette époque, Djordjir (Grégoire) était roi de tout le pays compris entre Tripoli et Tanger ; Sobéitla était sa capitale. A la tête de 120 mille hommes, il marcha à la rencontre des Musulmans, qui n'étaient que 20 mille combattants. Les compagnons du Prophète mirent en déroute leurs ennemis. Dieu rendit les richesses et les filles des Francs la proie de ses serviteurs. Au nombre des captives se trouvait Amina, fille de Grégoire. Les Musulmans avaient promis de la donner, après la victoire, à celui de leurs guerriers qui tuerait le chef des Francs. Le sort favorisa Abdallah ben Zobéir.

Des historiens racontent que Djordjir avait juré d'accorder la main de sa fille à celui de ses soldats qui arracherait la vie au général musulman. Quand Ibn Sa'd apprit ce serment, il s'écria :

— Celui qui tuera Djordjir aura sa fille.

Après la bataille, Ibn Zobéir, bien qu'il eût donné de sa propre main la mort au roi franc, garda le silence. Personne ne se présentant pour réclamer la récompense, la fille de Djordjir dit :

— Je connais celui qui a tué mon père.

On fit défiler devant elle les soldats. Elle s'avança droit vers Ibn Zobéir.

— Pourquoi, demanda quelqu'un à ce dernier, n'avez-vous pas parlé.

— Parce que, répondit-il, je l'ai tué pour Dieu et non pour sa fille.

L'Émir Abdallah ben Sa'd, ayant fait le partage du butin, chargea Ibn Zobéir d'en porter le cinquième au trésor public et d'annoncer la victoire au khalifa.

Ibn Zobéir prit le chemin de Barca avec ses esclaves et les gens de sa maison. La plupart des chameaux moururent à Barca. Pour faire sa route, Amina fut dans la nécessité d'emprunter le chameau du serviteur d'Ibn Zobéir et de le monter alternativement avec lui. Quand venait le tour d'Amina, ce domestique lui disait :

— Fille de Djordjir, ton tour passera. Tu porteras l'outre d'eau sur la nuque. A la ville se trouve ta maîtresse.

Quand on lui eut expliqué le sens de ces paroles, elle ne put se résoudre à devenir la servante d'une autre femme. Elle se laissa tomber de sa monture sur la tête. Elle mourut à Barca.

Telle est la seule et incontestable cause de la mort de Amina. Tout autre récit doit être tenu pour suspect.

Après le partage du butin, Ibn S'areh' dirigea des corps d'armée vers les plaines de l'Afrique. Ses colonnes y rencontrèrent les Mor'raoua. La lutte fut acharnée ; elle se termina par la déroute de ces Berbers et la prise de leur prince, Ouânezmâr ben Mor'lab, aïeul des Beni Khezer.

Les Musulmans conduisirent leur captif à Otmane. Ouânezmâr abjura entre les mains du khalifa, qui lui fit des présents et le rendit à sa principauté. De ce fait date l'*islamisation* de tous les Mor'raoua.

Les Francs composèrent avec les Musulmans. Moyennant le payement de 300 quintaux d'or, les envahisseurs devaient quitter l'Afrique. Ceux-ci acceptèrent ce prix de la rançon du pays et revinrent dans l'est, où ils furent occupés à la guerre du Chameau et à celle des S'afféine.

Le récit, tel que nous l'avons fait, de la conversion de Ouânezmâr à l'islamisme, est contraire à celui rapporté par l'auteur du *Bor'iat El-Ouârrâd* ou *Histoire des Beni Abd El-Ouâd*. Il est dit dans cet ouvrage que les Mor'raoua étaient des affranchis des Beni Oméya. Tout au plus pourrait-on admettre cet affranchissement pour les Beni Ouânezmâr seuls. En effet, il n'est pas douteux que le peuple de Ouânezmâr n'ait adopté la religion du Prophète pour imiter son prince, lorsque celui-ci revint de Médine, converti à la foi du vainqueur. Il est certain que la nation de ce prince ne fut point faite captive, puisqu'elle ne s'est convertie qu'après son chef. Cela est évident. Or, selon tous les jurisconsultes, le droit de propriété doit se baser sur le fait de captivité joint à l'état d'infidélité religieuse. Le cheikh Ahmed-Baba a traité cette question spéciale, dont il discute longuement le pour et le contre dans un ouvrage. Quant à l'opinion émise par Ibn Khaldoun sur cet affranchissement, elle a été puisée aux mêmes sources que celle de l'auteur du *Bor'iat El-Ouârrâd*, et ce grand historien y a donné toute sa confiance. Ibn Khaldoun, après avoir parlé des S'anhâdja, de leur extraction, et énuméré leurs tribus, ajoute : « Les S'anhâdja étaient affranchis de Ali ben Abou T'âleb, comme les Mor'raoua l'étaient de Otmane ben A'ffâne l'Oméyade. Toutefois, je ne puis indiquer ni la cause ni l'origine de ce droit de clientelle. »

Aux Mor'raoua appartenaient :

1° Les Beni Khezeroun, souverains de Tripoli. Parmi les hommes remarquables de cette famille, nous citerons Saïd, tué par les Beni Zor'ba ben Hilal, lors de leur émigration de l'Est dans la Tripolitaine, vers le milieu du V° siècle ;

2° Les Beni Felfoul. Parmi leurs célébrités se trouvent Khezroum qui attaqua Sedjelmasse, en l'année 366, battit le fils de Châker, le tua, s'empara de son royaume, et envoya la tête du vaincu, avec la relation de la victoire, à Cordoue, au sultan

Hichâm El-Mouied, dont Abou Daoud El-K'âri, était l'affranchi. A l'époque de ces événements, El-Mans'our ben Abou A'mer commençait à exercer la charge de chambellan à la cour du roi de Cordoue.

Le meurtre du fils de Châker mit fin pour toujours à la puissance des rois de Méquinez, dans le Mar'reb ;

3° Les Beni Khezer, maîtres du Mar'reb central et, comme nous le verrons plus loin, fondateurs de la ville d'Oran. Cette famille a également eu de grands hommes, entre autres, Mohammed ben El-Khéir, auquel la noblesse de son caractère, ainsi que le prouve la fin de sa vie, a assigné un rang considérable entre tous.

Lorsque En-Nâcer l'Oméyade, roi de Cordoue, donna à Ya'la ben Mohammed l'Ifrinite le gouvernement du Mar'reb central, Mohammed ben El-Khéir abandonna le parti des Oméyades pour se jeter dans celui des Chiaïtes, et se rendit auprès de El-Moa'zz, en Afrique. Son arrivée à la cour de ce prince coïncida avec des préparatifs belliqueux : El-Moa'zz venait de charger son secrétaire El-Djouheur, connu sous le nom de K'aïd Er-Roumi, de porter la guerre dans le Mar'reb. C'était en l'année 348.

Mohammed ben El-Khéir suivit El-Djouheur dans cette expédition et occupa une haute position dans son armée. Ce fut même lui qui provoqua la mort de Ya'la. El-Djouheur ayant rencontré à Tihâret ce chef ifrinite le tua et détruisit la ville bâtie par lui à Ifkâne.

Mohammed ben El-Khéir accompagna El-Djouheur dans le Mar'reb et assista à tous les combats livrés par ce général, qui, au moment de revenir dans l'est, le mit à la tête du pays.

Mohammed ben El-Khéir avait eu, tout d'abord, de sanglantes guerres à soutenir contre les Chiaïtes. Il se déclara ensuite pour eux : puis, ses rapports avec ce parti s'étant troublés, il prit fait et cause pour les Oméyades. Il chassa tous les Zenâta du Mar'reb central, où les Chiaïtes ne conservèrent plus que Tihâret jusqu'à l'écroulement de leur puissance. Le souverain merouanide de Cordoue lui envoya tous les secours en hommes qu'il désira.

Mohammed ben El-Khéir sortit d'Oran entraînant avec lui toutes ses tribus, suivies par tous les *impedimenta* de la vie arabe. Lorsque Ziri connut les projets de son ennemi, il appela aux armes tous ses contingents, dont la masse devint si épaisse que rarement on en vit une pareille. Son armée se réunit dans sa capitale, Achîr ; il en donna le commandement à son fils Bologuine. Les deux armées se rencontrèrent à El-Bot'h'à. La lutte fut terrible ; les siècles n'en avaient point encore vu d'aussi acharnée. Enfin, les rangs des Mor'raoua furent rompus ; leurs colonnes fléchirent. Quand Mohammed ben El-Khéir n'eut plus à douter de sa défaite, il se rendit à un point latéral de son armée et là se donna la mort. Le carnage de ses troupes continua toute la journée. Les os de ses soldats restèrent dans la plaine pour faire connaître aux siècles futurs leur destinée effroyable. Plus de dix émirs ou princes perdirent la vie du côté des Mor'raoua. Bologuine prit leurs têtes qu'il porta à son père comme preuve de sa victoire. Ziri les envoya, en Afrique, à El-A'ziz, dont le cœur déborda de joie, pendant que El-Montacir l'oméyade pleurait à Cordoue le désastre de son armée. Cette victoire donna à Ziri la prééminence sur tous les gouverneurs du Mar'reb.

El-Moa'zz, sur le point de partir pour l'Égypte, dont il était nommé *naïb* ou vice-roi, manda auprès de lui Dja'far ben Ali, qui commandait à Mecila, afin de lui remettre le gouvernement de l'Afrique. Dja'far crut à une trahison, et s'enfuit auprès des Mor'raoua. Ceux-ci l'ayant placé à leur tête, il se déclara vassal d'El-H'akem le Merouanide. Ziri marcha contre les Mor'raoua. Les deux armées se livrèrent une terrible bataille. El-Moa'zz avait nommé Ziri gouverneur de toute l'Afrique. La fortune tourna contre les S'anhâdja. Ziri, étant tombé de cheval, sa tête fut coupée et envoyée à El-H'akem le Merouanide, à Carthage. Cet événement eut lieu en 360. Ziri avait occupé la place de gouverneur de l'Afrique pendant 26 ans. Les Mor'raoua se vengèrent ainsi de leurs précédentes défaites et assouvirent leur colère. Avec Ziri finit la puissance du peuple dont il était le chef. Le monde est ainsi fait : un jour succède à l'autre sans jamais se ressembler. C'est le temps qui agit ; il n'y a pas à lui faire de reproche, car il est inconscient.

Bologuine, fils de Ziri, se disposa à tirer satisfaction de la mort de son père. Il eut avec les Mor'raoua des guerres difficiles et sanglantes, dont la vue seule eût fait blanchir la tête du corbeau.

Sur ces entrefaites, El-Moa'zz, qui partait pour l'Égypte, plaça tout le pays soumis à son autorité, n'en exceptant que Barca, sous le commandement de Bologuine.

Le fils de Ziri agrandit le royaume confié à ses soins; son nom franchit les bornes d'une renommée ordinaire. Aucune région n'échappa à l'action tutélaire de ce prince. Toutefois la Sicile et la Tripolitaine restèrent en dehors de son gouvernement, car El-Moa'zz avait placé Abou El-H'assane El-Kelbi à la tête de la première, et Abdallah El-Ketâmi à la tête de la seconde.

El-Moa'zz changea le nom de Bologuine en celui de Youssof.

Bologuine porta ses conquêtes jusqu'aux limites extrêmes du Mar'reb. Il s'empara de Fez, de Sedjelmasse, et chassa tous les gouverneurs chiaïtes. Il fit prisonnier Ali, fils de K'orz le Mor'raouyen, et le tua. Le reste des rois zenatiens, entre autres Yedd ben Ya'la l'Ifrinide, prit la fuite et se réfugia à Ceuta. De là, ces princes détrônés implorèrent les secours d'El-Mans'our ben A'mer. Celui-ci se rendit de Cordoue à l'Ile verte (Algesiras) et leur envoya de nombreuses troupes, dont il remit la conduite à Ibn H'amdoun, en le chargeant de pousser vigoureusement la guerre contre Bologuine. De plus, pour aider ce général dans cette entreprise, il lui adjoignit cent charges de numéraire. Cette armée ayant traversé la mer, choisit les environs de Ceuta pour champ de bataille.

Bologuine avait établi son camp à Tétuan. Ayant manœuvré de façon à dominer les ennemis, il vit une chose qui le frappa d'étonnement : « Voilà, s'écria-t-il, une vipère qui nous montre les dents. » Il revint sur ses pas, détruisit Bas'ra, attaqua les Berr'ouat'a et les réduisit en captivité. Il instruisit Kaïrouane de ses succès, et ruina la puissance des Oméyades dans tout le M'ar'reb. Pour se mettre à l'abri de son inimitié qui les poursuivit jusqu'à sa mort, arrivée en 373, les Beni Oméya furent obligés, à différentes reprises, de s'enfoncer dans le Sahara.

4° Les Beni Hamdane, rois de Bas'ra, et les Beni A't'ia, rois de Fez.

Parmi les hommes illustres des Beni A't'ia, je citerai Ziri ben A't'ia, qui bâtit Oudjda en l'année 384, et y transporta de Fez ses trésors. Je reparlerai plus loin de cette ville.

Aux Beni A't'ia appartient encore El-Fort'as', qui marcha contre El-Mans'our en 399; mais le sort des armes ne lui fut point favorable;

5° Les Beni Ouânoud, seigneurs de Safrou, anéantis par Youssof ben Tachefine;

6° Les Beni Mendîl ben Abd Er-Rahmane, rois de Mazouna et de Ténès.

Cet Abd Er-Rahmane fonda la ville de Mazouna en 565. Son fils Mendîl, menacé par Ibn R'ânia ben Yahya, venant de Kabès, sortit de Mazouna pour aller à sa rencontre. Ouadjer fut le champ de bataille. Mendîl, vaincu, tomba entre les mains de Yahya ben R'ânia, qui le conduisit à Alger et le mit en croix sur les remparts de cette ville. C'était vers le commencement du VIe siècle.

Ali, fils de Mendîl, succéda à son père comme roi de Mazouna. C'est lui qui se rendit auprès de Abou Zakaria le H'afcide, avec l'émir de Toudjine, El-Abbas ben A't'ia. Tous les deux facilitèrent à Abou Zakaria l'attaque et la prise de Tlemcène. Abou Zakaria nomma Ali gouverneur de cette ville, en l'année 639.

A son retour à Tunis, le prince H'afcide s'arrêta à Chelef. Là, il ordonna à Ali et à El-Abbas de s'affubler en rois, de s'entourer d'étendards, de tambours, de chameaux de course, et enfin de tous les emblèmes de la royauté. Les deux princes revêtirent donc les insignes de monarque dans le but de ressembler à Yar'moracène et de lui causer du dépit. Mans'our El-Melikchi (des Beni Melikeche) se costuma également comme Yar'moracène et contrefit sa façon de gouverner.

A la mort de Yar'moracène, son fils, Sa'îd O'tmane, lui succéda. Il donna le commandement des troupes à son frère, Abou A'mer, qui détruisit les Tedjine, les Mor'raoua, effaça les traces de leur domination et ruina leur puissance. Ces deux tribus perdirent ensemble leur suprématie et, depuis lors jusqu'à nos jours, elles sont restées tributaires.

Youssof ben Tachefine abattit la force politique des Mor'raoua et celle de leurs frères, rois de Fez, ainsi que nous le raconterons dans la suite.

J'ai avancé, d'après le chroniqueur Ech-Chebibi, auteur d'un livre intitulé : *Les perles et l'or natif au sujet des rois zianites*, que Otmane mit fin au pouvoir des Beni Mendîl ; mais je dois dire que d'autres historiens attribuent la destruction de cette tribu à Râched ben Mohammed ben Tâbet ben Mendîl, roi des Mor'raoua, et datent cet événement de l'an 7 du VIIIe siècle. Dieu est le plus savant.

8 Sont également issus des Mor'raoua :

Les Sendjâs et une autre tribu près de Bougie ;
Les Rîr'a du Zab ;
Les Beni K'out' entre le Zab et le Djebel Râched, avec une bourgade ou k'sar de même nom ;
Les Beni Oûra, près de Constantine ;
Les tribus situées dans les environs de Maroc, du Sous et de Tripoli ;
Les Beni Irnâne, près de la Moulouya. Ils auraient donné naissance aux Beni Outt'at', établis dans le Djebel qui domine la Moulouya, du côté du sud, ainsi qu'aux Beni A'bou, qui habitent le Djebel Kart'out' ;
Les Beni Khellouf, au-dessous du Chelef, et une tribu du nom de Mor'raoua, près des Beni Zerouâl ;

Les Mor'raoua ont produit de saints et de savants personnages. Nous citerons :

Sidi Mohammed El-Haouâri, l'homme le plus instruit et le plus pieux d'Oran. Nous en reparlerons.
Sidi El-Akh'al, qui s'est illustré par un hymne sur le Prophète, et dont la célébrité est rivale de celle de A'rous' à Tunis.

Abou Abdallah El-Mak'oufel, que sa science, sa piété et ses miracles ont rendu l'une des merveilles de son siècle. Comme preuve de son vaste savoir, il suffira de dire qu'on lui doit un hymne de 70 vers sur le Prophète, hymne dans lequel il ne se trouve aucune lettre ponctuée. Il avait à son service Dakîs El-Mod'arrib, originaire des Beni Makhzoum. Dans sa descendance, on compte une foule de savants et d'amis de Dieu.

Nous signalerons aussi l'ami de Dieu, Mehammed ben Yahya, que l'on a surnommé Mokri El-Djinn (lecteur des génies), parce que des esprits lui soufflaient par derrière les réponses qu'il avait à faire. Il était disciple du chéikh Es-Senouci. Il est auteur d'un traité sur le *Touh'îd* ou monothéisme, etc. Son tombeau est sur l'Oued Ferouh'a.

J'ai lu dans un ouvrage attribué au savant et pieux Sidi Abou Zéid le Toudjanite, que le chéikh Mehammed ben Yahya était *cherif*. El-Djouzzi, commentateur de cet ouvrage, reconnaît la vérité de cette origine. Dès l'instant que ces deux érudits s'accordent à faire remonter la filiation de ce saint au prince des Musulmans, Ali ben Abou Tâleb, et à son épouse, notre maîtresse, Fatima, fille du Prophète, il n'y a plus de doute à concevoir sur l'exactitude de ce fait.

Citons encore le saint, le vertueux Sidi Mehammed El-Mor'raoui, mort à El-K'ola', au milieu du XIIe siècle ; puis son fils, Sidi Abou El-K'àcem. Sidi Mehammed est très en réputation à Tlemcène.

La série des Mor'raouyens qui se sont illustrés par leurs vertus est loin d'être terminée. Leur nomenclature nous entraînerait trop loin. Nous clorons cette liste déjà longue par le chéikh Et-Tahar, fils du susdit Sidi Mehammed. Il possédait pleinement le Coran et les lois qui y sont édictées. Il a composé de nombreux ouvrages en vers sur le style du livre sacré. Il fit ses études sous la direction du chéikh Ibn Azk'ak' El-Abd El-Ouadi. Il habitait le bourg de Debba, dépendance de K'ola'.

(على يد الاموي). — L'Oméyade dont il s'agit ici est Abd Er-Rahmane, fils d'El-H'akem, fils de Hicham, fils d'Abd Er-

Rahmane, surnommé Ed-Dâkhel, fils de Moa'wya, fils de Hicham, khalifa de Damas et de Ress'âfa en Mésopotamie. Ce khalifa qui, le premier, institua l'appel à la prière en commun, était fils de Abd El-Mâlek, fils de Merouâne, fils de Oméya, fils de El-H'akem, fils de Abou El-A'ss'i, fils de Oméya, fils de A'bd Chems, fils de A'bd Manaf.

Abd Er-Rahmane s'était enfui de Abou Sira, circonscription administrative d'Égypte, après le meurtre de Merouane ben Mohammed, dernier roi Oméyade, en 132. Il échappa à toutes les recherches dirigées contre lui par Abdallah ben Ali, oncle paternel de Es-Saffah', premier roi de la race des Abbacides. A'mer El-Medah'dji envoya également à sa poursuite ; il ne put découvrir ses traces.

Le fugitif avait pris la direction de l'Ouest. Il s'arrêta à Mak'îla, près de Mazouna. Les gens de cette localité, de l'un de leurs ports, le firent passer en Andalousie, dont les gouverneurs, tels que Abd El-A'zîz ben Moussa, Mar'ît, et autres, lui livrèrent toute l'autorité. Il sut affermir sa puissance et acquérir une grande considération ; c'était un homme intelligent et supérieur, instruit et juste. Ses fils, doués de ses qualités éminentes, le prirent constamment pour modèle de leur conduite. Lorsque l'imam Mâlek apprit la sage politique de ces princes oméyades, il en fit de grands éloges dans les sociétés savantes qu'il présidait à Médine. Ces éloges devinrent une des causes qui déterminèrent les Andalous à adopter la doctrine de cet imam, bien que leurs derniers ancêtres, en Syrie, appartinssent à l'opinion de El-Aouzâi' le Syrien. Les provinces soumises à l'Andalousie furent portées à suivre cet exemple.

La domination des Oméyades s'étendit parfois au Mar'reb, et d'autres fois se limita à l'Andalousie. Abd Er-Rahmane fut l'un des rois de cette dynastie, qui firent de notre pays une dépendance de leur royaume. Il jeta les fondements d'Oran et frappa, le premier, monnaie dans le Mar'reb.

Le cheikh Ibrahim, dans son commentaire sur le *Précis de jurisprudence* de Sidi Khelil, au chapitre traitant de la monnaie, dit, à propos de ce passage du légiste : « La marchandise pour un dinar moins deux dirhems. » — « Le premier qui frappa des dinars et des dirhems fut Adam. Le premier qui battit monnaie, au temps de l'islamisme et grava son nom sur le numéraire, fut Abd El-Mâlek ben Merouâne ; il fut également le premier qui mit les poids en usage. Le premier qui frappa monnaie dans le Mar'reb, fut Abd Er-Rahmane ben El-Hakem, gouverneur de l'Andalousie au IIIe siècle. Auparavant, les transactions s'opéraient au moyen du numéraire importé de l'Est. Le premier qui mit en circulation la fausse monnaie fut O'béid-Allah ben Ziad, meurtrier d'El-H'osséin. »

La puissance des Oméyades en Andalousie ne fit que s'accroître depuis leur avènement à l'empire jusqu'en l'année 430. Vers la fin de leur grandeur, et pendant onze ans, de 404 à 414, les Beni H'ammoud, de la famille des Idricides, entre autres Ali, El-Mamoun et Yahya, harcelèrent et pourchassèrent cette famille.

La filiation de ces Beni H'ammoud est la suivante : Beni H'ammoud, fils de Mimoum, fils de Ahmed, fils de Ali, fils de O'béid Allah, fils d'Idris.

ثالث فرن خـرز منهم فد اسسه ٭ وملكهم في غايـتـ العز والشمس

Au IIIe siècle, Kharz le Mor'raouite jeta les fondements d'Oran ; et le royaume des Mor'raoua monta à l'apogée de la gloire et au comble de l'orgueil indomptable.

COMMENTAIRE

C'est dans l'année 90 ou 91 du IIIe siècle que cet événement eut lieu.

Ce Kharz était gouverneur du Mar'reb central au nom des Beni Oméya. Sous son administration, les Mor'raouites édifièrent

Oran, qui devint une ville populeuse et civilisée, une des plus importantes capitales du Mar'reb et l'une de ses forteresses le plus sûrement à l'abri de toute molestation. Les savants s'y donnèrent rendez-vous ; les négociants, les marchands y apportèrent leurs denrées. Elle était le but de tous ceux qui cherchent la fortune ; elle renfermait des raretés qu'on ne voyait nulle autre part, de nombreux soldats et des réunions littéraires. Ibn Khemis, érudit remarquable et jurisconsulte illustre, visita cette ville à la fin du IV⁰ siècle. Sa vue le charma profondément, quoiqu'il arrivât d'Alger. Cette dernière, il est vrai, sortait à peine de terre, comme nous le verrons dans la suite. « Les deux villes frontières qui m'ont plu dans le Mar'reb, racontait ce voyageur, sont Oran de Kharz et Alger de Bologuine. »

Parmi les hommes savants et versés dans la connaissance de la tradition du Prophète, auxquels Oran a donné le jour, on compte Abou El-K'âcem El-Ouahrâni, l'un des professeurs de Abou O'mar ben Abd El-Berr En-Nomri El-K'ort'obi ; Abou Abdallah Mohammed El-Ouahrâni, surnommé Rokn Ed-Dine, qui visita le Caire vers 570 et s'y rendit célèbre par sa science, son savoir littéraire et sa compréhension facile, car il avait pénétré dans le cœur des sciences et en avait au loin rejeté les voiles qui les cachent aux yeux du vulgaire. Abou Temim El-Ouâi'd' (le prêcheur) naquit également à Oran.

سنة ست من اربع ازاحهم * عن ذلك الثغر ازداجة مع عجس

Dans la 6ᵉ année du IV⁰ siècle, les Azdâdja, réunis aux Adjès, expulsèrent les Mor'raoua de cette ville frontière.

COMMENTAIRE

Ces deux tribus sont branches des Berânès, peuple de Kocéila, dont nous avons déjà parlé. Beaucoup d'historiens les rattachent aux Zenâta. Leur territoire se trouvait dans le Mar'reb central, aux environs d'Oran. Elles étaient fort belliqueuses et on citait d'elles de nombreux traits d'héroïsme. Leurs plus glorieuses illustrations furent Chadjera ben Abd El-Kerim et Abou Déilem ben El-Khatt'âb. On parle des Beni Bou Déilem dans l'histoire d'Andalousie.

Les Azdâdja et les A'djès, qui ont donné naissance aux Beni Mesk'ène, dont le territoire touchait à celui d'Oran, vainquirent cette ville avec l'aide de toutes leurs tribus et s'en emparèrent sur Mohammed Kharz. Ils conservèrent leur conquête pendant sept ans, au bout desquels Mohammed la leur reprit, à la suite de luttes mémorables, et y installa son fils El-Khéir comme gouverneur. Oran resta entre les mains de ce dernier jusqu'au jour où Abdallah le Chia'îte fut nommé gouverneur de l'Afrique, en l'année 296.

A'rouba ben Youssof El-Ketâmi, ayant fait ses préparatifs d'attaque contre les populations du Mar'reb, établit son camp sous Tiharet, qui avait alors pour rois les Beni Abd Er-Rahmane ben Rostem des Khaouaredj-Ibad'îtes. Cette guerre fut longue et se termina par la défaite des souverains de Tiharet et la perte de leur royauté. Au moment de quitter cette ville, A'rouba la plaça sous le commandement de Abou H'oméir Daouâs ben S'oulât El-Himi, en l'année 298. Il attaqua ensuite les Lemaya du Seressou, Chia'îtes des Beni Rostem, rois de Tiharet. Ces Lemaya pouvaient mettre sur pied trente mille cavaliers et plus. Daouâs appesantit sa main sur eux et les dispersa. Les uns se réfugièrent dans le Djebel Mess'âb, les autres dans le Djebel Râched et ailleurs. Il porta également la guerre chez les Louâta et les Mat'mât'a. Il faisait adhérer les Kharedjites, à mesure qu'il les vainquait, à la doctrine des Rafidites, secte des Chia'îtes. Il dirigea ensuite ses coups contre les A'djîssa et les Azdâdja et les traita impitoyablement ; il s'empara d'Oran sur El-Khéir ben Mohammed ben Kharz, et y installa Mohammed ben A'oun en qualité de gouverneur. Dès lors, les Rafidites couvrirent tout le Mar'reb central.

En-Nacer l'Oméyade, ayant nommé Ya'la l'Ifrinide au commandement du Mar'reb central, le chargea de combattre les Rafidites. Ya'la marcha contre Oran et y assiégea Mohammed ben A'oun et ses alliés, les Azdádja, gagnés au *rafidisme*. La lutte fut longue ; enfin elle finit à l'avantage de Ya'la, qui dissipa les ennemis, en l'année 343, emporta Oran d'assaut et l'incendia. Les Azdádja se retirèrent en Andalousie, ainsi que la plus grande partie des Adjíssa.

Oran n'était plus qu'un monceau de ruines. Ya'la releva cette ville, où il fixa sa résidence, précédemment à Ifka ; il y appela sa famille et son fils.

Lorsque El-Khéir ben Mohammed vit que les Beni Ifrène avaient choisi Oran pour le siège de leur gouvernement et y avaient solidement établi le pouvoir des Merouanides, il se tourna du côté des Chia'ïtes et se rangea dans leur parti. Il se rendit auprès de El-Moa'zz, en Afrique, emmenant avec lui El-Djouheur. Nous avons déjà raconté plus haut que El-Djouheur tua Ya'la, plaça Mohammed ben El-Khéir à la tête du Mar'reb et lui assigna Oran comme capitale.

Ces A'djîssa, unis à leurs frères les Azdádja, attaquèrent Kol'a Ankour, capitale des Beni Salah, en l'année 406, la détruisirent et prirent possession du pays jusqu'au jour où Youssof ben Tachefine renversa leur fortune.

Chez les A'djîssa est né le chéikh Abd El-Ouahhab, disciple de Ibn R'azi.

Je ne puis établir, d'une façon certaine, si les A'djîssa sont originaires des Oulad Berr, branche des Berranès, ou des Oulad Djáná, fraction des Zenata. Le chéikh Abou Mahdi–Aïssa ben Moussa El-Toudjini, parlant du poème composé par le chéikh Abd El-Ouahháb sur les combattants de Bedr, dont El-Bokhari a fait l'énumération dans son *Sah'ih'*, et à propos d'un passage de ce poème où il est dit que El-Mok'dád est d'une grande race, s'exprime de la sorte : « Le chéikh Abd El-Ouahháb est de la famille de notre seigneur El-Mok'dád ben El-Açoued, compagnon du Prophète. » Il s'ensuivrait que les A'djîssa sont Arabes. Dieu est le plus savant.

« Mohammed ben Khezer, dit Ibn Khaldoun, poursuivit le cours de ses victoires sur les gouverneurs du Mar'reb central, partageant le pays avec Ya'la l'Ifrinite. Cet état de choses dura jusqu'à la révolte des S'anhâdja, qui occupa El-Khëir et son père. Ya'la en profita pour s'emparer d'Oran, etc. » L'historien des Berbers commet ici une grande méprise. Les faits se sont ainsi passés pendant la première guerre de Mohammed ben Chîa'; mais sa dernière guerre et sa marche contre les S'anhâdja, sa rencontre avec Bologuine ben Ziri, la déroute des Mor'raoua et le suicide de Mohammed, eurent lieu longtemps après la mort de Ya'la. Il faut ajouter que, lorsque Ya'la mourut, son fils Yedd lui succéda, sans toutefois prendre possession d'Oran. En somme, dans Ibn Khaldoun, il y a confusion et contradiction. Les événements tels que je les ai racontés sont seuls à même de supporter l'examen, car ils forment le résumé essentiel des études auxquelles je me suis livré à cet égard.

Yedd ben Ya'la était d'une vaste intelligence. Il rappelait K'éis ben Zohéir, ou le vizir d'Égypte D'irr'âm. Voici l'un de ses propos. Lorsque El-Mans'our ben A'mer lui manda de lui amener des onagres, il répondit : « Les onagres ne se laissent pas conduire au vétérinaire. » Ces paroles sont passées en proverbe.

حتى ازالهم عنه يوسف وعلي * كما ازالهم قبل عن اراضي فاس

Ils en restèrent les maîtres jusqu'à ce que Youssof et Ali les en eussent expulsés, comme ils les avaient déjà expulsés du territoire de Fez.

COMMENTAIRE

Au temps de Youssof ben Tachefine, les Azdâdja et les A'djîssa n'avaient déjà plus Oran. Cette place forte était tombée, avant l'avènement de ce prince, au pouvoir des Mor'raoua, comme nous l'avons relaté.

Mohammed ben El-Khëir régit le royaume d'Oran et le transmit à son frère El-Feteh'. Leurs descendants gardèrent la puissance souveraine jusqu'à l'apparition des Lemtouna, dont le roi, Youssof ben Tachefine, subjugua tous les monarques du Mar'reb, depuis Alger jusqu'à l'océan Atlantique, et les dépouilla, à son profit, de leurs États. Le royaume des Mor'raoua fut du nombre des pays qui passèrent sous la domination de Youssof.

Cet Ali, cité dans mon vers, est le fils de Youssof, auquel il succéda.

Les Lemtouna sont une branche des S'anhâdja ; on les appelle aussi le *peuple voilé*.

Il y a divergence d'opinions sur l'origine des Lemtouna et celle des Ketâma. Les uns disent qu'ils descendent de Bernès ; les autres qu'ils sont les enfants de Rîr' et les frères utérins de Houâr, dont la mère se nommait Ted'la. Le père de cette dernière est resté inconnu. C'est là l'opinion de Ibn H'azem, dans sa *Djamhara* (recueil d'annales). D'autres, enfin, assurent qu'ils sont issus des Sekâcek, branche des Kenda. A son tour, Ibn El-Kelbi les croit originaires de l'Yemène. Cet auteur raconte que Ifrîk'ès ben S'éifi, qui a donné son nom à l'Afrique, fit à leur tête ses expéditions et qu'à son retour il les laissa en Afrique.

C'est à Ifrîk'ès que les peuplades de l'Afrique doivent leur nom de Berbers. Quand ce conquérant s'aperçut qu'il ne comprenait pas leur langage, il s'écria : « J'ai assez de vos clameurs ! (بربرتكم). » Dans la langue arabe, le mot *Berber* désigne des sons inarticulés, tels que la voix du lion.

Hâni ben Bekkâr Ed-D'rissi, Sâbek' ben Soléimane El-Mat'-mâti, Kahlâne ben Abou Laoui et Youb ben Zéid, qui sont d'origine berbère, divisent les Berbers en deux fractions : El-Berânès et El-Betre. Selon ces historiens, El-Betre descend de K'éis R'tlâne, et les Berânès sont les fils de Berr, de la postérité de Dâm ben Mazi ben Kaneâ'ne (Chanaan) ben H'âm (Cham).

« Berr ben K'éis, raconte Et-Tabri, fuyant son frère O'mar, se réfugia auprès des Berbers et se maria chez eux. »

Les érudits berbers ont fait ce vers pour O'béida ben K'éis El-O'k'éili :

« Je le jure, les Berbers et moi sommes frères. Nous avons été élevés, eux et moi, par un aïeul généreux, puissant seigneur. »

El-Bekri raconte : « Mod'ar avait deux fils : El-Yâs et R'îlane. Leur mère était Er-Robab, fille de H'îd ben O'mar ben Maa'dd ben A'dnâne. A la famille de R'îlane appartient K'éis. De K'éis naquit Berr, qui épousa la fille de son oncle paternel, El-Bahâ bent Dah'mâne. Berr étant en butte à la haine de ses frères, sa mère s'enfuit avec lui chez les Berbers, alors en Syrie, dans le voisinage des Arabes. El-Bahâ lui donna un fils, Mâdr'ès. Ce Madr'ès fut surnommé *El-Abter*; c'est l'Abou El-Betre des Arabes. Tous les Zenata composent sa postérité, et non celle de Abd El-Berr. Les Berbers descendent de K'ibt' ben Ham. »

« A cet égard, dit Ibn Khaldoun, l'opinion qui se rapproche le plus de la vérité, c'est que les Berbers descendent de Kanea'ne, fils de Nouh (Noé). Leur aïeul est Yazir', et leurs frères sont les Kerîkès et les Philistins. Ils avaient pour roi Djâlout (Goliath). Djâlout n'appartenait point aux Berbers proprement dits, mais à leurs frères, les Philistins. C'est là la seule leçon à adopter. Les S'anhâdja et les Ketâma sont de l'Yemène, des Beni H'imiar. »

David fut le premier qui fit sortir les Berbers de Syrie, pour obéir à cette révélation divine, rapportée par Ibn El-Kelbi : « O David, fais sortir les Berbers de Syrie, car ils sont la lèpre de la terre. » Depuis, leur pays d'habitation fut compris entre Alexandrie et l'océan Atlantique.

Les Berbers eurent à soutenir des guerres contre les Francs. Ils conclurent la paix, moyennant l'abandon des rivages à ces ennemis. Ils se réservèrent l'intérieur du pays, les montagnes. Ce partage dura jusqu'à l'islamisme.

Quelques Berbers professaient le judaïsme, et d'autres le christianisme. On voyait aussi parmi eux des mages, des adorateurs du soleil et de la lune, des idolâtres.

Jusqu'à ce jour, les S'anhâdja sont restés la partie la plus importante des Berbers, et l'on peut dire d'eux qu'il est presque impossible de fouler un territoire du Mar'reb sans y rencontrer une de leurs fractions. On assure que le tiers des Berbers forme la postérité de S'anhâdj ben Cherîne ben Berr. Ibn En-Nah'ouy, historien des Berbers, fait descendre les S'anhâdja de S'anhâdj ben El-Motenna ben El-Mans'our ben Yah'iss'ob ben Mâlek ben A'mer ben H'imiar II ben Sebâ, et leur compte jusqu'à 70 tribus. Et-T'abari rapporte que leur pays a six mois de marche.

Des S'anhâdja sortent les Belkâna, dont le pays est situé entre le Mar'reb central et l'Afrique. Ces Berbers ont des demeures fixes. L'un d'eux, Tâbet ben Ouzridène, passa en Afrique sous le règne de Es-Saffâh'.

Trois familles sanhadjiennes ont possédé la royauté. Ce sont :

1° Les Belkâna, rois d'Afrique et d'Andalousie, à l'époque du morcellement du pouvoir souverain entre différentes tribus. Menad, partisan des Abbacides, appartenait à cette famille ; il eut pour fils Ziri, dont nous avons précédemment parlé.

Lorsque les Chia'îtes s'emparèrent de l'Afrique, toute la partie du pays comprise depuis Mecila jusqu'à H'amza, se donna aux Belkâna, afin de rester fidèles aux Abbacides, véritables successeurs de Ali. Cette circonstance permit à Ziri d'élever la ville d'Achîr au pied du Djebel Titeri, et de la fortifier, ainsi qu'il en avait reçu l'ordre de El-Mans'our El-O'béidi. Cette cité acquit rapidement une grande importance ; elle devint le séjour des savants. Elle est aujourd'hui en ruines ; elle était située à la limite occidentale des Beni Mok'rane.

Bologuine, fils de Ziri, sur la recommandation de son père, fonda Alger, au milieu du IV⁰ siècle. Cette ville n'était auparavant qu'un assemblage de huttes occupées par les Beni Mezr'enna. Dans le *Djami'*, il est dit qu'Alger fut bâtie par les rois turcs. C'est là un récit qui dénote chez son auteur de très-petites notions en histoire.

Meliana et Lamdania (Médéa) (1) furent également cons-

---

(1) Les traces de ce nom se retrouvent encore aujourd'hui intactes dans l'adjectif relatif *Lamdani* (originaire de Médéa). Médéa ne serait donc que l'altération de Lamdania.

truites, l'an 55 du IVᵉ siècle, par Bologuine, sur l'ordre de son père.

Ces cités, élevées par les rois S'anhâdjiens, sont restées, jusqu'à nos jours, villes de premier ordre dans le Mar'reb central.

Ziri mourut en l'an 360, et son fils, créateur de ces villes, en l'an 373.

Bâdîs, fils de Bologuine, succéda à son père. Nous avons indiqué déjà les causes de sa mort.

El-Moa'zz, fils de Bâdîs, succéda à son père; il fut reconnu roi dès l'âge de huit ans. Il devint le puissant monarque d'un vaste empire. Ses richesses étaient colossales. Ainsi, le gouverneur de Bâr'âbâ versa dans ses coffres cent charges de numéraire. Les meubles de sa famille étaient en bois d'aloès, avec des garnitures de clous d'or. Il fit don à Felfoula le mor'raouite, qui s'était rendu auprès de lui, de trente charges de numéraire et de quatre-vingts garde-robes d'effets, du dixième du rivage de S'fak's, équivalant à quatre-vingt mille k'afiz de blé. Bâdîs avait une âme élevée. Ses richesses et ses qualités morales déterminèrent El-Montas'ir à le faire attaquer par les Arabes. Une bataille, demeurée célèbre, fut livrée aux environs de Kaïrouane. Le fils de l'oncle paternel de Bâdîs, Zaoui, étant venu d'Andalousie, où il était roi de Grenade et où il laissa pour le remplacer le fils de son frère, H'âbous, en l'année 420, fut salué à Kaïrouane par mille femmes du palais, dont aucune, pour raison de parenté, n'aurait pu se marier avec lui. C'est là un fait très curieux.

Temim, fils de Bâdîs, succéda à son père. C'est ce Temim dont Abou Ali ben Rachîk' a fait l'éloge dans les termes suivants :

« Parmi les nouvelles dont le souvenir a traversé les âges, les plus vraies, les plus importantes que j'aie entendu rappeler dans les assemblées,

« Sont les récits racontés par les torrents, qui les ont reçus du lac, qui les a lui-même recueillis de la mer, laquelle les tenait de la main généreuse du prince Temim. »

Temim mourut en l'année 501. Son tombeau est à K'as'r

Séïda, dans le pays d'El-Messis. Il régna quarante-sept ans et laissa plus de cent fils et de soixante filles. Pendant son règne, en l'année 480, les Génois s'emparèrent de Mehdia, puis restituèrent cette ville moyennant une rançon de cent mille dinars que leur compta ce roi. Son fils Yahya lui succéda. La royauté ne finit dans cette famille qu'avec son dernier rejeton, El-Hassane ben Ali ben Yahya ben Temîme ben El-Moa'zz, vers l'an 66 du VI⁰ siècle. Quand El-Hassane vit l'autorité royale sur le point de périr en ses mains, il partit avec sa famille dans le but de gagner Maroc, après en avoir obtenu l'autorisation de Youssof ben Abd El-Moumène. Il mourut pendant ce voyage. Dieu est l'héritier de la terre et de ceux qui l'habitent.

2. — Les Lemtouna, autrement appelés les *hommes voilés*, forment la seconde fraction des S'anhâdja. Ils occupaient le pays qui s'étend depuis les Berbers jusqu'au Soudan. Le lait de leurs troupeaux était la base de leur nourriture. Le voile dont ils se couvraient le visage les distinguait des autres peuples. Ils se divisaient en plusieurs branches. Ils habitent les contrées situées entre les rivages de l'océan Atlantique et le sud de la province de Barka. Ils sont aussi connus sous le nom de Touareg. Les gens de R'âna, dans le Soudan, les appellent Serg.

Les Lemtouna étaient idolâtres. Après la conquête d'Espagne, ils embrassèrent l'islamisme. L'un de leurs rois, Itloutâne, avait une armée de cent mille mahri (chameaux coureurs) ; vingt rois du Soudan lui payaient tribut. Il mourut en l'an 222.

Nous avons vu, précédemment, la cause qui fit donner aux Lemtouna le nom de *Merâbtîne* (Almoravides). L'un de leurs plus célèbres rois fut Youssof ben Tachefine. Leurs premières guerres, depuis leur entrée dans la vraie foi, eurent lieu contre Masseo'ud ben Ouândoud, roi de Sedjelmessa ; ils le tuèrent, firent son armée prisonnière, prirent la ville d'assaut, passèrent au fil de l'épée tous les Mor'raoua qu'elle renfermait, et abolirent les impôts et les octrois. Ils firent régner dans le pays une justice tellement exacte, qu'elle ne devait plus se rencontrer chez aucune des dominations qui suivirent. Ils consultaient le très docte Ouéidjâbi El-Lemt'i, disciple de A'mrane El-Faci, et l'un des plus grands amis de Dieu, et se dirigeaient d'après ses avis.

Yahya ben O'mar, l'un des rois lemtouniens, mourut en l'an 247. Son frère, Abou Becr, qui lui succéda, fit la conquête de Sous, Mâssa, Taroudant et R'emât, qui fut abandonné par son prince, Lek'out El-R'omraouy. Il permit à ses soldats le pillage de Tadla, massacra les Beni Ifrek', ses rois, extermina les Berr'ouat'a, qui peuplaient Tamesna et étaient des infidèles très endurcis. C'est pendant ces guerres (250) que fut tué pour la cause de Dieu le chéikh des Lemtouna, Abdallah ben Yacîne, disciple de Ouéidjâbi. Les Berr'ouata furent anéantis; leur reine Zéineb tomba entre les mains d'Abou Becr. Celui-ci, ayant remis le commandement au fils de son oncle paternel, Youssof ben Tachefine, et s'étant déclaré vassal des Abbacides, partit à la conquête du Sahara. Auparavant, il céda à Youssof ses droits sur Zéineb, qui éprouvait de la répugnance à s'engager dans le Sahara. Il porta la guerre chez les idolâtres du Soudan, où il se rendit maître d'une vaste étendue de territoire représentée par quatre-vingt-dix journées de marche.

Quant à Youssof ben Tachefine, il subjugua le Mar'reb, mit fin à la royauté des Beni A't'ya de Fez, dont il tua plus de 3,000 hommes; à celle des Beni El-Khéir d'Oran, des Beni Ouánoud de S'ofra, toutes familles des Mor'raoua. En 454, Youssof jeta les fondements de la ville de Maroc. Il s'y établit d'abord avec des tentes, puis éleva un rempart autour de la mosquée, ainsi qu'une petite citadelle, pour protéger ses richesses. Son fils Ali acheva la construction de la ville. C'est ce dernier qui poussa les habitants de Fez à augmenter le nombre de leurs mosquées, fort rares avant lui. Son autorité s'étendit jusqu'à Alger. Il fit régner dans tout son empire la justice la plus parfaite. Il porta ses armes en Andalousie, et livra aux Infidèles la fameuse bataille de Zellâk'a, à la suite de laquelle Bar'dad, les deux villes saintes et les principales cités de l'Orient, firent des réjouissances publiques. Le bruit de cette victoire se répandit même à Surate, capitale de l'Inde. En-Nâcer l'Abbacide envoya à l'heureux général de nombreux vêtements d'honneur, si riches, que toute description en serait incomplète. Ali écrasa les rebelles d'Andalousie, Ibn Abbâd et autres. Il mourut au commencement du V⁰ siècle. Il avait tué 7,300 infidèles des Berr'ouat'a, près d'un rocher demeuré célèbre dans le pays. Son fils Ali lui succéda. Monarque excellent, son règne fut une gloire pour l'islamisme. C'était un jurisconsulte, un homme d'un savoir éminent. La quatorzième année de son règne parut le *mahdi*, et, pendant la vingt-huitième, il acheva l'édification de Maroc. Il fit brûler l'ouvrage de El-R'azali, intitulé *El-Ih'ia*, sur l'instigation de Abou El-K'àcem ben H'amdine, et avec l'assentiment, dit-on, de Ibn Rochd et du cadi A'yàd'. C'est pour cela que les Almohades mirent à mort le cadi A'yàd, à El-H'ammam, dans le pays de Ressissa. Ali mourut en l'année 437, après avoir vaillamment guerroyé contre les Infidèles d'Espagne. Son fils Tachefine, qui lui succéda, fut reconnu, comme l'avaient été son père et son aïeul, par les populations de l'Espagne et de l'Afrique. Depuis les premiers jours de son règne jusqu'à sa fuite à Oran, où il se mit à la merci de Ibn Méimoun, chef de sa flotte, ses guerres contre Abd El-Moumène ben Ali n'eurent aucune relâche. Bloqué par les Almohades et comprenant l'impossibilité de la résistance, il dit adieu à ses compagnons et s'échappa de nuit sur un cheval de race. Il poussa sa monture dans des passages difficiles, et le coursier finit par se jeter avec son cavalier dans une fondrière. Le lendemain matin, jour de la rupture du jeûne de l'année 441, le roi fut trouvé mort. Nonobstant, il fut crucifié sur un tronc de palmier. Ses compagnons furent massacrés jusqu'au dernier. Quelques-uns d'entre eux avaient gagné le cours d'eau qui descend de Ras El-A'ïn. Les Almohades mirent le feu aux bois qui couvraient les rives. Les malheureux qui ne voulurent pas sortir de leur refuge furent brûlés vifs ; les autres, en essayant d'échapper au feu, tombèrent sous les coups de leurs ennemis.

Quand cette nouvelle parvint à Maroc, Ibrahim, fils de Tachefine, fut reconnu, puis déposé et remplacé par son oncle paternel, Ish'ak' ben Ali. Les Almohades marchèrent sur Maroc. Ish'ak' sortit à leur rencontre avec ses officiers, et fut tué avec sa suite sous les yeux mêmes de Abd El-Moumène.

C'est ainsi que fut brisée, pour toujours, la puissance des Beni

Tachefine. Tout commencement a une fin. Le Mar'reb se rangea entièrement sous l'obéissance des Almohades.

Abd El-Moumène, en l'année 451, passa en Espagne, et fit périr tous les princes lemtouniens. La plus grande partie du peuple des Lemtouna se retira à Maïorque, à l'est de l'Andalousie.

3. — La troisième fraction des S'anhâdja se composait des Oulad R'ânia.

R'ânia était fille de l'oncle paternel de Youssof ben Tachefine.

Ali ben Yahya, des Massoufa, homme vaillant dans les combats, fut la souche de cette famille. Il eut de R'ânia, Mohammed et Yahya. A Yahya, il confia le commandement de l'Andalousie occidentale, et à Mohammed celui de l'Andalousie orientale, comprenant Maïorque, Iviça, etc. Yahya fut dépouillé de son royaume et de la vie ; Mohammed conserva le sien jusqu'à sa mort.

Abdallah, fils de Mohammed, succéda à son père et transmit à ses descendants son autorité sur l'Andalousie orientale. Un prince de cette famille, Ali ben Mohammed ben Ali, parut sous les murs de Bougie avec ses frères, Yahya, Abdallah et El-R'âzi, et s'empara de cette ville sur Abou Er-Rabi' ben Abd El-Moumène (581). Les Almohades marchèrent contre cet ennemi. Les deux armées se heurtèrent dans la Metidja. Ali ben R'ânia enleva la victoire et infligea à ses adversaires une honteuse déroute. Il prit Alger, Mazouna et Miliana. Son royaume eut aussitôt des proportions considérables.

Ya'k'oub El-Mans'our lança contre Ali ben R'ânia ses troupes, qui égorgèrent les gouverneurs placés par ce dernier dans les villes qu'il avait conquises. L'Almoravide était alors occupé au siège de Constantine. Il se réfugia à Tripoli. Là, il réclama l'appui de K'erâk'èche El-R'ozzi. La majeure partie des Lemtouna et des Massoufa, dont il était originaire, se joignirent à lui. Grâce à ce secours, il assujetit le Djerid, où, à l'exemple de Youssof ben Tachefine, il proclama l'autorité des Abbacides. Il députa son fils à Baghdad. Le khalifa abbacide renouvela avec lui les anciennes conventions, et répondit à sa demande de secours en écrivant à Salah' Ed-Dine Youssof ben Youb de mettre des forces à la disposition du chef des Oulad R'ánia. Salah' Ed-Dine envoya dans ce sens un message à K'erak'èche. Les deux armées réunies soumirent définitivement le Djerid.

Sur ces entrefaites, Ali mourut. Son frère Yahya lui succéda. Celui-ci, dans les luttes qu'il eut à soutenir contre les Almohades, fut plusieurs fois amené à traiter l'Afrique avec une rigueur excessive. Enfin, il se mesura, à Sebrou, avec Abou Mohammed Abd El-Ouah'eb. Il y eut lutte acharnée. Pendant toute une journée, les deux armées restèrent aux prises sans avantage marqué de part ni d'autre. Cependant, à la fin du jour, les troupes d'Ibn R'ánia rompues, brisées, se dispersèrent, et leur chef, blessé, gagna K'abès. Abou Mohammed rentra en vainqueur dans sa capitale et manda la nouvelle de sa victoire à En-Náceur ben Ya'k'oub El-Mans'our, au nom duquel il gouvernait l'Afrique.

Cet Abou Mohammed est la souche des Hafcides. En-Náceur lui fit don de 200 mille dinars, de 800 habillements, de 300 sabres et de 100 chevaux, sans compter les présents qui lui parvinrent de Ceuta et de Bougie, et lui promit de ne point borner là sa générosité.

Ibn R'ánia entreprit de soumettre Tlemcène à ses armes. Abou A'mrâne ben Youssof ben Abd El-Moumène, alors gouverneur de Tlemcène, venait d'arriver à Tiharet. Ibn R'ánia tomba sur lui à l'improviste, le battit, le tua, et livra Tiharet au pillage. Ce coup fut le dernier porté à la prospérité de cette ville, qui ne s'est plus relevée de sa chute. Mais Abou Mohammed arrêta le chef almoravide au milieu de son succès, reprit le butin dont ses mains regorgeaient et délivra les captifs. Ibn R'ánia gagna Tripoli. Bientôt il résolut de courir de nouveau les chances des batailles. Les gouverneurs qu'il avait institués et les Douaouda jurèrent de lui être fidèles jusqu'à la mort. Toutes les tribus de Tripoli firent cause commune avec lui et se réunirent pour se jeter sur l'Afrique. Abou Mohammed alla au-devant des coalisés (606). Les deux armées, marchant l'une sur l'autre, se choquèrent dans le Djebel Nefouça. La lutte fut acharnée ; il y eut plusieurs champs de bataille. Le chéikh des Douaouda, Masse'oud El-Bolt', son cousin germain H'arkât, le chéikh des Beni Korra, puis Larzène, prince des Mor'raoua, perdirent la vie. Les Almohades firent un butin de 18,000 montures. Malgré cette défaite, Ibn R'ânia osa en venir encore aux mains avec les Almohades, qui s'étaient dirigés à sa rencontre. La bataille se livra à Oueddane. L'almoravide mit ses ennemis en déroute, s'empara de K'âbès, du Zab, et reçut la soumission de Biskra. Une autre fois, en se retirant dans les sables, il réduisit les troupes almohades à l'impossibilité d'exécuter l'attaque projetée contre lui. Il fondit sur le Mar'reb et, comme nous l'avons déjà raconté, livra aux Mor'raoua la bataille de Ouàdjer. Après cette affaire, il s'avança vers l'Afrique. Les Haouara étaient avec lui, suivis des chameaux porteurs des palanquins de leurs femmes. Ibn R'ânia avait attaché cette tribu à sa fortune et comblé de biens leur chéikh Ba'ra ben Djennas. Les gens à la face voilée et leur chef essuyèrent une entière défaite. Pour réparer cet échec, Ibn R'ânia tenta un coup de main sur Tunis et se rendit maître de cette ville.

Le nouveau royaume almoravide continua de s'étendre jusqu'au jour où un immense désastre le précipita de toute sa hauteur.

Ibn R'ânia s'empara de Sedjelmassa, s'enrichit des dépouilles des vaincus qu'il traîna en captivité. Enfin Abou Zakaria, dès son avènement, tourna tous ses efforts contre son dangereux adversaire et le força de fuir vers Ouergla. Abou Zakaria étant entré dans cette ville, entouré de sa cour, y fonda la mosquée qui porte son nom.

La mort, qui frappa Ibn R'ânia à Chelef, au-dessous de Miliana, en l'année 632, et après un règne de 50 ans, mit seule un terme au joug qu'il réussit parfois à faire peser sur les Almohades et les tribus qui leur étaient soumises, dans le but de venger les Beni Tachefine. Avec lui s'éteignit la puissance des Lemtouna, dont le royaume n'a plus été relevé. La durée est à Dieu seul. Les tribus des Sanhadja, après la mort de Yahya, devinrent tributaires.

Le poète s'est écrié, au sujet des Sanhadja au visage voilé :

« Oui, je réclamerai mon droit à la pointe de la lance. Mes

chefs de tribus, à force de se couvrir la face du *litam* (voile) sont, pour ainsi dire, devenus imberbes.

» Ils ont les bras lourds quand on les rencontre, les pieds légers quand on les appelle à l'aide ; ils paraissent nombreux sur leurs montures et ne sont qu'un petit nombre, si on les compte.

» Les coups qu'ils portent sont si rapides qu'ils ne laissent pas de traces et qu'on dirait qu'ils n'ont point été portés, alors qu'ils sont en réalité comme le fer qui, au toucher, a toute l'acuité du froid. »

« Ces Sanhadja, dit Ibn Rochd, étaient les défenseurs de la religion. »

Ali ben Youssof avait investi Ibn Rochd de la justice distributive dans le canton de Cordoue, de l'an 9 à l'an 12 du VIe siècle. Il le destitua et le remplaça par Ibn Hamdine. Ce dernier cessa ses fonctions pour composer l'ouvrage intitulé : *Et-Tah's'il oua El-Baïane*, commentaire de *El-O'tbia*.

Yahya ben R'ânia laissa trois filles. Abou Zakaria leur fit élever, à Tunis, un palais connu encore aujourd'hui sous le nom de Château des filles (Kso'r El-Benât). Elles vécurent d'une pension qu'il leur servit. Pour obéir au testament de leur père, elles ne se marièrent point et respectèrent toujours la volonté paternelle. On raconte que l'une d'elles, demandée en mariage par un cousin germain, répondit à Abou Zakaria, qui lui vantait les mérites de ce parent : « Si ce prétendant à ma main était mon cousin, il ne nous aurait pas abandonnées à la charge d'un étranger et ne nous aurait pas laissées devenir vieilles filles. » Voici maintenant ce qu'en dit Ibn Khaldoun : « Mon père m'a raconté que, dans sa jeunesse, il aperçut l'une de ces princesses, alors âgée de 90 ans. C'était une femme de caractère, de noble prestance et de grand mérite. »

Les autres S'anhâdja, tels que les Zouaoua, n'ont jamais donné le jour à aucune famille royale. Leurs plus puissantes tribus, dans le Mar'reb, habitent les montagnes qui dominent Tadla ; les Zouaoua proprement dits occupent les montagnes qui se trouvent au-dessus de Dellys.

موحدون اتـوا من بعد ذاوعـلـوا ⁎ استحـوذوا عليها , وسط السادس

Les Almohades vinrent ensuite. Ils parcoururent les échelons de la gloire et conquirent Oran au milieu du VIe siècle.

COMMENTAIRE

L'origine du mot Almohade (El-Mouh'idoun — unitaires) remonte au chéikh ou professeur El-Mahdi ben Toumert. Ce maître ès-arts, s'étant rencontré, dans un voyage qu'il fit en Orient, en l'année 501, avec El-R'azâli, se fit recevoir par ce docteur dans la secte philosophique de El-Acha'ri ou du Touh'id (monothéisme). Les populations du Mar'reb, Lemtouna et autres, appartenaient alors au rite de H'anbal.

Lorsque Abd El-Moumène entendit parler, à Bougie, de El-Mahdi ben Toumert, qui enseignait à Tlemcène et dont la réputation volait de contrée en contrée, il résolut, ainsi que tous les érudits du pays, de se présenter à cette lumière ; il put devancer tout le monde dans l'exécution de ce projet, et se convaincre qu'il avait en face de lui une mer de science, surtout en ce qui concerne le monothéisme.

El-Mahdi est auteur d'un ouvrage inimitable intitulé *El-Morchida*. Ses disciples, sous les auspices d'un pareil maître, adoptèrent le système de croyance et de morale de El-Acha'ri et prirent le nom de *El-Mouh'idoun* (Almohades — monothéistes), pour se mettre immédiatement en opposition d'esprit avec les Lemtouna et leurs adhérents.

Abd El-Moumène, avant de prendre El-Mahdi pour professeur, avait suivi les leçons de Ibn Khat'ib Es-S'ala et du chéikh Abd Es-Selâm El-Ouici, dont la tombe est à côté de celle de Abou Mediène.

Abou H'âmed (El-R'azâli), professeur de El-Mahdi, ayant pris le chemin de l'Ouest pour visiter Youssof ben Tachefine, fut informé, à Alexandrie, de la mort de ce prince et revint sur ses pas. C'était avant le départ d'El-Mahdi pour l'Est.

Au moment où El-R'azâli apprenait que son ouvrage *El-Ih'îa* avait été brûlé en Espagne, d'après les instructions de l'Émir Ali, El-Mahdi arrivait auprès de lui et lui confirmait la nouvelle de la destruction de son livre par le feu. Le savant théologien étendit les mains en récitant le premier chapitre du Coran, devant une assemblée de 400 *taleb* environ, qui appelèrent la colère divine sur les princes d'Andalousie.

— Maître, s'écria El-Mahdi, dites que le châtiment leur sera infligé par mes mains.

— Par tes mains, s'il plaît à Dieu, ajouta El-R'azâli.

Depuis ce jour, l'idée de s'élever au pouvoir souverain germa dans l'esprit de El-Mahdi. De retour de son voyage dans l'Est (514), il dévoila ses projets. Ali avait déjà deviné un rival dans ce professeur. « C'est là l'individu à la monnaie carrée, dont on attend la venue dans le Mar'reb », lui avait dit quelqu'un. Ali tenta de s'emparer de l'agitateur; mais El-Mahdi s'enfuit à Ar'mât, et de là gagna sa tribu, où il trouva protection contre les entreprises du souverain. Il réunit une armée et marcha sur Maroc. Ali lui infligea une cruelle leçon et peu s'en fallut qu'il n'exterminât toutes les troupes du rebelle. Les débris de cette malheureuse armée rallièrent leur chef.

— Où sont donc les promesses que vous nous aviez faites? lui demandèrent ses fidèles.

— Le crépuscule vrai n'apparaît qu'après le faux, répondit El-Mahdi.

Malgré cet échec, El-Mahdi persista dans ses idées ambitieuses jusqu'à sa mort (524). Il laissa à Abd El-Moumène l'héritage de ses projets. On connaît la vie de cet homme illustre.

Abd El-Moumène naquit chez les Krîoum, fraction des Beni

A'ber, dont la montagne forme la partie centrale de la chaîne de Terâra, qui domine Ahnaï. D'autres le font originaire des A'bs, tribu de K'éis, dans le Hedjaz. La première version est celle qui se rapproche le plus de la vérité. Quoi qu'il en soit, c'était un savant fort en faveur et un jurisconsulte éminent. Ses enfants furent également des gens érudits.

Sefâk'ès, Soussa et Tripoli étaient entre les mains des ennemis de l'Islam. Abd El-Moumène ne quitta les armes que lorsqu'il eut délivré ces villes d'un joug odieux. Ses guerres les plus remarquables eurent lieu en Espagne. Il maltraita fort les Infidèles et arracha ce pays à la domination des Lemtouna.

En 542, Abd El-Moumène posa son camp sous les murs de Ceuta, dont la population réclama le secours du cadi A'yâd'. Celui-ci traversa la mer pour aller rejoindre Yahya ben R'ânia le Lemtounien, aïeul de cet Yahya dont j'ai rappelé l'histoire en parlant de la 3e branche des S'anhâdja. Il le rencontra à El-Khad'ra et le sollicita de nommer un gouverneur à Ceuta. Ibn R'ania fit partir Yahya Es-Sahraouy avec le cadi.

La guerre dura six mois et aboutit à la soumission du gouverneur de Ceuta. Abd El-Moumène traita avec distinction le cadi A'yâd' à cause de sa charge, et lui pardonna de ne point avoir embrassé sa cause. Toutefois, il le transporta chez les nomades de Selâ. A'yâd' exerça chez ces populations les fonctions de cadi jusqu'à sa mort (544). Son tombeau jouit d'une certaine considération. Il aurait été, croit-on, secrètement assassiné par des séides aux gages d'Abd El-Moumène, auprès duquel il avait été accusé d'avoir émis l'avis qu'il était légal de brûler le livre *El-Ih'îa*. En outre, ses ennemis lui faisaient un crime impardonnable de passer le samedi en prières, bien qu'il s'appuyât, en cela, sur ces paroles divines, rapportées par la tradition du Prophète : « O Moussa, adore-moi le samedi. »

Cependant, Ibn R'ânia, convaincu de la supériorité des armes des Almohades, se réfugia à Maïorque, à l'est de l'Andalousie, auprès de son frère Mohammed. Abd El-Moumène mit le siège devant Séville. Cette ville fut prise d'assaut, à la suite de sanglants combats livrés sous ses murs. Abdallah ben Abou Becr ben El-A'rbi fut tué par mégarde. Une députation des Almoravides vaincus se rendit à Maroc. A sa tête était le cadi Abou Becr. Abd El-Moumène témoigna à ce dernier la part qu'il prenait à sa douleur au sujet de la mort de son fils. Le cadi et ses compagnons se retirèrent comblés de présents et de marques de la générosité royale. Abou Becr mourut en route. Il fut enterré dans le cimetière de Fez (542).

En 546, Abd El-Moumène porta la guerre en Afrique et entra par surprise à Alger, dont il vainquit la population composée de S'anhâdja et de Beni Mezr'enna. Le lendemain matin, il entrait à Bougie. Il dirigea son fils contre la citadelle connue aujourd'hui sous le nom de Kola' Beni H'ammad, au sud de Medjâna. Cette forteresse, alors commandée par Djouchène ben El-Aziz, fut prise et livrée à l'incendie. Djouchène fut tué avec 18,000 de ses soldats.

Cette K'ola' avait été fondée, en 398, par Hammad ben Bologuine ben Ziri, roi sanhâdjien, au moment où il tournait ses vues du côté de la souveraine puissance et se révoltait contre le fils de son frère, Bâdis, dont nous avons déjà parlé. Il peupla sa ville de gens de Hamza, de Kherba, et surtout de Mecila. Les savants y accoururent en grand nombre, car il était le protecteur éclairé des lettres. La population s'accrut dans des proportions énormes et son commerce devint très florissant. Hammad fut un ardent sonnite et un ennemi acharné des Rafidites; il reconnaissait comme légitime l'autorité des deux khalifa, Otmane et Ali.

Comme nous l'avons vu, Ziri ben Menad créa la ville d'Achir, au pied du Djebel Titeri. Son fils, Bologuine, fonda Lemdia, Alger et Miliana, et le fils de ce dernier, Hammad, la K'ola' des Beni Hammad. La ville de Ziri et celle de son petit-fils furent ruinées. Les trois cités bâties par Bologuine devinrent prospères et leur importance ne fit qu'augmenter avec le temps. Le bonheur suivait Bologuine dans toutes ses entreprises.

El-Moa'zz El-O'béidi, lors de son départ pour l'Égypte, abandonna à Bologuine l'Afrique et le Mar'reb, invita les populations à rester sous son obéissance, lui fit de nombreuses recommandations, et l'appela Youssof. Au moment d'engager Bologuine, qui l'avait accompagné de Kaïrouane à Sefak'ès, à revenir sur ses pas, il lui dit : « Si vous devez oublier mes conseils, n'oubliez pas au moins ces trois choses : Gardez-vous de décharger les Nomades du tribut ; maintenez toujours le sabre levé sur la tête des Berbers ; ne confiez jamais l'administration de vos provinces à aucun membre de votre famille, de crainte que vos parents, ainsi favorisés, n'arrivent à penser qu'ils sont plus dignes que vous de la puissance souveraine. »

Abd El-Moumène avait 400 concubines. Dans un même jour, il reçut la nouvelle de la naissance de 17 enfants. Voilà un fait demeuré sans analogue. La conduite de ce prince dans les affaires était sage et prévoyante ; malheureusement il était Rafidite. Abd El-Moumène et Youssof ben Tachefine sont deux des plus grands rois sanhadjiens.

D'après Ibn Doréir, on doit donner à la première lettre du mot *S'anhádja* le son d'*i* : S'inhadja.

Des S'anhádja sont sortis des jurisconsultes et des savants renommés, entre autres Chihab El-Karafi, auteur de *El-Forouk'*, *Ed-Dakhîra*, *El-K'aouá'id*, *El-Mahs'oul* et *Et-Tankih'*. Cet érudit habitait le Caire ; il y mourut en l'année 684. Nous signalerons ensuite l'auteur de *El-Adjeroumia*, livre que sa riche concision et les nombreux commentaires auxquels il a donné lieu ont rendu classique. Nous nous arrêterons à ces deux individualités, car ce précis d'histoire ne comporte pas de longue nomenclature.

Je me trouvais un jour dans une réunion de savants d'Alexandrie, présidée par le plus versé d'entre eux dans les lettres et les sciences, la perle centrale du collier des historiens, le très docte et mon honorable ami, Mohammed El-Mectri, homme d'abondance, d'une grande netteté de compréhension, d'un art merveilleux, d'une vigoureuse dialectique, familier avec toutes les sciences, dont le raisonnement méthodique ne laissait place à aucune agression. C'était le soir du jeudi, 6 Ramad'an 1204. Tout à coup arriva un message de S. M. le Sultan de Maroc, Mohammed, écrit avant sa mort, dans le mois de Radjeb de la même année. Cette lettre annonçait l'envoi, aux *Taleb* d'Alexandrie, de 14,040 réaux espagnols. Elle contenait cette mention :
« Cette somme, dont est chargé notre serviteur un tel le *Sanhad-*

jien, sera consacrée à l'achat d'un terrain dont le revenu sera affecté aux Eulama. »

Mohammed El-Meciri me tendit la missive. Je fus frappé de l'orthographe du mot *S'anhâdji*.

— Que pensez-vous de cette orthographe ? demandai-je.
Je ne reçus aucune réponse.
— Je n'ai jamais lu nulle part, ajoutai-je, dans aucun traité d'histoire ou de littérature, que la lettre *S'ad* de ce mot dût prendre le son *d'a : S'anhâdja*. Je l'ai toujours vu écrit soit *S'inhâdja*, soit *S'onhâdja*.

Après l'affaire de la K'ol'a des Beni-H'ammad, les populations de l'Afrique apprirent les projets d'invasion de leur pays par les armées de l'ouest. Leurs troupes se réunirent ; des colonnes se formèrent qui marchèrent à la rencontre de Abd El-Moumène, dont le fils, Abdallah, se prépara au combat. La bataille eut lieu à Sétif ; elle dura trois jours. Les rangs des Africains et des Arabes furent enfoncés ; leurs femmes devinrent les captives de Abdallah.

Abd El-Moumène mourut en 557. Abou Ya'k'oub, qui lui succéda, porta, à partir de 563, le titre de *Amir El-Mouminine* ou Prince des Croyants. Il est le premier roi du Mar'reb qui reçut ce glorieux surnom. Youssof, aussi bien que son fils Ali, n'avait que le titre d'Émir.

Abou Ya'k'oub adressa, aux populations de l'Afrique, des proclamations dans lesquelles il les appelait à la guerre sainte contre l'Infidèle. On sait comment elles répondirent à ses exhortations et quelles furent les tribus qui le rejoignirent. Abou Y'ak'oub attaqua les Espagnols et remporta sur eux les victoires d'Ubeda, Kela'-Riba (Calatrava) et K'ontrat Es-S'éif. Rentré à Maroc, il en sortit en 577 pour faire la guerre en Afrique. Il s'empara de Ali ben El-Moa'zz à K'âfça. Tous les Arabes lui apportèrent leur soumission. En 580, il rentra à Maroc, combattit les Espagnols et mit le siège devant Chetzine. Les Chrétiens, dans une sortie, ayant surpris les Musulmans sans méfiance, fondirent sur eux. Abou Ya'k'oub fut atteint d'une flèche dans cette affaire et mourut de sa blessure. Il avait, dans cette année, poussé la guerre avec une rare activité. Son nom était Youssof et son surnom Abou Ya'k'oub.

Il fut le premier qui mit en tête de sa correspondance : *Louange à Dieu*. Le Prophète s'était borné à écrire au commencement de ses messages : *Au nom de Dieu*. Les termes choisis par le fondateur de l'islamisme devinrent la règle dont on ne s'écarta point jusqu'à Es-Saffah', premier roi abbacide. Celui-ci, à la formule initiale adoptée par le Prophète, ajouta : « Que les bénédictions soient sur le Prophète ! Que Dieu répande sur lui ses grâces et lui accorde le salut ! » Cette seconde formule fut en usage jusqu'à l'avénement de Youssof ben Abd El-Moumène, qui remplaça *Au nom de Dieu* par *Louange à Dieu*. Là, se sont arrêtées jusqu'à nos jours les réformes épistolaires.

Ya'k'oub El-Mans'our succéda à son père Youssof et devint célèbre. C'est sous son règne que parurent, en Afrique, les Oulad R'ânia, Ali et Yahya, qui s'emparèrent du Djerid. El-Mans'our partit de Maroc pour leur arracher cette conquête. Ibn R'ânia rassembla tous les Arabes et s'allia à K'arak'eche El-R'ozzi, maître de Tripoli. Les Almohades, sous la conduite d'Abou H'afs' ben Youssof ben Abd El-Moumène, heurtèrent l'ennemi à Mor'rra et furent complétement battus par Ibn R'ânia. Pour réparer cet échec, El-Mans'our sortit de Tunis, se porta à la rencontre de l'Almoravide et lui livra bataille à El-Hâmma. Les bandes de Ibn Rânia furent mises en déroute. El-Mans'our réduisit en sujétion les rivages de la mer et le Djerid, s'empara d'une partie des femmes et des enfants de Ibn R'ânia, donna l'*amanc* à El-R'ozz et à K'arak'eche, tua la plupart des hommes voilés et rentra à Maroc en 584.

Ibn R'ânia s'étant emparé de Biskra, assiégea Constantine et Bougie. El-Mans'our quitta Maroc pour refouler ce dangereux ennemi. Mais, arrivé à Méquinez, il reçut la nouvelle que l'Infidèle s'était levé frémissant de rage en Andalousie. Fort inquiet de cet événement, il changea brusquement d'itinéraire, traversa la mer, s'arrêta à Cordoue pendant quelques jours, y compléta son armée, et aborda les Chrétiens à El-Ark (Alarcos), dans la plaine de Bet'lious (Badajoz). Adekbous (Alphonse) et Ibn Er-

Rend (le fils de Henriquez), — que Dieu les maudisse ! — éprouvèrent une sanglante défaite. 30,000 Chrétiens perdirent la vie. 5,000 preux faits prisonniers dans la citadelle d'Alarcos servirent de rançon pour les Musulmans captifs (591). A la suite de cette victoire, El-Mans'our attaqua Tolède, dont il ravagea les plaines et les pâturages. En 593, il dirigea son armée sur Séville, s'empara du cadi Abou El-Onalîd, petit-fils de Ibn Rochd (Averroës), puis le mit en liberté sur l'ordre qu'il en reçut, et l'emmena à Maroc. Le cadi mourut dans cette ville. El-Mans'our rentra dans sa capitale en 595. Il mourut l'année suivante. Son fils En-Naceur, appelé Mohammed, lui succéda. C'est ce souverain qui devait livrer la funeste bataille de El-O'k'âb (las Navas de Tolosa), où l'Infidèle moissonna à son profit la puissance des Musulmans en Andalousie.

En 599, Ibn R'ània s'empara de El-Mahdia, de Tripoli, sur K'arak'eche, et conquit Tunis, dont il massacra la plus grande partie de la population. Toutes les peuplades de l'Afrique se soumirent à lui. Il distribua cette contrée entre des gouverneurs et fit faire la prière publique au nom des Abbacides. Il envahit les montagnes de Tripoli et préleva sur leurs habitants une contribution de guerre d'un million de dinars. En-Naceur sortit de Maroc à la tête d'une armée, qui devait attaquer l'Almoravide par terre, tandis qu'une flottille le bloquerait par mer. A cette nouvelle, Ibn R'ània transporta ses trésors à El-Mahdia. Les deux adversaires se choquèrent à Nabi. La fortune se déclara contre Ibn R'ània. En-Naceur captura dix-huit mille charges de richesses, d'effets et de bagages. Le compétiteur almoravide s'enfuit avec son *harem* et son fils, et se réfugia dans sa tribu d'origine.

La bataille de El-O'k'âb (las Navas de Tolosa) fut fatale à tous les musulmans, surtout à ceux d'Andalousie. Elle eut lieu en 609. En-Naceur, au retour de cette malheureuse campagne, mit à mort son vizir Ibn K'âdès qu'il soupçonnait d'avoir causé le désastre. Son fils El-Mostancir lui succéda. La 13e année de son règne apparut Abd El-H'akk le Mérinide, qui donna le signal de la décadence de l'empire almohade.

Au nombre des souverains almohades, nous citerons Es-Saïd, qui combattit Yar'moracène, le tua dans le Djebel Beni Ournid et fit son armée prisonnière. Dans le butin, se trouvait la copie du Coran remontant à O'tmane. Oum El-Asbar' avait envoyé cette copie à son frère Abd Er-Rahmane Ed-Dakhel. Ce souvenir des premiers âges de l'islamisme, après avoir eu des princes pour héritiers et les avoir suivis dans leurs guerres, se vendit, à Tlemcène, au prix dérisoire de 18 dirhem. Il est vrai de dire que Es-Saïd, dès qu'il eut dépossédé Yar'moracène de cette relique, l'avait dépouillée des ornements dont elle était enrichie. Es-Saïd se l'étant appropriée, elle resta dans sa famille ; mais elle disparut pour toujours lors de l'affaire de Abou El-Hassane à Tlemcène.

Le royaume des Almohades ne se releva plus de son état de faiblesse. Le jour vint où Ya'k'oub ben Abd El-H'akk' l'enleva au dernier roi de cette race, Abou Debbous (668). La durée est à Dieu.

Le cheikh El-Mahdi, origine des Almohades, ajouta à l'appel de la prière du matin : « Le matin est arrivé, à Dieu revient la louange. » Il prescrivit la lecture, matin et soir, d'un *Hizb* ou section du Coran, dans les mosquées. Cette pieuse coutume s'est perpétuée jusqu'à nos jours. Il introduisit également, dans le Mar'reb, les doctrines de El-Achar'i. Lorsque le célèbre Abou Nas'r Abd Er-Rah'im ben El-K'oché'iri entra à Tlemcène, le cheikh y institua le *Conseil du prône*, dont fit partie Ech-Chirazi.

تمت .ال زيان سلك ملكهم * فد خلت وامتد لهم الى دلس

Les Zianites eurent également une succession interrompue de souverains. Oran fit partie de leur royaume, qui s'étendit jusqu'à Dellys.

COMMENTAIRE

Les Beni Ifrène fondèrent Tlemcène bien longtemps avant

l'islamisme, et en firent la capitale de leur royaume. O'k'ba ben Nafé' El-Fihri se rendit maître de cette ville lors de la première invasion musulmane dans le Mar'reb et de la première nomination de ce général au poste de gouverneur de l'Afrique, sous le règne de Moa'wya ben Abou Sofiâne, c'est-à-dire vers le milieu du Ier siècle. Cette ville fut, pendant plusieurs générations, administrée par les lieutenants des khalifa. Moulaï Ier s'en empara avec l'aide des Mad'fara, connus aujourd'hui sous le nom de El-Medâr'er, et devint ensuite le domaine de Idris II, fils d'Idris Ier. Lorsque Sidi Mohammed ben Soléimane ben Abdallah El-Kâmel, fils du frère d'Idris Ier y parut, il en fut reconnu souverain. Ech-Chemmi a donc commis un anachronisme en disant que Soléimane, à son entrée à Tlemcène, fut salué roi de cette ville par la population. En effet, Soléimane avait été tué lors de l'affaire de Fekh, où, sur l'ordre de Er-Rachid, Djafar ben Yahya le Barmécide massacra les *cherif*. On sait que les sépultures de ces personnages, ainsi que le tombeau vénéré de Ibn O'mar, se trouvent entre Et-Tené'ime et La Mecque.

Les Beni El-A'iche, rois de Arechegoun, et les Beni Ibrahim, rois de Ténès, forment la postérité de ce Sidi Mohammed. A Ibrahim, aïeul de ces Beni Ibrahim, remonte le *souk'* (marché) situé à l'ouest de El-A'rouci, au confluent de l'Oued Isly avec le Chelef.

H'amza et son frère Ali, rois de El-Obéira (Bouira), près du Djerdjera, montagne des Zouaoua, descendent aussi de Sidi Mohammed. Le royaume de El-Obéira reçut le nom de H'amza qu'il porte encore aujourd'hui ; il fut supprimé par les rois chiaïtes de l'Afrique. A la fin du IIIe siècle, A'rouba El-Ketâmi, Mess'âla El-Miknaci et autres gouverneurs des Beni–Obéid Allah El-Mehdi s'en emparèrent. Le pays de H'amza, aussi bien que toutes les contrées du Mar'reb, fut conquis par Bologuine, lors du départ de El-Moa'zz pour l'Égypte. Djâber ben Youssof ben Mohammed l'Abd El-Ouadite arracha ce royaume des mains des gouverneurs de l'Afrique, et les Beni Ifrène l'eurent, à différentes reprises, en leur possession. Il n'échappa point à la domination de Youssof ben Tachefine et de ses fils, ni à celle des Almohades.

On attribue la construction de la mosquée du vieux Tlemcène

à Idris Ier; il aurait aussi dressé la chaire qui orne ce monument. Le nouveau Tlemcène a été édifié par Youssof ben Tachefine. Au vieux Tlemcène, on voit le tombeau du chéikh Ed-Daoudi ben Nas'r, premier commentateur du chéikh El-Bokhari; il est mort à la fin du IVe siècle.

Le royaume des Almohades eut le sort de tous les empires : la faiblesse et la décrépitude le gagnèrent. C'est là une loi que Dieu a rendue commune à toutes les puissances passées. Yar'morâcène s'en empara en 635, et ses rapports avec le dernier roi almohade à Maroc et à Tunis furent tour à tour hostiles et pacifiques. Nous avons déjà vu sa mort à Saïr. Son fils O'tmâne le remplaça sur le trône. Sous son règne, Youssof ben Ya'k'oub le Mérinide assiégea Tlemcène pendant sept ans.

Parmi les rois de la famille de Yar'morâcène, nous mentionnerons Abou Hammou, qui protégeait les lettres et qui sut attacher à sa cour le noble des savants et le savant des nobles, Abou Abdallah Ech-Cherif. Quand les deux fils de cet imam, Abou Zid et Abou Moussa arrivèrent, ce monarque fit élever, en l'honneur de ses trois hôtes, une medrasa qui porte encore leur nom. A cette race royale appartiennent encore le sultan Abou Tâbet et Ahmed El-A'kel. Celui-ci transporta sa capitale à Oran par suite de démêlés et de discordes entre les héritiers du trône zianite.

Dellys est une bourgade près des Zouaoua, sur la mer. Elle faisait partie du domaine de l'émir Abou Abdallah le Hafcide en l'année 765.

Le minaret de la grande mosquée d'Alger fut érigé par l'un des cruels rois zianites. Cette dynastie commença à Tlemcen avec Yar'morâcène et se continua jusqu'en 752. Sous le gouvernement de ces rois, la ville fut prise par les Turcs, qui furent ensuite vaincus par Abou Hammou et son fils Abou l'nâne, comme nous le rapporterons.

Le royaume des Lemtouna ou du *peuple voilé* a duré 96 ans. En effet, ils sortirent de l'île du Nil, qui fut leur berceau, en 445, pour faire régner la paix dans l'univers. Leur premier émir fut

Yah'ya. Cette famille s'éteignit par le meurtre de Tachefine à Oran, et de son neveu, Ish'âk, à Maroc (541).

Le royaume des Almohades, fondé par Abd El-Moumène et ses fils, a commencé par la prise d'Oran, de Maroc, de Tlemcène, et a fini avec Ibn Abou Debbous, après une durée de 128 ans. Il fut fondé en 541 et disparut en 668. Dans cette période ne sont point compris ni le gouvernement du chéikh, origine des Almohades, qui fut de 11 ans, ni celui de Abd El-Moumène, qui fut de 16 ans.

La dynastie des Beni-Ziane, à Tlemcène, a régné 291 ans, suivant les uns, et 295 suivant les autres.

بو وفتهم بها الرباني عالمها ٭ محمد الهواري الاستاذ كابن شاس

Sous le règne des Zianites, se trouvait à Oran le maître ès arts, le savant que cette ville s'honorait de posséder, Mahammed El-Haouâri, qui était aussi érudit que Ibn Châs.

COMMENTAIRE

La ville de Tlemcène, après avoir été ensanglantée par le meurtre de Abou El-H'assane et de son fils Abou I'nâne, passa aux mains de Abou Tâbet, dont les fils sont comptés au nombre des despotes zianites. Ces princes, après la fuite de Abdallah ben Sa'îd, qui était caïd d'Oran au nom de Abou I'nâne, exercèrent dans cette ville un pouvoir absolu. En effet, après la mort de Abou I'nâne, Abou Sâlem, devenu khalifa, se rendit de Fez dans le Mar'reb central, et, arrivé à Tlemcène, remit l'Afrique aux mains du sultan Abou El-A'bbâs, puis confirma les Beni Ziâne dans leurs possessions. Il est le premier souverain qui se soit volontairement dessaisi de ses droits sur les pays de l'Est.

(محمد الهواري) — Mahammed El-Haouâri était originaire

des Haouâra, postérité de Haouâr, fils de Mazir' ben Bernés. Nous avons déjà dit un mot de cette généalogie.

La plupart des Haouâra sont fixés dans la Tripolitaine. Chez ceux de Mesrâta se trouve le tombeau du chéikh Zerrouk.

Je citerai encore les Haouâra qui forment la population de K'ola'-Asnâne, bourgade où les H'annâcha de Et-Tmet'mât'et entreposent actuellement leurs hardes et leurs grosses provisions ; puis les tribus des environs de K'aïrouane, qui marchèrent sous la conduite de leur prince, A'kkâcha ben Ayoub, contre H'end'ala ben S'afouâne El-Kelbi, gouverneur de l'Afrique au nom de Hichâm ben Abd El-Mâlek et le battirent.

Enfin, les Haouâra sont nombreux à Touzer, et dans le Djerid.

Dans le Mar'reb central, les Haouâra de Mesrâta, fixés près de la K'ola' des Beni Râched, sont célèbres. Leur nom eut de l'éclat dans cette ville, dont la Kasba ou forteresse, fondée par Mohammed le Haouarite, acquit une grande réputation entre les mains des Beni Youssof, postérité de Mohammed ben Ish'ak'.

Haouar était frère utérin de El-Lemt. De ce dernier est issu le chéikh Ouâggâg El-Lemti, dont nous avons déjà dit un mot.

Selon le chéikh Ibn S'afouâne, le cheikh Mahammed El-Haouâri était originaire des Mor'râoua. Voici le passage de l'hymne où il en parle : « Le chéikh des chéikh, modèle de constance et de fermeté, Sidi Mahammed ben O'mar ben O'tmane ben Sabi' ben A'yâcha ben O'kkâcha ben Sied En-Nâs El-Mor'raouy (originaire des Mor'raoua), surnommé le Haouarite, etc. » Il mourut, je crois, le matin du samedi, deuxième jour du mois de Rabi second 843.

Comme Mahamed El-Haouari occupait la première place parmi les lettrés d'Oran, je l'ai comparé, à cause de son universalité dans les sciences, à Ibn Châs, qui n'avait point d'égal, au Caire, dans la connaissance des doctrines malékites.

Dans une réunion présidée par Abou Tachefine, roi de Tlemcène, quelqu'un demanda si Ibn El-K'âcem était simple imitateur ou bien fondateur de doctrine. Le jurisconsulte Abou Zéid ben El-Imam répondit que ce docteur n'avait fait que suivre l'enseignement de Málek. Sidi Amrâne El-Mechedâli riposta que Ibn El-K'âcem était réellement un créateur de doctrine, puisque, pour certaines questions, il était d'un avis contraire à l'opinion généralement admise. Abou Zéid présenta l'ouvrage de Charef, petit-fils de Et-Tlemçâni, dans lequel cet auteur assimile les déductions dogmatiques tirées par Ibn El-K'âcem du rite malékite à celles inférées par El-Mazani du rite chaféite. « C'est là, objecta El-Mechedâli, un jugement par similitude, qui, comme tous les jugements de cette nature, peut ne pas être l'expression de la vérité absolue. »

La prise d'Oran par les Chrétiens fut amenée par l'invocation que fit Mahammed El-Haouâri, à la suite du meurtre de son fils tué par les Beni-Ziâne. Sidi Ali El-As'fer Et-Telemçani fut témoin de ce fait. Le chéikh Ibrahim, disciple du chéikh El-Haouâri, prévint les Beni-Ziâne des conséquences de leur crime, dans un poème rimé sur la lettre *ta*.

A cette cause de l'entrée des Chrétiens à Oran, il faut y joindre celle-ci :

Abou El-Abbas Sidi Ahmed ben Youssof, l'un des plus grands amis et des plus fervents adorateurs de Dieu, demeurait chez les Haouâra et était originaire des Beni-Ouânoud. S'étant un jour rendu à Oran, il y fut admirablement accueilli par la population. Le caïd ou gouverneur de cette ville écrivit aussitôt au prince des Beni-Ziâne :

— Il existe chez les Haouâra un homme très dangereux pour votre pouvoir.
— Envoyez-le moi ou tuez-le, répondit l'Émir.

Lorsque Sidi Ahmed ben Youssof vint auprès de sa famille, à Ras El-Ma, le gouverneur communiqua au chef des Haouâra, Ahmed ben R'ânem, les ordres qu'il avait reçus au sujet du chéikh. Ce dernier eut vent du complot tramé contre lui. Il quitta la contrée en lançant cette malédiction :

« Ils nous chassent de notre pays, que Dieu les chasse à leur tour de terre et de mer. »

Peu de temps après, Dieu, pour chasser les Beni-Ziâne de la mer, se servait des Infidèles, qui prirent Oran, et, pour les chasser de terre, employait les Turcs, qui entrèrent à Tlemcéne.
Sidi Ahmed se dirigea chez les Beni-R'edou. Un parti de Souéid l'arrêta en chemin. Ce juste prit trois cailloux, les pressa dans ses mains et les réduisit en une poussière ténue comme de la cendre.

— Si vous vous opposez à mon passage, s'écria-t-il en s'adressant à ces coupeurs de route, Dieu vous brisera comme j'ai brisé ces pierres.

Ces gens, terrifiés et repentants, firent acte de soumission.
D'après Es-S'ebbâr', Sidi Ahmed ben Youssof avait une fille appelée Aïcha.
Les miracles de ce saint homme, mort en 931, sont innombrables. Son tombeau, situé à Miliana, est très visité.

١ ٩ خلفه من بعد موته تلميذ ٭ ابراهيم الزايغ الصيت الى فومس

Après sa mort, Mahammed El-Haouâri fut remplacé par son disciple Ibrahim, dont la renommée s'étendit jusqu'à K'oumès.

COMMENTAIRE

Ibrahim, esprit spéculatif et pratique en même temps, était de mœurs austères, craignait le péché, et était, en outre, rempli de bienveillance. Excellent lecteur et interprète du Livre saint, il était très versé dans la connaissance de la tradition, possédait cette force intellectuelle qui rend certains hommes les appuis de la science. Nous avons de lui des ouvrages parfaits, des poèmes admirables, des prières publiques merveilleuses de foi, qui sont de précieux dons pour l'humanité. Il connaissait le nom et la vie des saints personnages de l'Islamisme, l'histoire des Arabes et leurs poésies, la littérature et les littérateurs dans leurs travaux les plus remarquables. Il eut plusieurs maîtres, entre autres Mahammed El-Haouâri, dont nous avons, quelques lignes plus haut, retracé la biographie, et dont il suivait les préceptes et avait adopté la méthode. On trouve la preuve de son vaste savoir dans une lettre qu'il écrivait d'Oran à sa famille, fixée dans le Mar'reb. J'ai lu cette lettre dans un ouvrage qu'on lui attribue. Il y est dit : « Je ressens maintenant la supériorité des leçons du chéikh Mahammed El-Haouâri. Aujourd'hui, je puis heureusement enseigner le Précis de jurisprudence de Sidi-Khelil, sans avoir besoin de consulter de commentaire. » A la mort de son chéikh, il prit sa place, ceignit son épée, déploya l'étendard des sciences, leur éleva des monuments durables, leur assura de solides bases et en étaya les vérités premières. Il fut l'ornement de son pays et de son siècle, occupa, à Oran, la première place dans le monde des lettres, et, bien qu'il ne portât pas le titre de souverain, sa parole était écoutée et obéie. L'ingénieuse conduite d'eau dont il dota la ville portera le nom de cet homme de bien à la postérité et l'y gravera en caractères ineffaçables. Il contracta, dit-on, auprès des commerçants, des emprunts considérables pour mener à bonne fin cette œuvre grandiose. On ignorait d'où il tirait les ressources nécessaires pour satisfaire à toutes les dépenses de son travail. Lorsque cette construction fut achevée, qu'elle eut reçu les dispositions les mieux entendues, il donna un grand festin à la prise d'eau, convenablement préparée pour ce but. Il servit des mets variés, qui rassasièrent toute la population d'Oran. Ce fut un jour digne de mémoire, une fête splendide, une solennité brillante.

— Comment vous êtes-vous procuré cette innombrable quantité de mets ? lui demanda quelqu'un. Comment avez-vous acquitté les frais occasionnés par votre canal, alors que vous n'êtes ni prince, ni réputé fort riche ?

— Grâce au temps et aux amis, répondit-il.

Le chéikh Ibrahim se montrait d'une extrême sévérité pour les hommes tièdes en religion, et d'une grande mansuétude pour les gens pieux.

Le chéikh Abdallah ben El-Tahar El-Kkoza'ï appartenait aux Louâta, enfants de Lou, issu de S'ahek ben Rodje'ik.

Es-S'awli assure que les Haouâra et les Louâta descendent de H'imiar ben Sebâ. D'après Ibn El-Berr, ils seraient de la postérité de K'ibt', frère des Égyptiens. Nous avons déjà rappelé leur généalogie.

Dans le Mar'reb, les premiers lieux que peuplèrent les Louâta et les Haouâra furent les environs de Tripoli; puis ils se répandirent jusqu'aux limites les plus reculées du Sous. Aussi, Ibn Khaldoun voulant expliquer la cause de la désignation d'une tribu des Berbers par le nom de Haouâra, rapporte que cette tribu, en arrivant dans le Mar'reb, s'écria à l'aspect du pays : « Nous avons commis une imprudence (tahaouarna). » Ceci est en contradiction avec ce que nous avons rapporté, à savoir que les Haouâra sont simplement issus de Haouâr.

Il y a eu deux Lou chez les Berbers : Lou l'Ancien et Lou le Jeune. Les Lou dont il s'agit ici sont les enfants de Lou le Jeune, que la plupart des historiens font descendre de Lou l'Ancien. Les Berbers pour former le pluriel de Lou ont terminé ce mot par un *alef* et un *ta* (Louât). A leur tour, les Arabes, pour introduire ce mot dans leur langue, ont d'abord pris comme singulier le pluriel des Berbers et, pour en faire un pluriel, ont ajouté à la fin un *ha* (Louâta).

Les Louâta habitent les environs de Barka ; mais il y a aussi, dans l'Aourâs, une de leurs plus fortes fractions, celle des Beni Badîs, qui peut lever mille chevaux.

Voici à la suite de quel événement les Louâta se répandirent dans le Mar'reb.

Abou El-Khattâb, souche des schismatiques-ibadites, avait conquis Tripoli, et obligé Omar ben Otmanc le Koréichite à la fuite. Dja'far El-Mans'our envoya, de Baghdad en Afrique, Mohammed ben El-Acha't, avec le titre de lieutenant et la mission expresse de combattre les I'badites. Dès qu'Abou El-Khattâb fut informé des projets du nouveau gouverneur, il prit les armes pour s'opposer à leur exécution. Il livra bataille à Sert. La fortune fut contraire aux Berbers hérétiques : leurs masses ne soutinrent point le choc des musulmans orthodoxes. Les conséquences de cette défaite furent que Abd Er-Rah'mane ben Rostem ben Destâne, de la descendance de Rostem, qui conduisit, avec Sa'd ben Abou Ouekk'âs, la guerre de El-K'âdicia, s'enfuit dans le Mar'reb. Les Lemâya, les Louâta et une partie des Nefzaoua se réunirent sous son autorité et lui donnèrent le titre de roi. Abd Er-Rah'mâne fonda la ville de Tahret (Tiaret), au pied du Djebel Kroul et au sommet des collines de Mendâs, à l'est de la Mina. La ville de Sedjelmessa fut élevée, en l'année 140, par A'issa ben Zé'id El-Assoued que les S'ofrîa rassemblés à Mecquinez, auprès de Taza, avaient choisi pour leur roi. L'enceinte de ces deux villes s'élargit rapidement.

Abd Er-Rah'mâne, fondateur des I'badites, conserva le pouvoir suprême à Tahret jusqu'au jour où cette capitale tomba aux mains des Chia'ites (298).

Un roi d'Oran, Mohammed ben El-Khéir, des Mor'râoua, s'empara de Tahret et fit prisonnier Mé'issour l'eunuque qu'il relâcha bientôt après. Les troupes Oméyades s'établirent dans cette ville sous le gouvernement de El-Mans'our ben Abou A'mer. Les Lemtouna la possédèrent également, puis les Almohades auxquels elle fut enlevée par Ibn R'ânia. Ce dernier, à chacune de ses invasions dans le Mar'reb, prit d'assaut Tahret, et finalement bannit ses habitants, dépeupla son territoire, effaça les traces de sa grandeur (620), et porta le dernier coup à sa prospérité.

La plupart des habitants de Moss'âb (Mezab) sont des Lemâya.

Nous parlerons plus tard de Djerba.

Homéid ben Nass'el, s'étant révolté contre El-Mans'our le chia'îte, fut soutenu par les Louâta. Sa tentative de rébellion n'eut aucun succès : les Louâta ne tinrent pas et se retirèrent précipitamment à l'ouest de Seressou. El-Mans'our, après les avoir chassés quelque temps devant lui, retourna sur ses pas. Pendant qu'il revenait de sa poursuite, raconte Ibn Er-Rak'ik', il s'arrêta au pied des ruines d'anciennes constructions en pierres de taille. C'étaient les restes de bourgades qui s'élevaient au sommet des trois montagnes, d'où elles dominaient au loin le pays. Ces amas de débris ressemblaient à la partie renflée de tombes. El-Mans'our aperçut de l'écriture sur quelques-unes de ces pierres. Il parvint à déchiffrer ces caractères mystérieux. Voici ce qu'il lut :

« Je suis Soléimane Es-Serdao'us (1). La population de cette localité s'étant révoltée contre le roi, j'ai été envoyé contre eux. Dieu m'a donné la victoire, et j'ai érigé ce monument pour transmettre mon nom à la postérité. »

Les Beni-Ouezdedjine habitaient Mendás, dans le voisinage des Louáta. Avec l'aide de A'zouma, prince des Mat'mat'a, ils attaquèrent les Louáta. Il y eut, entre ces deux tribus, des guerres sanglantes, dans lesquelles périrent les plus vaillant guerriers du prince des Ouezdedjine. Les Louáta refoulèrent leurs ennemis vers le Seressou. Là, les vaincus eurent affaire à une tribu de Mor'raoua, qui les attira dans une embuscade à Koudiat Sidi El-A'bed, et les forcèrent de gagner le Djebel Ik'oud. Les Beni-Ouezdedjine se fixèrent à Derrák et se répandirent dans la montagne qui domine la Metidja.

Le Djebel Derrák était un apanage de Moussa, sous l'autorité des Attaf.

Des Louáta sont issus :

Un groupe de population au sud de Kâbès ;
Les insulaires de Malte, que chacun sait être encore attachés à la religion chrétienne. L'histoire de leur établissement dans cette île est fort répandue en Afrique ;
Une fraction aux environs d'Alexandrie ;
Une autre fraction dans le Djebel Nesmet' ;
Les Beni-Selkoucem, selon certaines versions.

---

(1) Voir, au sujet de l'étymologie de ce nom, la note de M. De Slane, à l'*Histoire des Berbers*, vol. 1, p. 234.

Il y a aussi des Louâta dans le Djebel Beni-A'mer, dans les environs de Tâza ; chez ces derniers est né Sid Ibrahim El-Tâzi, dont il a été question ci-dessus. Il est dénommé El-Tâzi (ou de Taza), parce que sa tribu habitait les environs de cette localité.

On rencontre encore une fraction des Louâta dans les environs de Tadela, près de Maroc, et une autre dans le Soudan ; de plus, une fraction occupe les montagnes à l'ouest de Tlemcène.

Les Beni-Ouezid, les Betouya et les Beni-Iznacène sont branches des S'anhâdja et non des Louâta.

Le chéikh Sidi Ibrahim El-Tâzi, mort le dimanche, 9 chabane 866, fut tout d'abord enterré à Oran. Lorsque les Chrétiens entrèrent dans cette ville, les Musulmans qui se trouvaient dans le voisinage de son tombeau furent malmenés dans leurs biens et leurs richesses. Sur ces entrefaites, les gens de K'ola' étant arrivés à Oran, pour verser le montant de leurs contributions, consentirent, moyennant un salaire, à transporter chez eux le corps du saint et à délivrer les Oranais de la cause de leur mal. Le chéikh fut enseveli à K'ola'. Son tombeau, surmonté d'un dôme élégant, est, pour les dévots, une source intarissable de bénédictions, car les prières y sont toujours exaucées.

ثامن فرن فد امها المريني ابو ٭ حسن تمتا بيعة طرابلس
بنا بها الاحمر بجافي كل بنا ٭ ثم بنا الثاني حذو سبن المرس

Le VIIIᵉ siècle vit le Mérinide Abou El-Hassane à la tête d'Oran et fut témoin de la soumission de Tripoli. Le prince Abou El-Hassane construisit d'abord le bordj El-Ahmeur, que ne surpasse en hauteur aucun monument, puis l'autre forteresse pour défendre les navires du port.

COMMENTAIRE

(ابو حسن). — Le bordj El-Ahmeur et le bordj El-Morsa, à

Oran, furent construits en 748, par Abou Hassane, qui n'est autre que le sultan Ali ben O'tmâne, fils du sultan Ya'k'oub ben Abd El-Hakk', connu lui-même sous le nom de Ibn Mah'iou ben Abou Becr ben H'ammâma ben Ouezine ben Fekkous ben Kermât' ben Merine. Cet Abd El-H'akk', grâce à sa vaillante épée, couvrit le royaume contre les entreprises de la famille de Abd El-Moumène (613). Mais ni lui, ni son fils Mohammed, ni son fils Abou Yahya, ni son fils Abou Becr n'étaient destinés au trône de Maroc, ce fut son fils, le fameux Ya'k'oub, qui prit possession de la royauté occidentale, à la suite de la fin tragique du dernier des rois de la famille de Abd El-Moumène, Ibn Abou Debbous.

Sur l'appel de Mohammed ben Nas'r, aïeul des rois de Grenade de la famille de Ibn El Ah'meur, Ya'k'oub traversa la mer (672) pour se rendre en Andalousie et combattre les Infidèles. Le roi des Chrétiens, Danouna (Don Nuño), marcha contre lui. On a rarement vu des combats aussi acharnés que ceux que se livrèrent les deux adversaires. Les soldats espagnols furent défaits et Danouna tué dans la déroute, après avoir perdu 9,000 hommes. Cet évènement est ainsi rappelé dans le poème de Ibn El-Khatîb :

« Un destin irrésistible appela à la mort neuf mille chrétiens. »

Le butin recueilli par les Musulmans se composa de 7,330 captifs, 124,000 bœufs, 14,600 chevaux. Quant aux moutons et aux chèvres, la terre devint trop étroite pour en contenir la multitude. Chaque tête de ce bétail se vendait pour un dirhem (0 fr. 60).

Après avoir partagé le butin entre ses soldats, Ya'koub quitta le champ de bataille et s'arrêta à K'as'r Es-S'okhra. C'est là que vint le trouver Heranda (Ferdinand), roi de Djebel Kechtâla (Castille), pour traiter du tribut. Le monarque chrétien ayant baisé la main du sultan, celui-ci se fit apporter de l'eau et lava la souillure de ce baiser en présence des notables des Infidèles et de leur roi. Cet acte du souverain musulman fut pour les Chrétiens une honte plus écrasante que celle qui résultait de leur défaite.

Cette victoire couvrit le sultan d'une glorieuse réputation. « Le peuple, s'est écrié Ibn El-Khatib Es-Selmani, surnommé la langue de la religion, s'assembla à His'n Es-S'okhra et chacun fut témoin de sa gloire. »

Ce noble souverain était des Beni Merîne.

Les Beni Iloula et les Mediouna s'étendaient depuis Feguig jusqu'à Tafilalet et à la Moulouyia. Il y eut entre les Beni Ouenanou et les Beni Ilouma de grandes luttes où fut tué le célèbre Makhoukh, chef de la grande famille qui a laissé jusqu'à présent des rejetons dans le pays des Oulad A'li. Les Beni Merîne étaient frères des Beni Ilouma et leur fournissaient des contingents. Les Beni Merîne avaient encore pour frères les Beni Râched, les Tedjîne et les Abd El-Ouâd, qui, tous, remontaient à une souche commune, Zadjik ben Ouacine, appelé aussi Badîne. Les Beni Ouel'âs, dont une partie est fixée dans le Mar'reb et l'autre à R'edâmès, étaient parents des Beni Merîne. Quelques historiens les font descendre de Ali ben Youssof ben Tachefine. Au Xe siècle, ils ont donné des rois au Mar'reb, dont le plus illustre fut Ibn El-Ouezîr, comme nous le verrons plus loin.

Au nombre des souverains merinides se trouve Youssof ben Ya'k'oub, qui assiégea Tlemcène pendant le règne de O'tmâne ben Yar'morâcène. Ce siège dura sept ans suivant les uns, et cinq ans suivant les autres. Les armées de Youssof, pendant le blocus, qui vit la mort de O'tmâne, portèrent leurs armes jusqu'en Afrique. Le siège de Tlemcène produisit dans cette ville une telle misère que le *sâa'* de blé s'y vendit 8 dinars. Mais le sultan Youssof ayant été traîtreusement tué pendant qu'il était couché avec une de ses concubines, et les soldats mérinides ayant abandonné la ville, huit *sâa'* de blé s'y vendirent pour 1 dinar. C'est là une chose très curieuse.

L'histoire du meurtre de Abou El-Hassane et de son fils Abou l'nâne, à Tlemcène, est trop connue pour que nous entrions dans des détails à ce sujet.

Moussa ben S'âlah', surnommé *Kehhâna* (devin), avait annoncé que la charrue passerait sur l'emplacement de Tlemcène. Cette prédiction se réalisa. En 760, quand Abou I'nâne eut ruiné la ville, on vit un jeune nègre conduisant une charrue tirée par un bœuf noir. Ce devin habitait au milieu des Berbers de R'omâra, dont le territoire s'étendait de El-Mechentel au Zâb. « Quelques historiens, dit Ibn Khaldoun, font de ce personnage un sorcier, d'autres un *ouâli* ou ami de Dieu. Il n'y a rien de vrai dans ces deux opinions. »

El-Mans'oura fut bâtie par Abou El-Hassane à l'ouest de Tlemcène dont il faisait l'investissement. Ibn El-Khat'îb a dit à la louange de ce roi :

« Il bâtit Mans'oura la célèbre, cité vaste, sans pareille, qui réunit tous les agréments et jouit d'une grande opulence. »

(تهت بيعة طرابلس). — A la mort du sultan Abou Becr II le Hafcide (747), ses fils Abou H'afs', Abou El-Abbas et Abou Farès A'zzouz se firent une guerre acharnée et allumèrent le feu de la guerre civile dans toute l'Afrique. Le chambellan du prince défunt, Mohammed ben Taferguine, se réfugia au Mar'reb pour se dérober à des intrigues qui l'avaient pour objet. Parvenu auprès de Abou El-Hassane le mérinide, il fit miroiter aux yeux de ce roi la conquête de Tunis et lui en dépeignit la conquête facile. Depuis la prise de Tlemcène (740), Abou El-Hassane nourrissait des projets contre la capitale de l'Afrique et attendait que le sultan de ce royaume lui fournît l'occasion de les mettre à exécution. Ses entretiens avec Mohammed ben Taferguine le fortifièrent dans ses intentions. En cette circonstance, sa conduite rappelait ce vers de El-A'bbâs ben Merdâs sur Omar ben Ma'di Karib Ez-Zobéiri :

« Quand Omar mourra, nous ferons la guerre. Je dirai aux chevaux : foulez Zobeid. »

Dès que Abou El-Hassane eut reçu la nouvelle de la mort des deux fils d'Abou Becr, Abou El-A'bbâs et A'zzouz, il partit en toute hâte de Maroc et campa à Tlemcène. Là, arrivèrent, de tous côtés, des contingents armés. Le 1er Safar 748, il sortit de Tlemcène à la tête des milices de son royaume. S'étant arrêté à

Oran, il y fonda les deux forts dont nous avons déjà parlé. Dans cette ville, il fut rejoint par les Oulad-H'amza, El-Ka'oub et tous les princes arabes de l'Afrique. Ibn Mekki, émir de K'âbès, lui envoya une députation en signe de vassalité. Ibn Melloul, maître de Touzer, Ibn A'bed, maître de K'afss'a, les seigneurs de El-H'âmma et de Neft'a, lui engagèrent leur foi à Oran, les uns de plein gré, les autres par crainte, et lui présentèrent la soumission de Ibn Tâbet, sultan de Tripoli, que son éloignement avait empêché de se rendre en personne au camp du roi. Youssof ben Mans'our, maître du Zâb, à l'exemple de tous ces princes, vint se déclarer feudataire de Abou El-Hassane ; il était accompagné du chef des Douaouda, Ya'k'oub ben Ali. Le souverain merinide combla tous ces seigneurs des marques de sa générosité et leur fit de riches présents. Il remit ensuite les deux forts entre les mains de gardiens, et laissa à des ouvriers, abondamment pourvus d'instruments, le soin de parfaire leur construction. Il leva enfin le camp entraînant à la conquête de l'Afrique une armée composée de tous les peuples de son empire. Son entrée à Tunis fut un triomphe glorieux, une pompe d'une éblouissance qu'il ne sera possible de reproduire que bien rarement dans l'avenir. Ce beau jour fut malheureusement assombri par la mort du prince des belles-lettres, de la colline d'où les sciences coulaient en ruisseaux limpides, du prosateur et poète en même temps, du premier des écrivains selon l'aveu des auteurs ses contemporains, du très docte Ibn Haroun, l'un des glossateurs de Ibn Hadjeb et professeur de Ibn A'rfa. L'épouse de ce savant mourut dans la même nuit. Le sultan assista à leurs obsèques et, sur son invitation, Abdallah Es-Sebt'i, auteur de la *Fatoua* (décision juridique), présida aux prières mortuaires, récitées par le corps des lettrés.

Les Oulad Es-Sebt'i sont maintenant à Fez, dans une situation très remarquée.

Après la conquête de Tlemcène, Abou Hassane éleva, dans cette ville, la mosquée du célèbre imam, du pôle du monde, du grand Abou Mediène l'Andalous, qui avait fixé sa résidence à Séville. De Bougie, El-Mans'our, fils de Youssof ben Abd El-Moumène, avait envoyé à Maroc, sa capitale, ce saint personnage. En arrivant sur le territoire de Tlemcène, Abou Mediène mourut et fut enterré à O'bbâd (594).

Ce temple n'est pas le seul don de ce souverain. On lui doit également la mosquée du vertueux, du saint Sidi El-H'alouî.

Nous nous arrêterons ici dans la liste des monuments qui perpétueront la mémoire de ce monarque et rediront aux siècles futurs ses actes de libéralité. Il mourut en 752.

Les Beni Merîne étaient d'une grande bravoure et fort redoutés. Si Yar'morâcène n'eût pas occupé Ya'k'oub ben A'bd El-H'akk' par de continuelles incursions, le vaillant Merinide aurait certainement repris une grande partie de l'Andalousie. Yar'morâcène était un obstacle aux projets de Ya'k'oub et l'empêchait de subjuguer les Infidèles. Chaque fois que ce dernier se lançait dans une guerre contre les Andalous, Yar'morâcène profitait aussitôt de son départ pour faire irruption dans les plaines du Mar'reb. Ces deux rivaux se livrèrent plus de cinquante combats, qui se terminèrent presque tous à l'avantage des Beni Merîne. Rarement la victoire sourit aux Abd-el-Ouadites.

La puissance merinide, dès l'apparition du *cherif* Mohammed ben Ali A'mrâne El-Idrîci El-Djout'i (875), cessa de faire des progrès dans le Mar'reb. Le trône était alors occupé par Abd El-H'akk' le Merinide, qui fut le dernier de cette race. La dynastie des Merinides avait commencé par un Abd El-H'akk', et elle se termina par un souverain de ce nom. Il en avait été de même, à Damas, pour les Beni Merouâne : leur race, fondée par un Merouâne, avait fini à Merouâne Ibn Mohammed. La famille de Abou Sofiâne, qui devait son origine à un Moa'wya, s'était éteinte à Moa'wya ben Zéid. Celle des Abbacides, qui remontait à Mohammed Es-Saffâh, auquel est attribuée la monnaie *mahmoudia*, avait disparu avec Mohammed El-Mo'tacem, tué pour la foi dans l'affaire de Tennar, le samedi du mois de rabi'-second 556 ; il fut le dernier de cette race à Baghdad, ville dont nous avons déjà parlé.

Le sultan Abou Abdallah Mohammed Ech-Chéikh, fils de El-Ouezir, fils de Abou Zakaria Yahya ben Ziâne El-Ouettaci, prit les armes contre Sid Mohammed El-Djout'i, le susdit *cherif*. Il s'empara du Mar'reb (876), et resta à la tête de ce royaume jusqu'à sa mort (910), c'est-à-dire pendant une période de 34 ans. Son fils, Abou Mohammed Abdallah El-R'àleb, lui succéda. Le trône échut ensuite à Ahmed El-Mans'our, frère du précédent, etc.

Le cheikh El-Mosnaouy, savant jurisconsulte, esprit fin et délié en même temps que d'une profonde piété et d'une pureté de vie exemplaire, puis historien d'une rare érudition, fait, des Beni Ouett'as, une tribu des Beni Merîne.

Le royaume des Beni Merîne ben Abd El-H'akk' ben Mah'iou comprend 208 ans jusqu'à Abd El-H'akk' ben Abou Sa'ïd, non compris les 56 ans qui s'étaient écoulés avant l'occupation du trône de Maroc par cette famille.

Il y a deux Tripoli : Tripoli sur les rivages de Syrie, et Tripoli, capitale du pays de Barca, dont les villes principales sont : Zouîla, Derna, Benr'àzi, Mesráta, Zebarat El-Khaouaredj et autres.

Dans notre vers, il s'agit naturellement de Tripoli de l'ouest ; car il ne saurait entrer un seul instant dans l'esprit de personne que l'empire des Merinides se soit étendu jusqu'en Syrie. Ce Tripoli est une grande cité frontière, dont l'origine remonte aux empires de l'antiquité. Elle fut conquise par Ameur ben El-A'c'i, sur l'ordre de O'mar ben El-Khattâb. Ce général avait déjà enlevé Sira, dépendance de Tripoli et première possession des Musulmans dans les contrées de l'ouest. Cette ville est aujourd'hui ruinée. La conquête du Fezzâne, de l'Oueddâne et de Alouhât précéda aussi la prise de Tripoli.

Lorsque les armées arabes eurent rétabli l'ordre à Tripoli et les districts dont elle était la capitale, elles attaquèrent, à leur retour, la Nubie, à l'ouest de l'Abyssinie, entre le Nil et Barka. Les Nubiens, après avoir crevé 150 yeux aux Musulmans, fuirent dans les montagnes où ils se dispersèrent. D'après Ibn Djarir, non-seulement on ne put leur prendre le moindre dinar, mais encore le plus léger dirhem.

Quant à Tripoli, il resta pour toujours aux mains des Musulmans. En 179, Haroun Er-Rachid y envoya H'oréima ben O'youn comme gouverneur. Ce H'oréima dota la ville de l'enceinte qui existe encore aujourd'hui ; il bâtit également El-Medinet El-Béid'a.

Les gouverneurs musulmans se succédèrent dans le commandement de Tripoli jusqu'au jour où Mekh'âil (Michel) d'Antioche, capitaine de la flotte de Roger le Sicilien — que Dieu les maudisse tous deux ! — s'en empara et en fit une possession chrétienne. Ibn El-Matrouh' l'enleva enfin aux Infidèles. Des mains des Almohades elle passa en celles de Ibn Tâbet, qui s'y rendit indépendant et la transmit à son fils.

Il y avait cinq ans que Ibn Tâbet s'était affranchi de toute dépendance, lorsque les Génois, fraction des Infidèles, arrivèrent à Tripoli sur une flotte. Ils pénétrèrent dans le port à la faveur de la nuit et attaquèrent sûrement la ville, dont leurs commerçants avaient auparavant étudié les endroits faibles. Ils escaladèrent les remparts, livrèrent cette vieille cité au pillage et s'y établirent. Cependant, Ibn Mekki, seigneur de K'âbès, leur persuada de la rendre pour une rançon qui fut fixée, d'un commun accord, à 50,000 dinars. Ibn Mekki manda au Sultan Abou l'nâne, à Maroc, de se charger du paiement de cette somme et de s'approprier ainsi tout le mérite du rachat de la ville. Mais bientôt, pressé par les Génois, qui craignaient d'être attaqués par Abou l'nâne, Ibn Mekki réunit toute sa fortune personnelle et invita les gens de K'âbès, de El-Hamma et de Djerid, à compléter le prix de la délivrance. Ces populations se cotisèrent et firent la somme dont il avait besoin, dans le but de se montrer dignes des récompenses de la vie future. Les Chrétiens livrèrent la ville ; Ibn Mekki en prit possession et la purifia de la souillure résultant de la présence des Infidèles. Sur ces entrefaites, arriva le prix de la rançon envoyé par Abou l'nâne, ainsi que l'ordre donné par ce souverain de restituer aux populations leurs cotisations. Son but, en cette circonstance, était de bénéficier exclusivement de la rémunération divine pour cette bonne œuvre, et de s'en faire un titre de gloire dans ce monde. Mais les donateurs, sauf un petit nombre d'entre eux, ne voulurent pas rentrer en possession de leurs offrandes.

Il y aurait à citer de nombreux faits se rapportant à l'histoire de Tripoli de l'Ouest. Nous nous bornerons à ceux que nous avons mentionnés.

Lorsque Moussa ben Nocéir passa dans cette ville, pour se rendre en Afrique comme gouverneur, au nom de El-Oualîd ben Abd El-Malèk, il attaqua Sak'iouma, au sud-ouest de Tripoli ; il fit du butin, des captifs, et écrivit à El-Oualîd, en Syrie :

« Votre part des captifs de Sak'iouma se compose de cent mille
» individus. »

El-Oualîd répondit :

« Malheureux ! pour croire à ton récit, il faudrait admettre
» que Sak'iouma fût devenu le lieu de la résurrection du peuple
» que tu as vaincu. »

Ce fait est rapporté par Ibn Rak'îk'.

خامس عشر من عاشر اناخ بها ٭ كلاسبانيون اهل الشرك والرجس

Dans la 15ᵉ année du Xᵉ siècle, les Espagnols, peuple du polythéisme et du châtiment, campèrent sous les murs d'Oran.

COMMENTAIRE

(كلاسبانيون). — Les Espagnols tirent leur nom d'Espagne, ancienne cité qui était la capitale de leur royaume. Le siège de leur gouvernement est aujourd'hui Madrid, résidence de leur roi. Les Francs tirent également leur nom de leur première capitale, France. Cette ville a disparu et le nom leur en est resté. On l'appelait Frandja, ou bien encore França, qui est, d'après Ibn Khaldoun, la prononciation la plus générale de ce nom.

Les Espagnols sont d'origine latine, c'est-à-dire des Kîtem, dont les rois comptaient parmi les plus puissants potentats du monde.

Les Latins avaient conquis la partie de la Méditerranée comprise entre l'Andalousie, Rome, Constantinople et le Mar'reb. Ils eurent des guerres avec toutes les nations. Le récit détaillé de leurs luttes nous mènerait trop loin. Ils restèrent longtemps païens. Enfin, les Apôtres arrivèrent au milieu d'eux et leur prêchèrent la religion du Messie, qu'ils adoptèrent malgré les persécutions dont ses adeptes furent l'objet à différentes reprises. Les deux premiers chrétiens latins furent Constantin, fils d'Aulitus, et sa mère Hélène, fille de Maximilien.

On aurait appelé les Chrétiens *Nass'ara* (Nazaréens), du nom de Nazareth, bourgade où demeura Jésus, lors de son retour d'Égypte avec sa mère. Le mot *Nass'ara* serait encore le pluriel de *Nas'râne* (auxiliaire), qui est, grammaticalement, un adjectif d'intensité. Dans ce cas, ce mot, par sa signification primitive, indiquerait que la religion chrétienne n'est pas placée sous le patronage de son fondateur, mais qu'elle a pris le nom des personnes qui, adoptant cette croyance, devinrent ainsi les auxiliaires de Jésus. Ce qui rendrait cette dernière étymologie plus admissible que la première, c'est que Jésus était originaire, non de Nazareth, mais des Beni Israël, de la tribu de Judas ben Ya'k'oub. Et puis, Amrâne, père de Marie, était de la famille de Mâtâne ben Youh'na ben Youchia, 16e roi de la race de Salomon.

L'origine du nom romain remonte à Romulus, fondateur de Rome et descendant de A'Idjâne ben Yaphet ben Nouh'. C'est à cette origine que les Romains doivent encore leur nom de *El-O'loudj*.

Quelques historiens, soutenus par un petit nombre de commentateurs et par la plupart des jurisconsultes qu'une circonstance quelconque a amenés à parler des relations des Musulmans avec les nations étrangères, prétendent que les Romains sont de la postérité de Yansous ben A'îs'âs ben Aïss'ou (Esaü) ben Ish'ak'. Mais les auteurs, qui vont au fond des choses, rejettent cette descendance et n'en veulent rien admettre. En effet, Ibn H'azem a écrit que la race de Esaü ben Ish'âk' a entièrement disparu. Ceux qui affirment que les Romains ont cette origine sont dans l'erreur, où, du reste, ils sont tombés, ajoute Ibn Hazem, parce que le nom du pays de ce peuple est Aroum, et que, dans le Pentateuque, Esaü est appelé du nom de Aroum. Telle serait la raison qui aurait fait désigner les Romains sous le nom de Beni Aroum.

En langue hébraïque, le nom de Aroum signifie montagne où ne croît aucune plante.

« Quelqu'un, dit Ibn Khaldoun, qui verrait dans ces paroles adressées par le Prophète à El-Djedd ben K'êis pendant la guerre de Tabouk « Serais-tu parent de Djellad ben El-As'feur ? » la preuve que les Roum sont issus de El-As'feur, qui n'est autre que Aïss'ou, ne serait pas dans le vrai. Voici pourquoi. Le Prophète, en parlant ainsi, a seulement fait allusion aux Beni Aïss'ou et non aux Roum, car la guerre qui avait lieu en ce moment se faisait dans la direction de Es-Sorrat, pays d'habitation des Beni Aïss'ou. »

Les Roum ont embrassé la religion chrétienne en 428 de l'ère du Messie. Constantin forçait les juifs de pratiquer la religion chrétienne et condamnait à mort ceux d'entre eux qui refusaient de manger de la viande de porc.

Cet empereur fonda Bizance et lui donna son nom. Il avait commencé par persécuter les adeptes de la religion du prophète Jésus, et finit par adopter leurs doctrines.

Les Francs forment la plus importante nation chrétienne des bords de la Méditerranée. On les fait généralement descendre de Japhet, fils de Noé. Ils habitent les plaines qui s'étendent au nord des rivages de la mer Méditerranée. A l'ouest, ils sont séparés de la péninsule andalousienne par des montagnes appelées El-Berra (Pyrennées), d'un accès très difficile, et dont les passages sont très étroits. Ces montagnes sont habitées par les Djelâlk'a (Galiciens).

Les Francs se sont rendus maîtres des îles de la Sicile, de

Kérit'eche (Crète), de Gênes, d'une partie de l'Andalousie jusqu'à Barcelonne.

Des Francs sont issus les Benâdk'a (Vénitiens), dont le pays longe un canal formé par la Méditerranée. Ce canal, qui est très étroit, se dirige vers le nord en s'inclinant légèrement à l'ouest.

Les Espagnols entrèrent à Oran la 15ᵉ année du Xᵉ siècle ; mais la prise de Bordj El-Morsâ (Mers-El-Kebir), avait eu lieu quatre années auparavant.

* جحافل الكبر فد حموا جوانبها * وعن دباعهم عجز ابو فلس *

Les armées de la chrétienté ont protégé la ville de tous côtés, et Abou K'elmès n'a pu les en repousser.

COMMENTAIRE

Abou K'elmès est l'un de ces derniers rois Zianites, dont le superbe empire valut à ses vainqueurs une gloire ineffaçable.

Le règne des Beni-Ziâne a passé ; leur pouvoir n'a trouvé nulle part de refuge assuré. Depuis leur chute, le vent des souverainetés prospères n'a plus soufflé sur les terres du Mar'reb. Toute voie de salut était désormais fermée pour Oran.

Les Espagnols ne se sont pas bornés à la possession d'Oran ; ils ont étendu leurs mains sur ses plaines, ont fait disparaître l'islamisme du beau ciel de cette capitale et y ont effacé tout vestige du monothéisme.

٤٦ * وعاث دك ببطحتيها مجتلبا * علينا لم يبل بنا مكثر الدبس *

Le Duc a ravagé les deux plaines ; il a réuni contre nous ses troupes et, sans prendre aucun souci de notre douleur, a attiré sur le pays d'inombrables désastres.

COMMENTAIRE

(دك). — Ce Duc était capitaine des Chrétiens à Oran.

(بطحتيها). — Ces deux plaines sont Sîrât et les contrées contiguës de Melâta et de El-K'â', dépendant du territoire des Souéid. Les historiens ont souvent désigné le territoire des Souéid sous le nom de *Bot'h'â* (plaine).

Le Duc armait contre nous les armées des Chrétiens et leurs alliés, les H'om'iâne, K'îza, Châfa' et autres méprisables Arabes. Et ces alliés, ô Croyants, étaient des tribus musulmanes !

« Lorsque la fortune te seconde, a dit Abou El-A'lâ El-Ma'rri, tu ne t'inquiètes point des tribus ni de leurs regards courroucés.

« Les tuniques qui couvrent leurs épaules tressaillent de crainte et leurs glaives frémissent de peur dans les fourreaux. »

Ces deux vers s'appliquent avec tant de justesse à la période historique que je décris, qu'on jugerait qu'ils ont été faits à l'intention du Duc, de cet ennemi de Dieu. Il y a parfois des rapports étranges entre les choses.

S'il faut s'en rapporter aux traditions de notre pays, les Infidèles, au milieu du Xe siècle, dirigèrent un corps d'armée contre les populations commandées par Abou Mehdi Chéikh Sidi Aïssa ben Moussa El-Tedjani. Au moment où ce dernier était campé à l'est du fleuve du roi des Chrétiens, un vol d'alouettes s'abattit tout à coup devant lui et souleva un nuage de poussière avec de grands cris. Sidi Aïssa, qui savait juger de l'avenir par l'observation des oiseaux, donna immédiatement l'ordre de lever le camp et passa de l'autre côté du fleuve. Il venait à peine d'entrer dans une vaste forêt appelée Dar El-Hana (séjour de la tranquillité) que l'armée des Chrétiens et des Beni A'mer apparut sur la rive orientale du cours d'eau. Les Infidèles ne voyant personne revinrent sur leurs pas sans franchir le fleuve. Ils allèrent alors attaquer Ferrouh'a, territoire du chéikh Mohammed ben Yahya *Mok'ri El-Djinn* (professeur des génies). Ils rencontrèrent un parti de cavalerie des Beni A'bbad, branche des H'achem. Les deux troupes en vinrent aux mains. El-A'rouc'i resta au nombre des morts; il fut tué pour la foi, au sud de la colline Kodiat A't'ya. Les Chrétiens coupèrent sa tête, s'emparèrent de sa jument et retournèrent à Oran. Ils assaillirent, à différentes reprises, la bourgade T'ork et finirent par en exterminer presque tous les habitants. La plus grande partie des survivants s'enfuirent. Telle est la cause de la ruine de cette localité.

Les Habra formaient la population de Sira. Ils eurent tellement à souffrir des agressions des Espagnols qu'ils ne tardèrent pas à disparaître. Leur tribu rompue, brisée, ne s'est plus reformée, d'une façon sensible, jusqu'à ce jour.

Ces faits se passaient au moment où les Musulmans, assiégés dans le château de El-H'amrâ (l'Alambra), à Grenade, par les soldats chrétiens et n'ayant plus à espérer aucun secours de leurs frères, abandonnèrent cette forteresse aux mains de leurs adversaires. Les Chrétiens leur accordèrent la vie sauve et leur permirent de sortir de la ville. Les vaincus abordèrent au port d'Arzeu. Les Habra, qui les guettaient, dépouillèrent de leurs richesses tous ceux qui eurent l'imprudence de quitter leurs navires.

En apprenant cet acte de barbare inhumanité, l'ami de Dieu, Si Mahammed Kaddâr, marcha contre ces populations inhospitalières, avec les milices des Souéid, et leur livra plusieurs combats. De leur côté, les troupes chrétiennes les attaquèrent à différentes reprises.

Les tribus des Habra eurent tellement à souffrir de ces doubles hostilités que leurs femmes réunies, la nuit, dans les gynécées, s'écriaient :

— Nous sommes entre deux feux : entre les Chrétiens du Duc et les Chrétiens de K'addâr. O Dieu conseille nous.

Ce genre de lamentations, qui se faisaient à haute voix, portait, dans le pays, le nom de *Tibrâche.*
Par Chrétiens de K'addâr, ces femmes désignaient les Souéid.
Nous avons déjà dit que les Habra et les Souéid ont la même origine.
Au nombre des personnages remarquables qui quittèrent Arzeu, se trouvait le grand saint, le savant illustre, Sidi Ahmed ben A'chir.
Ces faits eurent lieu dans le mois de chaouâl 1018. Lecteur, compare cette date avec celle donnée par Mohammed El-Mosnaouy, célèbre érudit, dont la vie restera un si grand exemple de vertus inimitables que c'est en vain qu'on presserait les chameaux de course pour le rejoindre. Cet écrivain raconte que Grenade fut occupée par les Chrétiens en l'année 897, qui vit la fin de leurs conquêtes en Andalousie.

* ورج ارجاء هالها احاط بها * وبغادر الشم من اعلامها طمس *

Quand il assiégea Oran, les environs tremblèrent. Il ruina les superbes monuments de cette ville et les changea en décombres poussiéreux.

COMMENTAIRE

Lorsque la ville d'Achir, fondée, comme nous l'avons vu, par Ziri ben Menad, au pied du Djebel Tit'eri, fut détruite par Abou Tachefin, roi abd el-ouadite à Tlemcène, un poète s'écria :

« Les traces de Achir de H'amza ont disparu. Tel est le temps : son œuvre est la ruine. »

* كأنها ما حوت شموسا ولا قمرا * لم يدر بوى الناس والعالى من النــــدس *

On eût dit ensuite que cette cité n'avait jamais été favorisée ni d'un soleil ni d'une lune, que son existence avait toujours été ignorée non-seulement du vulgaire, mais encore de tout érudit intelligent.

COMMENTAIRE

(ندس). — Mais Dieu a remis l'ordre dans les parties éparses et troublées de cette cité ; il a renoué la chaîne brisée de son existence en inspirant à notre prince victorieux l'idée de la délivrer du marasme qui la consumait. Mohammed Bey a de nouveau fiancé Oran aux Musulmans, qui appréciaient sa douce société et ses aimables relations. Cette cité, heureuse de voir son bonheur assuré pour toujours, s'est écriée : louange à Dieu, qui a éloigné de nous le deuil. Notre Dieu est clément et bienfaisant.

« Notre prince, me suis-je écrié, a réparé une brèche qui menaçait de s'étendre, et a arrêté le douloureux déchirement de nos cœurs.

» Il a porté remède aux désordres causés par les vicissitudes du temps, et a fait disparaître les traces de nos calamités. Les envieux ont vu leur secret espoir trompé.

» Il a redressé tous les torts causés à la ville frontière, et en a restauré toutes les parties défigurées. Il a su conduire cette œuvre au point désirable.

» Il a banni de notre cité la honte du polythéisme, de l'idolâtrie et la cause du châtiment. Que de choses vermoulues ont ainsi repris une tournure neuve !

» Il a délivré le pays du deuil qui l'emplissait tout entier et qui semblait avoir pénétré dans les cœurs d'une façon inébranlable.

» Il a arraché les voiles qui cachaient aux regards la lumière de la véritable voie. Maintenant, cette lumière éclaire ceux qui sont éloignés et inonde de ses feux ceux qui sont proches.

» Grâce à lui, les étoiles bienfaisantes sont arrivées à l'horizon du bonheur; elles s'y élèvent et y atteignent la plus grande hauteur.

» Il a répandu ses dons sur tous les peuples des mondes; les hommes ont fait de son nom un monument impérissable.

» Dans chaque contrée, il a traité avec bonté les hommes de la science, sans même attendre qu'ils vinssent réclamer ses faveurs.

» Il est digne d'être appelé l'unique de son siècle; les enfants et leurs aïeuls parlent de lui avec orgueil.

» Que de choses glorieuses, mais tombées dans l'oubli, il a fait revivre, et que de choses vermoulues ont repris, par ses soins, une tournure neuve!

» Il réunit toutes les plus solides qualités, qui en font, parmi les monarques, un roi incomparable. »

Que Dieu accorde à notre prince une vie opulente; qu'en le favorisant de longs jours, il fasse le bonheur de la nation. La divine Providence a mis le comble à ses bienfaits en l'envoyant au milieu de nous. La victoire et le salut l'accompagnent; aussi son règne est-il une véritable bénédiction pour les grands et le peuple. Il est le soutien de la religion, la forteresse des Musulmans. Puisse Dieu lui faciliter la mission dont il l'a chargé et le conserver dans ses œuvres!

» خلا له الجو وامتدت يداه الى » ادراك ما لم تنل رجلاه
ذو جمـــس »

On a laissé au Duc, ce fourbe, le champ libre. Ses mains se sont étendues pour prendre ce que ses jambes ne lui permettaient pas d'atteindre.

COMMENTAIRE

Sid Ech-Cherif El-R'ornat'i, homme extraordinairement savant, législateur de sa langue, lettré et grammairien, dont les ouvrages en vers ont apparu dans les orients et les occidents avec toute la splendeur du soleil montant dans les ténèbres, dont les productions ont, plus que toutes autres, illustré et honoré les contrées et les localités qui ont eu le bonheur de le voir, a dit dans le commentaire de la *Mak's'oura* de El-H'azem : « Le roi des Chrétiens avait écrit à Ya'k'oub El-Mansour : « Je sais qu'à différentes reprises, vous vous êtes préparé à la guerre. Mais, en même temps que vous avanciez un pied, vous reculiez l'autre. Vous vous êtes vanté que 100 d'entre vous vaincraient 200 des nôtres. C'était bon jadis ; mais maintenant, c'est le contraire qui est vrai, etc. »

Après avoir écouté ces paroles et en avoir compris toute la forfanterie, El-Mansour répondit :

« Il faut croire vos yeux et non vos oreilles. »

Tel est la cause de la bataille de El-Ark (Alarcos), dans laquelle furent tués 30 mille Infidèles et 5 mille faits prisonniers.

* وسارسيرته بينا من اعقبه * وكلهم مفتبو ارجوا ومردنس *
بى اخذهم بلنسية وفرطبة ومرية معتصم بها و بطليس *

Les gouverneurs qui suivirent imitèrent à notre égard la conduite du duc. Tous prirent pour modèle Ardjoua et Merdanès,
Quand ils s'emparèrent de Valence, de Cordoue, d'Alméria qu'illustra sa défense, ainsi que de Badajos.

COMMENTAIRE

En 633, les Chrétiens ravagèrent le pays, le couvrirent d'humiliations, le soumirent à toute la violence de leur tyrannie et frappèrent les Musulmans de contributions. A cette époque, les Chrétiens s'étaient avancés avec sept armées pour bloquer les

Musulmans. Deux de ces armées marchaient contre Valence, Chikra et Chat'ba (Xativa) ; les autres étaient à Djiane (Jaën), Sira, Morsia (Murcie) et Lebba. Enfin, en arrière, une autre armée de Français de Gênes attaquait Ceuta. Le roi de Castille s'empara de Cordoue à la fin de l'année 633. Le roi d'Aragon se rendit maître de la plupart des donjons de Valence et de l'île de Chik'ra. Il construisit le château de Anoucha pour pousser vigoureusement le siège de Valence, et partit quand il y eut établi ses soldats. L'Almohade Ziàne ben Mardantche marcha contre les Infidèles à la tête des milices de Chat'ba et de Chek'r. Les Musulmans, mis en déroute, furent atteints, pour la plupart, par le fer de leurs ennemis. Là mourut, pour la foi, Er-Rabi' ben Salem, dont les traditionnistes d'Andalousie furent les disciples. Ce jour néfaste, ce désastre immense présageait la prise de Valence. Le roi d'Aragon marcha contre cette ville (635). Il fut à même de lui faire sentir le poids de ses outrageantes injures. Dès lors, le vent de la fortune des Benou Abd El-Moumène perdit sa force. La population de Valence reconnut le pouvoir de Abou Zakaria. Ce fut Ibn Merdantch, dont le secrétaire était Abdallah ben El Abbàr, qui se rendit auprès de ce prince pour déposer entre ses mains la soumission de la population de Valence. Cette démarche fut l'occasion d'une fête publique dans la capitale des Hafcides. Ibn Mardantche implora le secours du prince dans un poème qui commence ainsi :

« Va rejoindre avec ta cavalerie, la cavalerie de Dieu, qui est en Andalousie. La voie qui conduit au salut de ces guerriers est effacée. »

L'Émir répondit favorablement au vœu des assiégés. Il leur envoya une flotille de vivres, d'armes et de numéraire. Le tout représentait une valeur de cent mille dinars. Le secours arriva au moment où Valence était à la dernière extrémité. La flotille jeta l'ancre dans le port de Dania et y débarqua les vivres et les munitions de guerre, mais s'en revint avec le numéraire qu'il n'avait pas été possible de remettre à destination. La faim fit de nombreuses victimes parmi les assiégés. Enfin la ville se rendit à discrétion au roi Chrétien (636). Ibn Merdanîche en sortit la même année pour se rendre à l'île de Chik'ra, puis à Dania, où est né Abou O'mar Ed-Dâni, lecteur du Coran pour les sept leçons.

En l'année 644, le roi chrétien Ridrak (Rodrigue) prit Barcelone et Murcie. Cette dernière a donné le jour à Abbou El-Abbas El-Morci, dont le tombeau, à Alexandrie, est en grand honneur. Ibn H'oud sortit de cette ville sans esprit de retour. La durée est à Dieu.

Dans ces jours de luttes en Espagne, il se passa un fait qui fera toujours notre étonnement : Ibn El-Ahmeur, originaire des Ans'ar et de la tribu des Khazredj, alors roi de Grenade, fournit au roi chrétien des troupes et du grain pour la prise de Valence ! Les décrets de Dieu sont infinis.

Dans cet intervalle, Xerès et Tarifa furent pris, ainsi que Malaga (648); Sarragosse l'avait été en 606. Yahya El-Toumleli, en 627, s'était vu enlever Majorque. Le sultan Abou El-Hassane, après la prise de Tlemcen et la conquête des Benou-Ziâne, remporta sur l'escadre chrétienne une grande victoire navale, le samedi, 6 chaouâl 640. A la suite de ce succès, il passa en Andalousie et débarqua à Tarifa. Le sultan de Portugal marcha contre lui. C'était le 3 moharrem. Les Chrétiens firent subir aux Musulmans une désastreuse défaite, qui fit passer dans leurs mains la puissance de l'Islamisme. « Nous sommes à Dieu et c'est à Dieu que nous retournons. » Abou El-Hassane reprit le chemin de la mer et débarqua à Ceuta.

(المرية). — Alméria est une des principales villes de l'Espagne. Au temps de l'Islamisme, elle appartenait aux Benou-S'emadeh'. Ce S'madeh', chanté par un poète, son compatriote, avait juré de se rendre à sa demeure en marchant sur des dinars semés sur son chemin. Alméria fut prise en 542.

Nous plaçons ici une piquante anecdote.

Youssof ben Tachefine, sultan du Mar'reb, lors de son passage en Andalousie, qui fut marqué par la grande défaite qu'il infligea aux Francs, demanda aux gens du pays des subsides pour l'aider dans la guerre qu'il avait entreprise. Quand son message, où il était dit qu'une réunion de jurisconsultes avait, ainsi que cela s'était présenté pour Omar ben El-Khatt'âb, autorisé la perception de cette contribution, parvint à la population d'Alméria, celle-ci chargea son cadi, Abou Abdallah ben El-Berr, homme de religion et de scrupule, de faire une réponse. Le cadi écrivit :

« En ce qui concerne les secours en argent dont parle l'Émir des croyants (Amir El-Mouminine), nous lui observons que Abou El-Oualid El-Bâdji, et tous les cadis des rivages africain et andalous, ont émis l'avis que O'mar ben El-Khatt'âb avait, il est vrai, sollicité des subsides, mais qu'il n'y avait aucun doute à concevoir sur la loyauté de son caractère, tandis que l'Amir El-Mouminine n'est pas dans ce cas. Si les jurisconsultes vous ont comparé à O'mar, sous le rapport de la droiture d'esprit, Dieu leur demandera compte de la hardiesse dont ils ont fait preuve en cette circonstance. O'mar n'a demandé de secours en argent qu'après avoir juré, dans la mosquée, que le trésor public ne renfermait plus la moindre drachme. Allez donc à la mosquée, et formulez ce serment en présence des gens de la science. Vous serez alors digne qu'on agisse avec vous comme on a agi avec O'mar. »

En rapportant ce fait dans *El-Mass'âref*, El-Benâni ajoute que le titre d'Amir El-Mouminine n'appartenait point à Youssof ben Tachefine ni à aucun de ses prédécesseurs sur le trône du Mar'reb, et que le premier qui reçut ce titre honorifique fut Youssof ben Abd El-Moumène, qui régna 63 ans après Youssof ben Tachefine. C'est là ce que nous même, nous avons avancé précédemment et ce que n'ignore aucun homme ayant quelques notions en histoire.

Nous devons signaler un événement important qui se passa sous le règne du sultan Abou Zakaria le Hafcide. Les circonstances alors n'étaient plus aussi favorables à la domination des khalifa de l'Orient en Afrique. Le point d'appui d'un vaste empire n'existait que dans le palais d'Abou-Zakaria ; on l'aurait vainement cherché soit à Baghdad soit à Maroc. Sous le règne de ce souverain hafcide, et sous celui de son fils Mohammed, dont

H'azem a fait l'éloge, la plus grande partie de l'Andalousie fut prise par les armes chrétiennes. En ce temps-là, la population des deux villes saintes reconnaissait l'autorité des Abbacides et y était restée fidèle depuis le jour où Youssof ben Ayoub El-Kordi l'avait fait reconnaître dans le pays. Lorsque les Tartares s'emparèrent de Baghdad, le roi des deux villes saintes, qui était de la postérité de El-H'assane ben Ali, envoya à Mohammed El-Montac'ir ben Abou Zakaria une lettre de soumission écrite par le jurisconsulte Abd El-H'ak'k' ben Seba'ïne. Quand cette lettre, qui était longue et d'un style merveilleux, arriva à sa destination, le Sultan assembla le peuple et les grands du royaume; le cadi Abou El-Bera la lut publiquement, et, comme il s'agissait de la soumission de La Mecque et de Médine, en prit texte pour faire ressortir que cet écrit était la preuve sensible de la grandeur du Sultan et de la puissance de son gouvernement.

En l'année 552, la ville de Fez se rangea à l'obéissance de Mohammed-el-Montac'ir. Ya'k'oub ben Abd-el-Hak'k', s'étant emparé du Maroc, y établit l'autorité des Hafcides. Dans le Soudan, le seigneur de Bornou, dont les États sont au sud de Tripoli, se déclara vassal du souverain hafcide et lui adressa de riches offrandes, parmi lesquelles se trouvait une girafe que courut considérer une foule immense.

Pour faciliter les échanges, ce sultan créa la monnaie de cuivre appelée Nas'ri'. Il bâtit la Kasba de Tunis et fonda la Medrasa où enseigne notre Cheikh, le vénérable El-Kouâche. Sous son règne, en l'année 559, les Francs attaquèrent Tunis; mais devant l'insuccès de ce coup de main, ils reprirent le chemin de leur pays. Ziâne ben Abd-el-K'oûi avait conduit au sultan hafcide, pour l'aider à combattre les Infidèles, un corps d'armée de 7,000 hommes de troupes oranaises. Cette expédition des Français avait été motivée par la destruction de Carthage.

(بطليس). — Bet'lious (Badajos) est une contrée d'Espagne, dans le voisinage de laquelle se trouve Zellak'a, illustré par la bataille de ce nom. Lors de la division de l'Espagne en plusieurs petits royaumes, Badajos devint une province des Beni Aft'euss, ainsi que Tarifa et autres villes environnantes. Le roi de la famille des Beni El-Aft'euss était fort instruit, surtout en littérature, en faits anecdotiques et en histoire arabe. Il composa un ouvrage littéraire, en 50 volumes, qu'il appela *Tedkira*. Il était originaire des Toudjine, tribu de Kenda.

Les Beni El-Aft'euss, après s'être transmis la possession d'une partie de ces territoires, en furent définitivement dépouillés par le roi chrétien, Ibn Dermil (fils de Dermil, et mieux fils de Don Ramil, ou Ramir — Ramirez — c'est-à-dire Alphonse I, fils de Dom Sanche Ramirez).

32 * طريبة درميل الردى تملكها * فلم تدم لابن افطس ولا ابطـــس *

Don Ramir le mauvais s'empara de Tarifa, dont ni El-Aft'euss ni son fils ne furent longtemps les maîtres.

COMMENTAIRE

Tolède, située au centre de la Péninsule andalouse, fut la première ville qui tomba au pouvoir des Chrétiens. Aussi, à la nouvelle qu'elle était sortie des mains des Musulmans, Ibn El-H'assane s'écria-t-il :

« Pressez vos montures loin de la terre d'Andalousie : y rester serait une faute.

» Tout vêtement se déchire à partir des bords ; mais j'ai vu le manteau de la presqu'île se déchirer par le milieu.

» Dans le voisinage du mal, il n'y a pas de sûreté contre les calamités. Serait-ce vivre que de vivre près de serpents enfermés dans un bocal ? »

Ibn El-H'assane s'exila à Fez. La conquête de Tolède par les Espagnols eut lieu en 477, et, selon d'autres, en 476.

Nous prenons, dans la relation que El-Razâli a faite de son voyage en Andalousie (1179), les détails suivants :

« Nous constatâmes, chez le commandant de la ville de El-Khezirat (Algésiras), que nous appelons El-Khadra, ainsi que chez le cadi (alcade) et autres personnages de cette cité, une bienveillance pour les Musulmans que nous n'avions encore rencontrée nulle part.

» Nous arrivâmes à Tarifa, sur le bord de la mer. Les remparts, qui ont une grande étendue, sont de construction musulmane. Quant à sa forteresse, elle est encore dans l'état où l'avaient laissée les Musulmans à leur départ. Elle se compose de 16 bastions. La hauteur des remparts et des bastions est de 10 *kama* (19 mètres environ). La forteresse ou K'as'ba est en pierres de taille, semblables à du marbre. Au-dessus de la porte existe une plaque de marbre sur laquelle on lit en caractères coufiques : *Au nom de Dieu clément et miséricordieux. Que Dieu répande ses grâces sur notre seigneur Mohammed, sur sa famille, sur ses compagnons, et leur accorde le salut !* (Construit) *par l'ordre de Abdallah ben Abd-Er-Rahmane Ed-Dakhel, prince des Musulmans.*

» Lorsque nous entrâmes à Séville, ses majestueuses constructions, la hauteur de ses murailles, le nombre de ses minarets, nous rappelèrent la description que nous avons faite du Caire, de la longueur et de l'étendue de cette capitale de l'Égypte. Le fleuve court dans les environs, couvert de bateaux innombrables. Ce fleuve porte le nom de Lekk (Guadalette).

» Le troisième jour de notre arrivée dans cette ville, nous allâmes visiter la grande mosquée, qui a appartenu aux Musulmans, — que Dieu ait leurs âmes ! — L'alcade et la plupart des moines (Feraïles) avaient fait des préparatifs pour nous recevoir. Nous montâmes dix marches pour entrer dans la mosquée élevée au-dessus du sol. Ce temple est un véritable chef-d'œuvre d'architecture. Les murs et les colonnes sont en pierres de taille assemblées avec un tel art, que les joints inférieurs ou supérieurs sont invisibles. Il a dix portes et son dôme est supporté par 120 colonnes, dont chacune se compose de 24 morceaux. Sa largeur est de 64 empans et sa hauteur de 15 k'ama (28 mètres environ). D'une colonne à l'autre on compte 48 pas. Les Chrétiens ont orné la nef de saphirs, de lampes d'or ; ils y ont établi le chœur pour accomplir leurs prières ; des sièges d'or y sont disposés pour la lecture de leurs livres sacrés. Ils y ont également placé 25 cloches ; la plus grande pèse 185 quintaux (de 80 livres environ chacun), et sa voix s'entend à une journée de distance.

» Nous entrâmes ensuite dans la ville de Cordoue. C'est une grande et merveilleuse cité, construite sur l'oued El-Kebir (Guadalquivir), qui reçoit toutes les rivières de l'Andalousie. A l'est et à proximité de la ville, est une montagne peu élevée, couverte de jardins et de maisons innombrables : c'est la Sierra-Morena. Du sommet d'un mamelon, nous découvrîmes la ville avec ses vastes et hardis monuments, que domine la grande mosquée. Les remparts qui l'enceignent datent des Musulmans.

» A cette vue, nous fûmes envahis par les regrets, et notre cœur se serra de douleur dans la poitrine. Comment n'aurions-nous pas éprouvé ces pénibles sentiments au souvenir de nos frères qui peuplaient cette cité? Dieu leur fasse miséricorde! — A Dieu appartient le passé et l'avenir. — Cette mosquée est la plus grande du monde musulman : elle a 602 pas de longueur sur 345 de largeur. On y voit deux plaques de marbre descendant jusqu'à terre ; sur chacune d'elles, on lit l'Au nom de Dieu et l'appel des bénédictions divines sur le Prophète, puis la date des règnes de chacun des souverains qui l'ont construite ou agrandie. J'essuyai avec ma barbe la poussière des pieds qui les couvrait, puis je les enlevai et les plaçai, avec de grandes précautions, au sommet des remparts, à l'abri de toute atteinte.

» Les arceaux de la mosquée supportent une autre rangée d'arcades ; sans cela, les piliers eussent été trop élevés. Nous terminâmes notre visite du saint lieu par la chaire musulmane. O surprise ! elle était encore dans son premier état, aucun changement n'y avait été fait. Les Chrétiens l'avaient simplement entourée d'un grillage pour empêcher que personne ne pénétrât dans l'intérieur. Je ne découvrais pas les ressorts secrets qui avaient ainsi fait agir les Infidèles. Mais Dieu me dévoila leurs véritables desseins, tant il est vrai qu'un bon Croyant doit s'en remettre à Dieu du soin de le guider dans de pareilles circonstances.

» Cette chaire, ses pieds, toute sa construction repose, pour ainsi dire, sur des versets du Coran. Dieu a voulu certainement préserver sa parole écrite de l'attouchement impur des Infidèles. Il n'est pas douteux que les ancêtres des Espagnols actuels n'aient craint quelque catastrophe, s'ils entraient dans cette tribune sacrée, et l'ont alors entourée d'un grillage protecteur. Nous réussîmes, après maintes démarches, à nous faire ouvrir cette chaire. Nous y pénétrâmes par une *K'obba* ou coupole contiguë. Voici la description de cette chaire :

» Elle est entièrement enveloppée de la k'obba ; sa forme est octogone ; elle est enrichie de plaques de marbre. Sa longueur est de dix empans, sa largeur de sept. A la partie supérieure du marbre est gravée une inscription en caractères coufiques, du plus riche dessin. On lit d'abord l'*Au nom de Dieu*, puis : *Faites avec soin vos prières, ainsi que celle du milieu. Tenez-vous avec Dieu dans l'obéissance.* Et enfin : *El-Imâm El-Mostanc'er Billah Abdallah El-Hâkem, prince des Musulmans — que Dieu le conserve ! — a ordonné la construction de cette chaire, dans le but de mériter une grande récompense à venir et un glorieux retour auprès de Dieu. Ce monument a été achevé dans le mois sacré de Dou El-Hidja de l'année* 354. La figure circulaire de l'inscription se termine par ce verset : *Celui qui rapporte sa conduite à Dieu et fait le bien, a en main l'anse la plus solide. C'est de Dieu que dépend l'issue des événements.* Au-dessus de cette première épigraphe, s'en trouve une autre qui fait également le tour de la chaire : *O vous qui croyez, priez en vous inclinant et en vous prosternant, et adorez votre Dieu ; faites le bien, peut-être obtiendrez-vous le bonheur.* En dehors de la chaire, à droite et à gauche, on lit : *Au nom de Dieu miséricordieux et clément. Louange à Dieu, qui nous a conduits à cette situation. Nous n'étions pas capables d'être dirigés, si Dieu ne nous avait pas conduits. Certes, les envoyés de notre Seigneur sont venus avec la vérité.* Vient ensuite l'ordre donné par El-Mostanc'er Billah Abdallah El-H'âkem, prince des Musulmans, en vue de la construction du monument, ordre que nous avons rapporté plus haut, mot pour mot.

» Au milieu de la coupole, qui est extérieurement attenante

à la chaire, sont trois cercueils enfermés dans des caisses de marbre. Je ne négligeai aucune recherche pour arriver à connaître leur origine. Ce fut en vain. L'opinion la plus probable, c'est que ces cercueils sont ceux de Musulmans, car s'ils appartenaient à des Infidèles, leurs compatriotes auraient eu le soin, ainsi qu'ils en ont l'habitude pour leurs personnages remarquables, d'y mettre quelque épitaphe, quelque chiffre indicateur.

« Au centre de la mosquée, dans le vaste carré formé par quatre colonnes, qui supportent une coupole fort élevée, les Infidèles ont établi leur autel. Ils ont dû, pour cela, démolir un certain nombre de colonnes de marbre, qu'ils ont remplacées par des colonnes en maçonnerie. La circonférence de chacune de ces dernières est de 64 empans ; elles sont entourées d'un grillage de cuivre doré. C'est dans cet endroit que les Chrétiens font leurs prières ; ils y ont placé des crucifix, ainsi que de nombreuses statues, dont quelques-unes sont en or, et d'autres en bois ou en pierre.

« Près de la mosquée, est la K'as'ba ou citadelle des rois musulmans. Elle est devenue la résidence de l'alcade. »

« عدة اعوام والا سلام بي شخص * لذا تعدوا ملوك الصبر اندلس *

Pendant un certain nombre d'années, l'Islam se montra vacillant, désuni. Les rois des Beni El-As'feur (Chrétiens), régnant en Andalousie, profitèrent de ce manque de cohérence pour attaquer les Musulmans.

COMMENTAIRE

Nous avons déjà dit que le royaume des Beni Oméya prit fin, en Andalousie, vers l'année 430. De ce moment, l'Espagne arabe s'en alla en lambeaux ; le fil de sa puissance se brisa ; de nombreux émirs et gouverneurs se disputèrent les perles de son collier. La conséquence de cette situation troublée fut la division de l'Andalousie entre une infinité de roitelets. Plus de saine politique; plus de direction vers un objet unique. Le morcellement de l'autorité souveraine persista pendant plus de cent ans. A la faveur de cette anarchie, l'Infidèle voulut asservir le vrai croyant, et lui fit une guerre active. Les Musulmans n'en continuèrent pas moins à vivre dans les dissensions, et les affaires à ne prendre aucune forme bien nette. Il ne vint pas à l'idée de notre Espagne de se réunir sous la puissante égide d'un seul maître. On connaît les événements qui terminèrent ce triste état de choses.

Nous avons déjà parlé de l'origine des Roum (Francs, Romains, Grecs), et de l'époque où ils adoptèrent le christianisme. On les appelle quelquefois Beni El-As'feur; mais cette dénomination vient tout simplement de ce que leur chef, César Iniouch (Enée), qui vivait bien longtemps avant qu'il se fissent Chrétiens, reçut le nom d'El-As'feur. On voit par là ce qu'il faut penser des auteurs qui, à l'encontre de l'opinion de Ibn H'azem et des historiens consciencieux, regardent comme un même homme El-As'feur et A'iss'ou ben Ish'âk' (Esaü).

Voici la liste des roitelets d'Espagne qui se déclarèrent indépendants, à la suite du renversement de l'empire des Beni Oméya.

Abou El-H'azem Djomhour donna le signal des défections. Il se rendit maître de Cordoue, où ses fils conservèrent après lui le pouvoir jusqu'au jour où les A'bbâd, originaires des Mondir, rois de El-H'îra, et branche de Lakhm, s'emparèrent de cette cité (462).

La famille des A'bbâd eut pour chef le cadi Mohammed ben A'bbâd, dont le fils El-Mo'tad'ed fut le plus audacieux de tous les princes dissidents et se fit une renommée qui laissa bien loin en arrière celle de tous ses rivaux.

On raconte de El-Mo'tad'ed qu'il remplit un grand caveau des têtes des révoltés coupées avec son sabre. On sait l'histoire de son fils et successeur, El-Mo'tamed, qui avait pour capitale Séville, et que Youssof ben Tachefine, après l'avoir fait prisonnier, interna pour la vie à Ar'mât, ancienne ville au sud du Maroc. « C'est notre Dieu qui nous a envoyés ici », s'exclama la fille de l'exilé en se servant avec un rare succès de l'allitération.

Mondir ben Yahya ben H'oc'éine ben Houd El-Djodâmi secoua le joug de la vassalité à Sarragosse. L'un de ses fils fut Mohammed ben Youssof, qui proclama la souveraineté des Abbacides et contre lequel se soulevèrent les Benou Nas'r, rois de Grenade.

Le très docte Ibn El-Aft'euss fit défection à Bet'lious (Badajos).

Badis Ba-Amakâcène ben Zîri, d'origine sanhadjienne, se déclara indépendant à Grenade, puis se rendit en Afrique (420). Il eut pour successeur le fils de son frère, H'âbous. Les descendants de cette famille conservèrent le trône à Grenade, jusqu'au jour où les Lemtouna les en précipitèrent.

Ibn Dou En-Noun Isma'îl ben Abd Er-Rah'mane s'affranchit à Tolède de toute subordination. Ses descendants se transmirent le pouvoir souverain et Alphonse — que Dieu le maudisse — s'empara de leur capitale sur le dernier d'entre eux, Yahya Ed-D'âfer.

Les Benou S'emâdeh' se révoltèrent à El-Meria, Abou Abdallah ben T'aher à Murcie, Ibn Rezine à Sahla, les enfants de El-Mans'our Mod'fer à Denia, Mobarek à Valence. Quant au seigneur de tous ces princes, El-Mans'our ben Abou A'mer, dont le règne fut signalé par d'éclatantes victoires, il vécut avant la division de l'Espagne en principautés indépendantes. Il tint en réclusion Hichâm El-Mouayed, ce qui fit dire à Ibn El-Khat'îb :

« Mans'our, issu de A'mer, le cacha de telle façon qu'il n'eut ni la volonté de défendre ni celle de commander. »

Ce Hichâm fut l'un des derniers rois de la race des Beni Oméya, celui-là même qui désigna pour son successeur Ali ben H'ammou El-Idrici. Toutefois, je ne sache pas que les Infidèles, pendant toute la période des roitelets, se soient emparés, si nous en exceptons Tolède, d'aucune des capitales de l'Andalousie que nous avons citées. Alphonse, fils de Ferdinand, un ou deux ans avant la bataille de Zellâk'a, livrée par Youssof ben Tachefine, devint maître de Tolède, qui, depuis lors, est restée au pouvoir des Espagnols. Comme cette ville était la grande capitale de l'Andalousie et occupait le point central de la Péninsule, elle fut, pour les Musulmans, quand la vieillesse atteignit l'empire des Benou Abd El-Moumène, la source de bien des maux. Sa prise par les Chrétiens demeura le présage de la conquête de l'Andalousie par eux, ainsi que l'avenir se chargea de l'établir. Rien ne saurait mettre obstacle au don que Dieu a fait; personne, également, ne peut disposer d'une chose si Dieu y met obstacle. Ce sont là des vérités dont il faut que nous soyons bien persuadés. Si Dieu l'avait voulu, les Espagnols n'eussent rien accompli de ce que nous leur reprochons.

En 629, Grenade tomba au pouvoir d'un prince des Beni Nas'r, Mohammed ben Youssof ben Mohammed ben Ahmed ben Khamîs ben Nas'r El-Ans'ari El-Khazredji, appartenant à la famille de Sa'd ben A'bâda.

Les ancêtres des Benou Nas'r s'étaient fixés, au commencement de l'expédition de la Mecque, dans une bourgade appelée la bourgade des Khazredj. Parmi les souverains de cette race, on remarque le grand et illustre Isma'ïl, qui gagna, sur les Roum, une célèbre bataille, tua deux de leurs rois, conquit une grande partie de l'Andalousie et moissonna la puissance des Chrétiens (709). Les Benou Nas'r continuèrent à enrichir leur royaume de nouvelles acquisitions; mais, en 897, les Espagnols leur enlevèrent le pays et arrêtèrent ainsi leurs progrès.

Mohammed ben Nas'r, descendant de cette famille, fut le seigneur de Ibn El-Khatîb Es-Selmâni, surnommé Lissâne Ed-Dîne (la langue de la religion), professeur de Ibn Zermek.

Au nombre des batailles rangées, livrées dans la Péninsule hispanique, il faut citer celle où fut victorieux Mans'our, chambellan de Hichâm, à Smoura (Zamora), ville des Infidèles en Andalousie, d'où le vainqueur sortit avec 19,000 captifs.

El-Makk'ari, dans le *Nafh' Et-T'ib*, dit, en parlant de Ibn El-Khat'îb : « En tête de l'histoire de Grenade se trouve le poème récité par Ibn El-Khat'îb au sultan Mohammed ben Nas'r ben Ouenda, qui avait quitté Abou Salem, roi du Mar'reb, pour rentrer à Grenade, capitale de son royaume, d'où s'était enfui ce vassal révolté. » Voici les premiers vers de cette *K'acîda* ou poème :

« Le vrai monte, le faux descend. On ne demande pas compte à Dieu de ses décrets.

» Si les choses de la création changent ou se modifient, Dieu — qu'il soit honoré et glorifié — est incommutable.

» L'aisance après la pénurie, telle est la promesse divine. Vous en trouverez un témoignage suffisant dans ces paroles : « Attachez d'abord et fiez-vous ensuite. »

Ce poème est long et l'écriture s'en est conservée intacte jusqu'à nos jours.

* كانها ما تنفضت بالعذيب لنا * بمعسول اللها راف شهى اللعس *

On dirait vraiment qu'Oran nous reste encore avec ses eaux limpides, que les lèvres pourprées et brûlantes y excitent encore l'admiration.

COMMENTAIRE

Dans ce vers, je fais allusion aux jouissances évanouies, aux joies d'Oran toujours en fête, à la vie abondante et facile qu'on y menait, au bien être matériel et aux douceurs de l'existence, à l'immense étendue que couvrait le voile protecteur de la liberté des musulmans. Cette ville était, pour l'islamisme, un jardin émaillé de fleurs printanières et caressé par les brises parfumées. Hélas ! cet heureux état de choses ne s'est pas maintenu : tout ce bonheur a été renversé, bouleversé, et notre belle cité est passée, avec tous ses joyaux, en des mains étrangères.

* ولا فضينا على الطراب كاظمة * بوصل سلهى زمنا غير منعبس *

Comme si nous ne nous étions points unis à Selma, l'objet de notre amour, sur les bords du chemin de Kâd'ima.

* ولا سجحنا على واد بن الخير دما * من منحر الدن اذ يحيىى ويرتمـــــــس *

Comme si nous n'avions pas répandu, sur les rives de l'Oued Ben El-Khéir, le vin vermeil coulant par le long col de l'amphore, ce vin qui fait vivre quand on l'enterre dans l'estomac.

COMMENTAIRE

L'Oued Ben El-Khéir est la rivière d'Oran. Sur ses bords sont situés les jardins de la ville, dont elle est la richesse.

Ibn El-Khéir est le même que Mohammed ben El-Khéir ben Khezer, qui était roi d'Oran, comme nous l'avons déjà raconté. Son aïeul, El-Khezer, est le fondateur de notre ville.

* يا حسرة لمعالم الايمان بها * بمكانت مدته سنة الكبس *

Quels regrets pour les soutiens de la foi à Oran, de la foi qui n'eut guère que la durée d'un sommeil !

3 * اخر ما بعده الزناكي حاصرها * فامتنعت وشمست ايما شهس *

A la fin du siècle qui suit le Xe, Ez-Zanagui assiégea Oran, qui se défendit et opposa la plus vive résistance.

COMMENTAIRE

A la fin du XIe siècle, Ez-Zanagui Sidi El-Bey Cha'bâne, homme de loi et de guerre, esprit aux vastes pensées, lion dans les combats, prince cultivant les lettres et soutenant avec gloire le fardeau du gouvernement, abattit la puissance des Infidèles et des révoltés contre Dieu. Il bloqua étroitement les Chrétiens d'Oran, les entoura d'instruments de guerre et d'armées, les épouvanta du nombre de ses soldats et de ses contingents belliqueux. C'est qu'il portait l'étendard et la bannière de l'Islamisme, qu'il alluma de ses propres mains la fournaise des combats et mit en mouvement les meules qui broient les ennemis de Dieu ; c'est qu'il prit lui-même la direction de la guerre. Ce roi a laissé un tel renom de grandeur qu'aucune parole ne pourrait en rehausser l'éclat.

Le premier des rois turcs qui attaqua Oran, fut Ibrahim-Pacha que l'on appelait, avant son avénement au trône, Ibrahim-Khodja. Il se porta rapidement vers cette ville avec un fort matériel de siége, établit sous ses murs sa nombreuse armée. Il dressa ses batteries sur le plateau situé au sommet du Djebel-Heidour et, pendant quelque temps, couvrit la vieille cité de boulets et de bombes, mais sans obtenir aucun avantage marqué. Il eut beau mettre en usage toutes ses ressources, avoir recours à tous les stratagèmes, il n'obtint pas de plus grands résultats que s'il s'était fatigué à battre du fer froid. Quand il fut bien convaincu de l'inutilité de ses efforts, en présence de la résistance opiniâtre de de la ville, il leva le siége et rentra dans sa capitale.

En 1170 et quelques, les Turcs s'étant annexé la province de Mazouna, avec toutes ses dépendances, donnèrent ce beau fleuron à Sidi El-Bey Cha'bâne. Ce prince tourna toutes ses pensées vers la guerre sainte et se prépara à affronter la nation perverse des hérétiques. Il fit de nombreuses attaques sur Oran, porta le ravage autour de ses murs. Les Chrétiens avaient imploré à grands cris le secours de leurs frères de l'autre continent, bien que déjà ils eussent obtenu contre nous l'aide de Musulmans aux croyances froides. Grâce à ce dernier appui, les Chrétiens se rassurèrent et sentirent la joie rafraîchir leur cœur.

Presque tout le temps du siége se passa en combats, avec des alternatives de succès et de revers pour les béligérants. Toutefois, les Infidèles furent repoussés des plaines entourant la place ; de nombreux troupeaux leur furent enlevés dans les pâturages. Le Bey resserra plus étroitement Oran. Les assiégés perdirent toute occasion de bonheur pour leurs armes. Ils furent environnés d'espions et d'éclaireurs pour découvrir soit leurs intentions, soit leurs mouvements. Dès lors, il n'y eut plus d'engagements qu'entre la ville et le Bordj El-A'ïoun. C'est à cette situation que j'ai fait allusion dans les deux vers suivants de mon poëme.

* وطنى البيانى الجرار لا راضيهم * به همت دمعهم من زكا وخص *
١٥ دارت حروب عظام بينهم * فداتنى ا خرامرها باستشهاده النبس *

L'armée épaisse des Musulmans adhéra fortement à cette terre des Infidèles; elle fit couler les larmes de tous les habitants de la ville, sans exception.

Des combats acharnés furent livrés, qui se terminèrent par la mort d'un martyr.

COMMENTAIRE

Voici dans quelle circonstance le Bey Cha'bâne trouva la mort :

Ce Bey marcha contre Oran à la tête de 4,000 hommes, parmi lesquels 3,000 cavaliers environ. Les Infidèles sortirent d'Oran et se portèrent à sa rencontre. Ils avaient avec eux les contingents de ces méprisables Beni A'mer, Kiza, R'omza et autres. Leur armée était forte de plus de 8,000 hommes. La cavalerie comprenait 1,000 chevaux ; tout le reste était de l'infanterie. Le choc eut lieu à Kodiat El-Khiâr. Les deux partis soutinrent vaillamment le combat. A la fin, les Infidèles plièrent; leurs rangs ébranlés s'ouvrirent, bien que les soldats eussent pris la précaution de s'attacher les uns aux autres à l'aide de liens. Un bon nombre d'entre eux se livrèrent aux chaînes de l'esclavage. Dieu abandonna ainsi, comme un vil butin, les Chrétiens aux Musulmans et en fit la proie des unitaires. Il en périt dans cette affaire plus de 1,100.

Les Musulmans poursuivirent les vaincus jusqu'aux portes d'Oran. Là, la lutte recommença avec acharnement; c'est alors que le Bey Cha'bâne fut frappé d'un coup mortel. — Dieu lui fasse miséricorde, lui accorde les marques de sa satisfaction et lui donne la place qu'il mérite dans le paradis ! — Le corps de ce prince resta au pouvoir des ennemis. Sa tête fut coupée et suspendue à la porte de la ville. Mais quelques Infidèles, ayant remarqué qu'une lumière éblouissante l'éclairait pendant la nuit, la rendirent aux Musulmans, et ceux-ci la réunirent au corps. Cet événement se passa en 1098. Le Bey Cha'bâne reçut la mort de l'un de ces auxiliaires des Chrétiens, de l'un de ces mauvais Musulmans que nous avons surnommés El-Mer'ât'is (les baptisés). Le nom du fratricide serait Abou Meç'âbia. Telle fut la cause de la guerre que déclara le sultan Ismaïl et que nous raconterons bientôt.

Abou El-Oualîd Abdallah ben Mohammed ben Youssof El-K'ort'obi El-Andalouci, cadi de Valence, homme d'un vaste savoir sur la Tradition, ayant été tué pour la foi en 403, son corps demeura trois jours sans sépulture. Il ne fut enterré que le quatrième jour dans un état de décomposition très avancé. On rapporte de lui ces paroles :

« J'avais prié Dieu, en saisissant les voiles de la K'aba, de m'accorder le martyre. Mais effrayé ensuite à l'idée des horreurs de la mort, je pensais à revenir sur ma détermination et à demander à Dieu de ne point exaucer mon vœu. J'eus honte de ce mouvement de faiblesse. »

Blessé dans la bataille livrée aux Chrétiens, Abou El-Oualîd resta parmi les morts. Il entendit une voix mystérieuse murmurer doucement ces mots :

« Personne n'aura été blessé en combattant dans la voix de Dieu qu'il ne coule de sa blessure, au jour de la résurrection, un sang qui aura toutes les apparences du sang et dont l'odeur aura tout le parfum du musc, comme si la blessure était toute fraîche. »

Après avoir entendu ces paroles, Abou El-Oualîd rendit le dernier soupir.

Ce fait est rapporté par Moslem.

Ismaïl de mon vers est le célèbre sultan Ismaïl ben Ali Es-Sedjelmeci Ech-Chérif El-H'assani, descendant du seigneur Moussa El-Djeoun ben Abdallah El-Kâmel ben H'assane ben Ali ben Abou T'aleb. Ses ancêtres sont originaires de Yanbou'En-Nekhel, où l'emplacement de leurs demeures porte encore aujourd'hui le nom de Medcher (village des) beni Ibrahim. Du vivant de cette famille, les gens de Sedjelmesse passant à Yanbou', à leur retour de pèlerinage, reçurent au milieu d'eux le saint, le très glorieux, l'astre fortuné, Sidi Ali, connu sous le nom de Ech-Chérif, lequel alla s'établir sur le territoire de Sedjelmesse, dont la population lui constitua de nombreuses et riches fondations. C'était aux environs de l'année 675, sous le règne du sultan Ia'k'oub ben Abd El-H'ak'k' El-Merini. Ce saint laissa une nombreuse postérité à Sedjelmesse.

Lorsque le vent qui soutenait la fortune des Benou Ouett'ás et des Benou Saïd, se fut calmé, le sultan Rachîd fondit sur le Mar'reb et fit la conquête de ce royaume. Pour s'assurer de la victoire, il s'aida de l'argent du juif Ibn Macha'l.

Ce sultan fut le créateur de la monnaie depuis lors appelée *mouzouna rachîdya*.

A sa mort, son frère Ismaïl fut reconnu sultan; ses descendants conservèrent le pouvoir souverain jusqu'à leur extinction (1136). Il régna 63 ans, d'autres disent davantage. Telle était la piété de ce prince qu'il prêtait son dos pour la lecture de la dernière leçon du S'ah'îh' de Bokhari. Il s'était emparé de Tanger, de Medinet El-Bid'á et autres villes. Ses conquêtes réduisirent les Chrétiens à un grand état de faiblesse sur les côtes du Mar'reb.

Ech-Chihâb El-Khafadji, dans son commentaire sur le *Chîfa*, avance que Tanger est un mot berbère. D'après cet écrivain, les Musulmans se rendirent maîtres de cette ville, qui passa ensuite aux mains des Chrétiens (870), à la suite d'une bataille meurtrière, et lorsque ses défenseurs eurent acquis la certitude qu'ils n'avaient aucun secours à espérer. « Nous sommes à Dieu et c'est à Dieu que nous retournons. » Les Chrétiens firent de Tanger le centre de leur puissance dans le Mar'reb, et purent étendre leur domination sur la plus grande partie du pays. Dès lors l'Islamisme revint dans l'isolement qui avait signalé sa naissance.

Le sultan Ismaïl assiégea Ceuta. Son règne fut marqué par l'affaiblissement des Chrétiens dans le Mar'reb et l'obligation où ils se trouvèrent de se dessaisir de leurs possessions.

Sedjelmesse était une des principales villes du Maroc. Ses habitants engraissaient les chiens pour les manger. Nous avons déjà indiqué la date de la fondation de cette ville. La population de Biskra professe le même goût pour la chair de chien.

Notre seigneur Moussa El-Djeoun, cité plus haut, est mort dans la prison de Abou Dja'fer El-Mans'our El-A'bbâci. « Dieu, a écrit Et-Teneci, bénit sa famille en ne la laissant pas s'éteindre, car elle a donné naissance à trois branches souveraines : les Benou El-Akhider, rois de l'Yemâma, puis les Haouâchem et les Benou bou A'zîz, rois de la Mecque jusqu'à nos jours. »

A propos de ce passage de Et-Teneci, le cheikh El-Kess'âr s'exprime ainsi : « La généalogie de l'objet des bénédictions et des faveurs complètes de Dieu, Sidi Abd El-Kader El-Djîlâni, ce maître en la vie spirituelle, est la suivante : Moh'i Ed-Dîne Abou Mohammed Abd-El-K'âder, fils de Abou S'âlah' Moussa, fils de Abdallah, fils de Yah'ya Ez-Zâhed, fils de Mohammed, fils de Daoud, fils de Moussa, fils de Abdallah Abou El-Kiram, fils de Abdallah El-Djeoun, fils de Abdallah El-Kâmel, fils de El-H'assane El-Motna, fils de El-Hassane Es-Sebt, fils de Ali et de Fât'ima. Onze générations le séparent du Prophète. Cette filiation de ce grand saint de l'Islamisme est acceptée et reconnue par les historiens, tels que Ed-Dahbi dans son histoire, Sebt ben El-Djouzi dans la Mirat Ez-Zamâne, Ech-Chet'noufi dans El-Bohdja, Ibn H'adjar dans sa R'obt'a, et d'autres illustres princes de la science, dont l'autorité fait loi en pareille matière.

Abdallah Abou El-Kiram, l'un des ancêtres de Abd El-Kader El-Djîlâni, avait été désigné pour succéder à son cousin décédé, Ali ben Moussa, connu sous le nom de Er-Rid'a El-H'assani, par El-Mamoun, qui s'était engagé à le pourvoir d'une lieutenance dans son royaume. Mais Abdallah refusa cet honneur. Ce fait est raconté par El-Azouarak'ani El-Mosnaouy. La mère de Abdallah s'appelait Oum Salama bent Mohammed ben T'alh'a ben Abdallah ben Abd Er-Rahman ben Abou Becr Es-Siddik. Il fut surnommé Moussa El-Djeoun à cause de sa couleur brun foncé. Sa mère, dont le véritable nom était Hind — Oum Salama n'était qu'un sobriquet — appartenait à la postérité de Abou O'béida, l'une des dix personnes que le Prophète avait désignées comme étant entrées dans le Paradis; elle était la mère de ses deux frères : Mohammed, qui commandait à Medine, et Ibrahim qui commandait à Bas'ra et Ouacet'.

L'Imam Mâlek assure que les généalogistes ont fait suivre les noms Abdallah et El-H'assane ben El-H'assane, des mots *El-Kâmel* pour le premier et *El-Motna* (second) pour le deuxième, afin de les distinguer d'autres personnages de même nom, et bien que ces sobriquets ne leur eussent pas été appliqués pendant leur vie.

Le mot *motlat* (troisième) est également employé quand il s'agit de filiation. Consulter à cet égard l'ouvrage intitulé : *Bah'r El-Ansâb*.

Le cheikh Abd-el-Kader El-Djilâni naquit, en 470, dans le Djilâne, contrée de la Perse, à l'ouest du Kilane, au delà du Tabarstâne. Le village où il vit le jour porte le nom de Nif. Il se rendit à Baghdad pour y faire ses études. Telle devint la culture de son esprit qu'il pouvait disserter sur treize branches de connaissances ; il rendait des décisions sur les points litigieux des doctrines Chaféïte et Hanbalite. Il fut initié à la philosophie mystique par Abou El-Khéir Hammad ben Moslim Ed-Deffâs et autres. L'Imamat lui fut abandonné dans l'Irak par droit de mérite.

« Un jour, raconte le cheikh Abd-el-Ouahhâb Ech-Cha'râni, je demandai à mon professeur, Ali El-Khaouâs', s'il était admissible que le cheikh Abd-el-Kader eût suivi l'enseignement doctrinal de Ahmed, fondateur du rite hanbalite, et Sidi Mohammed El-H'anafi celui de Abou H'anifa, alors que tous les deux ont brillé comme des étoiles polaires et que, lorsqu'on est parvenu à cette haute individualité, on ne reconnaisse plus d'autre système que la loi de Dieu.

» Ces deux saints, me répondit-il, avant d'atteindre à la perfection, avaient chacun adopté un rite; quand ils furent arrivés à la plénitude de l'être, le peuple continua de les voir dans la dépendance des fondateurs de doctrines, bien que tous deux eussent renoncé à puiser dans les instructions de maîtres. »

El-H'anafi est enterré au Caire ; un splendide tombeau lui a été érigé dans cette ville. Son surnom était Abou Mohammed. On raconte de lui des miracles surprenants.

Le chéikh Abd El-Kader mourut dans la nuit du vendredi au samedi, 8 de Rabi-second de l'année 561. Son fils Abd El-Ouahhâb présida aux prières funéraires.

Ce grand saint initia de nombreux élèves à la connaissance des sens allégorique et littéral des écritures. Ces élèves, parmi lesquels furent ses dix fils, devinrent de savants et distingués professeurs.

La vie du chéikh Abd El-Kader a fait le sujet de plusieurs ouvrages qui sont : *Anouâr En-Nâd'er*, par Abdallah ben Nas'r El-Bekri Es-Seddîk'i ; *Nezhat En-Nâd'er*, par Abd El-Lat'îf ben Hibet Allah El-Hachemi ; *Bohdjet El-Asrâr*, en trois volumes, par Abou El-H'assane Ali ben Youssof ben Djarir El-Lakhmi Ech-Chet'noufi (de Chet'noufa), disciple de Ali El-Marâr'i El-Hanbali, qui eut pour professeur El-Maoufek', connu sous le nom de Ibn K'orâma, élève du chéikh Abd El-Kader.

Chet'noufa est une bourgade de l'Égypte.

Le chéikh Abou Mohammed S'âlah', enterré à Asfi, ville maritime, disait :

« Voici ce que raconta devant moi notre chéikh Abou Mediène.

» Ayant un jour rencontré El-Khad'îr (1), je le questionnai sur les chéikh de chaque contrée.

— Le chéikh Abd El-Kader, me répondit-il, est le plus grand des hommes véridiques, l'argument de ceux qui savent.

---

(1) Personnage mystérieux qui, ayant bu à la source de vie, ne doit jamais mourir. Il en est parlé dans le Coran. Son rôle est peu défini. Il parcourt inconnu le monde et ne se découvre qu'à de rares privilégiés.

» Le chéikh Abou Mediène baissa la tête et s'écria : mon Dieu, je te prends à témoin, toi et tes anges, que je crois à tout ce que j'entends raconter du chéikh Abd El-Kader. »

Une grave question fut un jour soulevée à Baghdad. Il s'agissait d'un homme qui s'était engagé par vœu à faire un acte d'adoration que personne autre que lui ne pourrait faire dans le même moment. Les sommités de la science déclarèrent impossible l'accomplissement de ce vœu. Tout à coup, le chéikh Abd El-Kader s'écria :

« Il n'y a qu'à faire le tour du temple, alors qu'aucun musulman ne s'y trouve dans le même but. »

Sidi Abd El-Kader El-Djilani eut dix fils :

Le chéikh A'ïssa, auteur des *Lat'aïf El-Anouâr*, sur le soufisme. Il se rendit au Caire et y fit des conférences sur la Tradition du Prophète ; puis il alla à Alexandrie entendre les leçons de Abou Tahar Es-Selafi, sur le même sujet. Il mourut en 573. Son tombeau, situé à K'arafa, est visité par les pèlerins ;

Le chéikh Abdallah, l'aîné de tous ses frères, qui mourut à Baghdad, en 589 ;

La chéikh Brahim, dont la postérité existe encore à Fez et en Syrie. Il mourut à Ouacit'a en 592. Ouacit'a fut fondée en l'année 83 de l'hégire, par El-H'addjâdj, entre El-Bas'ra et El-Koufa ;

Le savant et illustre chéikh Abd El-Ouahhâb, qui mourut en 593 à Bagdad ;

Le chéikh Yahya, le dernier né de cette sainte famille ; il mourut à Bagdad en 600 et fut enterré auprès de son frère Abd El-Ouahhâb ;

Le chéikh Mohammed qui mourut en 600 et fut enterré au cimetière de El-H'alya, à Bagdad ;

L'ami de Dieu, le glorieux chéikh Abd Er-Rezzâk', qui accomplit le pèlerinage de la Mecque, en compagnie de son père. C'est dans ce voyage que ce dernier rencontra, à Arafat, Abou Mediène, dont les restes sont à Tlemcène. Le chéikh Abd El-Kader ne renouvela pas son pèlerinage. Le chéikh Abd Er-Rezzâk mourut en 603 et fut enterré au même lieu que son père ;

Le chéikh Moussa, qui mourut à Damas en 618. C'est le dernier mort des enfants du saint. Il fut enterré au pied de la montagne de Kacioun.

Quelques auteurs assurent que le chéikh Abd El-Kader eut 40 enfants. L'histoire a seulement conservé le nom de ceux que leur savoir mit en relief, et qui sont les dix que nous avons mentionnés; une partie de leur postérité est en Syrie. La branche qui porte, en Égypte, le nom de K'àdrioun forme la descendance du chéikh Abd El-A'ziz; une de ses fractions s'établit d'abord en Andalousie, puis émigra à Fez lors de la prise de Grenade.

Certains biographes du chéikh Abd El-Kader El-Djilâni soutiennent que le chéikh Abd El-Djebbar-Figuig est de sa postérité.

En disant, dans mon vers, que Ismaïl réunit à Oran les contrées les plus éloignées du Sous, j'ai entendu parler des populations de Tar'oudant, de Asfi, de Tement'it et autres localités; j'ai également voulu rappeler que le Sous se divise en deux parties: le Sous le plus proche ou oriental, et le Sous le plus éloigné ou occidental. Cette division est très exacte. Le Sous oriental se compose de Maroc et du Djebel Derène; le Sous occidental comprend le pays situé au delà du Djebel Derène.

Le nom de Sous désigne également un pays des Chrétiens, et aussi une ville de Kour El-Ahouaz dans l'Irak. Au milieu du fleuve qui traverse cette ville se trouve, d'après Djarir, le tombeau du prophète Daniel, enfermé dans un cercueil de plomb.

* بحط كلكله حولها معتزما * على النزال بلم يجد محل بس *

Ismaïl disposa son matériel de siége autour de la place, afin de pousser la guerre avec vigueur ; mais il ne trouva pas l'occasion de faire sentir à l'ennemi le poids de son bras.

COMMENTAIRE

Le sultan Isma'il déploya ses tentes et celles de ses soldats sous les murs d'Oran ; il rangea ses troupes en ligne de combat et installa son matériel de siége dans un ordre parfait. Tout ces préparatifs indiquaient son intention bien arrêtée d'en venir aux mains avec les infidèles et de conduire vivement la guerre sainte. Sa cavalerie cerna les mécréants, qui se retirèrent dans leurs refuges. Dès lors, le bey perdit toute occasion de leur faire du mal et ne trouva plus de circonstances favorables pour les écraser. Les musulmans n'eurent plus qu'à supporter avec patience leur situation critique, à attendre que Dieu leur ouvrit les portes de la victoire et leur offrit la ruine de leurs ennemis. Cet état de choses se termina par la défaite d'Oran.

* فام بهيدور اياما يحتال لها * فد استعان بما حولها ڢ مخس *

Ismaïl s'établit à Heïdour pendant plusieurs jours ; il mit en œuvre les plus ingénieuses combinaisons pour réduire Oran ; il appela à son aide les tribus peuplant, autour de la ville, le territoire des Makhîs.

COMMENTAIRE

(هيدور). — Heïdour est une montagne d'Oran citée par Ibn Khaldoun.

(مخيس). — Ce n'est point aux Makhîs eux-mêmes qu'Ismaïl eut recours, à cause de la faiblesse de son armée que ne devait plus renforcer aucun contingent, mais aux populations fixées sur l'ancien territoire de ces tribus. En effet, ces populations connaissaient mieux que quiconque les endroits faibles de la place et savaient plus que tout autre les moyens propres à attirer sur la ville les calamités de la guerre. Quant aux Makhîs proprement dits, ils avaient disparu bien avant les événements dont nous parlons ; leurs traces n'existaient plus dans la contrée ; on n'apercevait plus les tentes d'aucune de leurs fractions ; le souvenir de leur nom s'était éteint de la mémoire des hommes, sans laisser le moindre vestige de rapport avec les tribus qui leur avaient succédé. Dès lors, leurs guerriers ne pouvaient se liguer pour accourir à l'appel d'un musulman en détresse. En somme, le vent de l'oubli avait effacé toute marque du passage des Makhîs dans le pays oranais; d'autres tribus occupaient les lieux où ils avaient vécu.

Ces Makhîs formaient une branche des Zar'ba, issus des Beni-Hilal. Makhîs était le frère de Souéid, comme descendant de Ibn A'mmâr ben Mâlek. Souéid était lui-même descendant de Ibn A'mmâr ben Mâlek.

Aux environs de Tripoli, se trouve la tribu de Zor'b, frères des Debbâb, branche des Beni-Soléim. La généalogie des Zor'b est la suivante : Zor'b ben Nâs'era ben Djeffâne ben A'mrou El-K'éis ben Baht ben Soléim.

On prononce quelquefois Zir'b.

On trouve le nom de la tribu des Zor'b cité dans une poésie composée par l'nâne ben Djâber, lorsqu'il fuyait le ressentiment d'Abou Zakariâ, dont il était le vizir :

« Au moment où je m'aperçus que l'amitié avait rompu ses attaches et s'en allait mourir, que le feu du désir envahissait mon âme avec l'impétuosité d'un torrent,

« Je vis un homme des Riâh', de Mâlek, de Zorb', de Dabbâb, de A'ouf, de Mâdjer. »

Les Benou-Makhîs se fixèrent dans les environs d'Oran au milieu du VIIe siècle; il en reste encore quelques groupes disséminés dans les villes et les tribus. Nous avons déjà dit quelques mots à leur sujet.

Les Soléim et les Hilal ont pour tige commune K'éis ben R'îlâne ben Mod'ar.

* اعيتـه حيلتها حزما و منعتها * عفاب جو فد ارتفى عن الردس
* بـفـال مى حيث تحت صخرتها * تـضـر لا الضريـاتى لها من انس *

Fatigué, malgré son énergie, des stratagèmes de cette ville aussi inaccessible que l'aigle au haut des airs, Ismaïl s'écria : c'est un serpent caché dans son antre; il fait du mal, sans que l'homme puisse le lui rendre.

COMMENTAIRE

(تحت صخرتها). — En parlant, dans mon vers, de serpent caché dans son antre ou sous son rocher, j'ai entendu faire allusion aux forts d'Oran : Bordj-El-Aïoun, Bordj-El-Ihoudi, Merdjadou, El-Ahmeur, etc.

Le distique suivant, dû à Abou El-H'assane Ali El-R'orâb, est la preuve de la grande éloquence et du remarquable savoir littéraire de cet écrivain :

« Les sots nient ma supériorité. N'est-il pas arrivé bien souvent que les lieux de la véritable grandeur ont été méconnus?

» Ils ont caché mon nom de peur qu'il ne se répandit dans le monde. Mais est-il besoin au pronom, pour exister, d'être exprimé? »

Cependant Ismaïl, jugeant qu'Oran resterait imprenable pour lui, abandonna le siège et revint dans sa capitale, après avoir soumis les Beni-A'mer et autres alliés des infidèles. La plupart de ces tribus s'étaient retirées, avec leurs familles et leurs troupeaux, dans les forteresses des Chrétiens; quelques-unes aidèrent activement, de leurs armes et de leurs bras, les ennemis de l'islamisme à repousser les assiégeants. Ces renégats de notre religion, pris dans les filets du polythéisme, fondaient entre les forts et en avant des Chrétiens, sur les Musulmans qu'ils frappaient impitoyablement. La retraite d'Ismaïl me rappelle ce vers de O'mar ben Ma'di-Karib :

« Il faut abandonner la chose qu'on ne peut pas et passer à une autre possible. »

« لما اراد الله عود الايمان بها ٭ افام بالجزاير مذهب الغلس ٭ »

Dieu ayant décidé le retour de la foi à Oran apporta à Alger la lumière qui devait faire disparaître l'obscurité.

COMMENTAIRE

(الجزاير). — Alger, magnifique ville sur le bord de la mer, fut bâtie par les Sanhadjiens. Nous avons rendu compte, dans les développements nécessités par le 17e vers de notre poème, de la date de sa fondation, du nom de son fondateur, etc.

Cette cité après avoir appartenue aux Benou-Bologuine, rois sanhadjiens d'Achîr et de Kairouane, passa aux mains de leur cousin H'ammâd, qui s'empara du Djebel-Ketâma et s'y fortifia par l'établissement de la kola' ou forteresse dont nous avons déjà parlé. Hammâd voyant ses armées grossir et ses étendards librement flotter sur ses conquêtes, se rendit maître de Bâdja, Bougie, Dellys et autres villes. Alger devint une des provinces de ce royaume.

Bâdis ben El-Mans'our ben Bologuine ben Zirî ben Menâd, s'avança contre H'ammâd, le repoussa de Medjâna jusqu'à l'Oued Chelif. Rallié par ses soldats, H'ammâd revint en toute hâte à sa kola', vivement poursuivi par Bâdis. Ce dernier mit le siège devant la forteresse et sa mort seule y mit fin.

El-Moa'zz, fils de Bâdis, fut salué souverain à l'âge de 8 ans.

El-K'ola' devint prospère sous la direction de H'ammâd, qui reprit possession d'Alger. A la mort de ce prince, son fils El-K'âîd lui succéda. Menacé par Ibn Zîrî ben A't'ya, El-Kâîd l'arrêta par des propositions de paix ; il eut le même succès avec El-Moa'zz, fils de Bâdis, qui allait l'attaquer, et conserva ainsi le trône à El-K'ola. Médéa et Alger, jusqu'aux frontières des Mor'raoua, firent partie intégrante de son royaume. Cette situation florissante ne subit aucun arrêt pendant tout son règne. A sa mort (446), il fut remplacé par son fils Moh'cine, dont le successeur En-Na'ceur ben A'lennâs ben H'ammâd construisit, à Bougie, vers l'année 470, la citadelle du Djebel-Louloua, l'un des plus grand châteaux forts que l'on connût.

Ibn Khaldoun, parlant du Mar'reb, dit que Bougie fut fondée par En-Nâs'eur ben A'lennâs, qui eut pour fils et successeur El-Mans'our.

Youssof ben Tachefine s'était emparé de Tlemcène sur la famille de Ya'la l'ifrinide (474). Après avoir confié le commandement de cette ville à Mohammed ben T'inamer El-Moussaouy, il fit irruption dans le pays des Sanhadja, dont il attaqua les places frontières, entre autres Alger. El-Mans'our marcha contre lui, ruina ses villes fortes, les châteaux de Makhoukh, le réduisit à la dernière extrémité et l'obligea de signer la paix. Le pays des S'anhadja échappa ainsi à la domination des Almoravides.

Mans'our détruisit les forteresses d'El-Dja'bât et d'Amrât. La guerre qu'il entreprit contre Makhoukh se termina par la mort de ce dernier, dont le fils se rendit à Tlemcène pour implorer le secours d'Ibn Tina'mer. Ces deux alliés marchèrent sur Alger qu'ils assiégèrent pendant deux jours.

Ibn Tina'mer étant mort, son frère Tachefine ben Tina'mer fut désigné par Youssof ben Tachefine pour le remplacer. Le nouveau gouverneur conquit Achîr, Alger et rentra à Tlemcène. El-Mans'our sortit de Bougie à la tête des tribus orientales et se dirigea contre Tlemcène. Il établit son camp à Oued-Es-S'afc'if. Tachefine se porta à sa rencontre avec ses troupes; mis en complète déroute, il se réfugia dans le Djebel Es-S'okhrâ. Les soldats d'El-Mans'our livrèrent Tlemcène au pillage. C'est alors que H'aouâ, épouse de Tachefine, se rendit auprès d'El-Mans'our et fit valoir auprès de ce prince les liens de parenté qui les unissaient, les uns et les autres, à la grande famille sanhadjienne. El-Mans'our la reçut avec bienveillance et revint à El-K'ola.

A la suite de la conquête de l'Andalousie par Youssof ben Tachefine, El-Moa'zz Ed-Dawla ben S'emadeh' quitta Alméria et se réfugia à la cour d'El-Mans'our, qui lui donna Dellys en appanage et lui assigna cette localité comme séjour.

Mans'our, mort en 498, fut remplacé par son fils Bâdîs, homme d'une violence et d'une cruauté extrêmes. El-A'ziz succéda à son frère Bâdîs et épousa la fille de Makhoukh ; son règne fut long. Son conseil était composé des savants du pays pour l'étude des questions gouvernementales. Djerba et Tunis se rangèrent sous ses lois. Pendant son règne, les Arabes s'établirent à El-Kola. Vers le milieu de l'année 510, El-Mehdi, fils de Toumert, venant de l'Est, s'arrêta à Bougie. Là il voulut introduire des réformes dans les mœurs. L'attention de El-A'zîz ayant été appelée sur sa conduite, El-Mehdi se retira chez les Benou-Ouriaguel, se fixa au milieu d'eux et les initia à ses doctrines. El-A'zîz le manda auprès de lui ; les Benou-Ouriaguel prirent fait et cause pour leur hôte et le soutinrent de leurs armes, jusqu'à ce qu'il se fût retiré dans le Mar'reb.

El-A'zîz mourut en 515. Son fils Yahya lui succéda. Ce dernier est le créateur de la monnaie des rois de sa famille. Le dinar qu'il fonda offrait, sur chaque face, trois lignes d'écriture et une légende circulaire. L'une des faces portait cette inscription : « Craignez un jour où vous serez ramenés à Dieu, où chaque âme sera traitée selon ses œuvres, sans qu'elle ait à redouter l'injustice. » Les trois lignes de la même face se composaient de ces mots : « Il n'y a de dieu que Dieu. Mohammed est l'envoyé de Dieu. Se met sous la sauvegarde de Dieu, Yahya ben El-Aziz Billah, le prince victorieux. » A la légende de l'autre face, on lisait après l'Au nom de Dieu : « Ce dinar a été frappé à Nas'erya (Bougie) en l'année 543. » Quant aux trois lignes centrales d'écriture, elles étaient ainsi conçues : « L'imâm El-Mok'tafi Bi-Amrillah Abou Abdallah Amir El-Mouminine El-Abbaci. »

Yahya s'adonnait aux plaisirs, à la chasse, aux femmes sans se soucier de la fortune qui tournait le dos aux tribus sanhadjiennes. Il avait nommé, au gouvernement d'Alger, son frère El-K'aïd ben El-A'ziz ben El-Mans'our. Lorsque les vents heureux cessèrent de favoriser en Afrique les desseins de ses cousins, les Oulad-Badîs, que Djordjine ben Menh'âïl, chef chrétien, les eut réduits aux abois, Yahya envoya ses escadrons qui recueillirent

El-H'assane, dernier roi d'Afrique de la dynastie sanhadjienne; il établit à Alger, auprès de son frère El-K'aïd, ce monarque détrôné. Quant à la cause qui avait amené les Chrétiens à attaquer la ville frontière, capitale d'El-H'assane, ce fut l'expédition que Ali ben Youssof ben Tachefine avait dirigée contre la Sicile sous le commandement de Mohammed ben Méimoun, expédition dans laquelle ce général s'était emparé d'une ville et en avait fait captive la population. En effet, le roi de Sicile ne doutant pas, bien que cela fût faux, que El-H'assane n'eût été l'inspirateur de ce coup de main, équipa 300 vaisseaux dont il confia le commandement à Djordjine ben Menhâïl. Cette flotte portait de nombreuses troupes chrétiennes, dont 1,000 cavaliers. Djordjine occupa le château de Ed-Demas et revint en Sicile après avoir eu à soutenir de longs combats dans lesquels il perdit beaucoup de monde.

Les Ahmohades ayant tourné leurs efforts contre Alger, El-K'aïd, frère de Yahya, quitta cette ville. Les Algériens reconnurent aussitôt pour chef El-H'assane. Celui-ci alla à la rencontre de Abd El-Moumène, qui lui donna l'amane et se présenta tout à coup sous les murs de Bougie. Yahya essaya d'un combat contre lui et fut mis en déroute. Abd El-Moumène devint ainsi maître de Bougie.

Yahya, auquel la route de Baghdad était fermée, se retira à Bône, auprès de son frère El-H'âret; de là il passa à Constantine, où son frère El-H'assane le recueillit et lui abandonna la direction des affaires. Il se soumit à Abd El-Mommène an 547. Transporté à Maroc, il s'y fixa d'abord, puis établit sa résidence à Selâ (Salé), dans le château des Benou-El-A'chera. C'est là qu'il mourut.

Yahya fut, pour El-K'ola', Bougie et Alger, le dernier des rois sanhadjiens, dont l'empire a disparu jusqu'à nos jours sans laisser aucune part ni traces, ni reste de vie. Le nom de cette dynastie berbère s'est fondu et anéanti au milieu de nouvelles sociétés et son histoire n'entre plus dans le cercle des connaissances actuelles. Il en est de même pour les rois d'Afrique, cousins des Sanhadjiens.

Le château de Selâ fut appelé K'as'r-des-Benou-El-A'chera (château de la famille des dix), à cause de l'étrange fait suivant :

Une femme avait mis au monde dix enfants d'un même accouchement. Le père plaça sur une table les nouveaux-nés et les porta au prince, qui leur fit don de 1,000 dinars. Avec cet argent, l'heureux père éleva dix maisons à sa progéniture. On peut consulter, pour la foi qu'il faut accorder à cette prodigieuse fécondité de la femme, les commentaires de la loi sur les successions. Je n'ai pas cité le nom du sultan, dont la générosité mit à même ces dix enfants d'avoir dix maisons, parce qu'il n'y a pas accord entre l'époque de son règne et celle où Yahya vint se fixer à Selâ.

Alger, comme toutes les autres villes des deux Mar'reb, tomba au pouvoir des Almohades. Les cités du Mar'reb oriental lui-même ne furent pas à l'abri de leurs armes. Ainsi Tripoli fit, par intervalles, partie de leur empire; Tunis leur appartint pendant la plus grande partie de leur ère et sous leurs premiers khalifa. Lorsque le vent de la prospérité cessa de souffler sur cette branche souveraine, que la vieillesse décrépite, suivant la loi commune à tous les empires passés, eut effacé son ancienne vigueur, Abou Zakaria le hafcide, de la famille des Almohades, se déclara indépendant dans la province d'Afrique. Cet émir s'était décidé à s'affranchir de la suzeraineté, quand il apprit que El-Mamoun, roi de la race de Abd El-Moumène, changeait les bases fondamentales de l'empire almohade, instituées par son créateur, El-Mahdi, et donnait une autre forme à la monnaie carrée, connue chez nous sous le nom de monnaie de Abd El-Moumène et qui, comme on le sait, porte cette inscription : « Dieu est notre maître, Mohammed notre prophète, le Mahdi notre imâm. » Dans la khot'ba ou prône du vendredi, Abou Zakariá raya les noms des princes almohades et, après le nom de l'imâm El-Mahdi ben Toumert, mit le sien accompagné seulement du titre d'amir ou prince. Un poète fit à ce sujet ce vers :

« Complète le mot Amir par celui d'El-Mouminine, car dans tout l'univers tu es seul à mériter ce titre. »

Jusqu'à la fin de son règne Abou Zakariá refusa d'écouter ce conseil de courtisan.

Alger, Tlemcène, le Zab et autres contrées reconnurent ses lois et furent successivement agrandies par lui ou ses successeurs. Ces embellissements furent interrompus par l'apparition du berger Ibn Abou A'mâra qui ébranla le trône des Hafcides et brisa l'harmonie de leur puissance, — chose fort ordinaire dans les affaires de ce monde.

Les Benou-Abd-El-Ouâd tournèrent également leurs vues sur Alger. L'un des plus cruels rois de cette race, le sultan Abou H'ammou Moussa ben O'tmâne, auquel le champ avait été laissé libre par la révolte de Mohammed ben Abou Ac'ida, sultan de Tunis, et de Abou Zakariâ, deuxième roi de ce nom, sultan de Bougie. Ce fut en 711, sous le règne du sultan Abou El-Lih'yâni, roi de Tunis, que Abou Hammou s'empara d'Alger sur le kaïd de H'arrouba, fils de son oncle Mohammed ben Youssof ben Yar'moracène. Lorsque vers le commencement du 8ᵉ siècle, Youssof ben Y'ak'oub El-Merînî mit le siège devant Tlemcène, Abou Zakariâ, seigneur de Bougie, était l'allié de O'tmâne ben Yar'moracène, et Mohammed ben Abou Ac'ida, sultan de Tunis, que le saint, le vertueux Abou Mohammed El-Merdjani avait élevé physiquement et moralement, prit parti pour Youssof El-Merînî. Quand Youssof, occupé au siège de Tlemcen, sut que Abou Zakariâ prêtait le concours de ses soldats à O'tmâne, il envoya contre ces deux alliés les escadrons des Benou-Merîne, les battit et les mit en déroute. Sous l'inspiration de Abou A'c'ida, sultan de Tunis, Youssof fit partir ses soldats sous la conduite de son frère Abou Yahya, avec mission de se rendre maître de Bougie ; cette ville fut réduite à la dernière extrémité et le pays ravagé par les troupes mérinides. Ils se replièrent ensuite sur Youssof, qui se disposait à bloquer Tlemcène.

En 703, Mohammed ben Abou A'c'ida envoya à Youssof, par l'intermédiaire du chef des Almohades, Abou Abdallah ben Akmazer, de nombreux présents qui, entre autres objets, comprenaient une selle, un sabre, des éperons sertis de rubis et de perles. En retour, il reçut de Youssof ben Ya'k'oub un riche cadeau où se trouvaient 300 mulets.

Sous le règne de Ibn Abou A'c'ida, en 705, les Eulama de Tunis tuèrent H'addâdj des Ka'oub, qui avait fait montre de mépris pour la mosquée en y entrant chaussé de ses brodequins. « Par Dieu, répondit-il aux observations qui lui furent faites sur son peu de respect pour le lieu saint, c'est ainsi que je pénètre dans les cours des souverains. » Il fut assassiné dans une rue de Tunis par l'ordre de Ibn Abou A'c'ida. Tel est le récit que fait de cet événement, El Ouancherici, dans l'ouvrage intitulé *El-Mie'iár*, Ce H'addâdj était Ibn O'béid ben Ahmed ben Ka'b; il appartenait à une branche des Soléim. La tribu dont il était le chef portait le nom de Ka'oub et était fort connue dans l'Afrique.

A partir de l'an II, Alger resta sous l'obéissance des rois Abdelouadites de Tlemcène; mais en 748 elle fut prise, ainsi que l'Afrique et Tripoli, par Abou El-H'assane, lequel s'était déjà emparé de Tlemcène. Alger devint la plus humble et la plus fidèle cité de son empire.

Après le désastre de Kairouane, Abou El-H'assane vit son fils Abou I'nâne F'árès proclamer l'indépendance du royaume du Mar'reb, les Benou-Abd-El-Ouad rétablir leur empire et leur fortune, et se relever tout d'un coup, après avoir un instant chancelé. Abou El-H'assane, rentré à Alger par mer, réunit des contingents et marcha contre Tlemcène. Il perdit la bataille de Tássala, et son fils En-Nas'eur y fut tué. Ouâterma Es-Souéidi mit le vaincu en sûreté dans les montagnes des Mas'mouda, près de Maroc.

Abou I'nâne et son père continuèrent à guerroyer l'un contre l'autre et leur lutte se termina par la maladie et la mort de ce dernier (752), dans le Djebel Abd-El-A'zîz-ben-Mohammed-El-Hentâti. Celui-ci avait protégé l'illustre proscrit contre les entreprises de son fils, l'avait secouru de ses troupes et même avait combattu pour lui ; il le soigna pendant sa maladie et, à sa mort, pourvut aux frais des funérailles, plaça lui-même son cadavre sur le corbillard, tant il le tenait en haute estime et considération. Le sultan Abou I'nâne, auquel Abd El-A'zîz avait dépêché son propre fils pour l'informer de la triste nouvelle, se porta à la rencontre du funèbre convoi, les yeux pleins de larmes; il marchait pieds nus, l'air profondément affligé, et baisait la terre sur le passage de la dépouille mortelle. Il pardonna à Abd El-A'zîz et le combla de bienfaits. Cette noble conduite lui acquit une certaine influence sur le chef des Hentâta.

Abou l'nâne, après l'entière soumission du Mar'reb, dirigea ses troupes contre Tlemcène, fit une horrible tuerie de ses habitants et s'acharna tellement après eux qu'il les passa presque tous au fil de l'épée (753). Il se rendit maître du Mar'reb central. Alger se dévoua au service de son vainqueur et fut placée sous l'autorité d'un A'mel ou Préfet. Il manda ensuite à Abou Abdallah, qui avait prit Bougie aux Hafcides, de surveiller les Benou-Abd-El-Ouâd fugitifs. Ce prince envoya des émissaires qui rencontrèrent Mohammed, fils du sultan abdelouadite Abou Sa'idya O'tmâne ben Abd Er-Rahmane, puis le frère ce ce dernier, Abou Tâbet, ainsi que le vizir Yahya ben Daoud. Ces princes furent enchaînés et livrés à Abou l'nâne. Après avoir mis à mort Abou Saïd, les bourreaux demandèrent lequel des deux survivants était Abou Tâbet, afin de ne point le confondre avec Yahya ben Daoud qu'ils ne connaissaient pas.

— C'est moi, répondit le vizir, qui suis Abou Tâbet, et voici Yahya, ajouta-t-il en montrant le prince.

Yahya fut mis à mort ; mais son généreux sacrifice sauva la vie de **Abou Tâbet**.

Ce dévouement est sublime ; je n'en connais pas qui puisse lui être comparé, sauf celui de Ka'b ben Omâma, qui donna sa provision d'eau à un autre et mourut lui-même de soif.

Tlemcène resta en ruines pendant plusieurs années. Un devin célèbre, du nom de Moussa ben S'alah', qui eut quelque connaissance de l'avenir réservé aux états pas l'inconstante fortune, avait dit autrefois : « Tlemcène sera labouré par un jeune esclave noir, à l'aide d'un bœuf noir. » Cette prédiction se vérifia en 760 ou 761, à la suite de la dévastation de la ville par Abou l'nâne.

Le Tlemcène d'aujourd'hui s'appelait *Tikrâret*, dont le sens est *ma'sker* (camp). Cette dénomination lui venait de ce que l'armée de Youssof ben Tachefine campa sur cet emplacement, où l'illustre Abou H'ammou construisit, pour l'armée, un monument resté célèbre jusqu'ici.

Les habitants de la vieille cité vinrent peupler la nouvelle.

C'est ainsi que la fondation de la nouvelle ville devint la cause de l'abandon et de la ruine de la vieille.

A la mort de Abou l'nâne, l'empire des Benou Ziâne fut rétabli en la personne de leur prince Abou Tâbet, dont nous avons parlé et qui est le sultan le plus en relief de cette dynastie. Ce roi reprit possession de son royaume, dont faisait parti Alger.

Comme on le voit, Alger passa tour à tour aux mains des rois de Tlemcène et des rois d'Afrique, c'est-à-dire appartint à celui qui s'en rendait maître. Parfois, certains de ses chéikh réussirent à se déclarer indépendants. Ce manque de stabilité ne prit fin qu'à l'avénement des souverains turcs, en 915.

Le premier roi turc fut le sultan H'assane Khéir Ed-Dîne, prince des Musulmans, qui excella dans l'art de régner, fut le joyau le plus brillant de l'écrin des monarques ottomans, car son caractère concordait avec chaque circonstance et sa politique fut toujours suivie de succès. C'est lui la principale cause de la fortune des Turcs, le pivot de leur renommée. D'une figure très belle, éloquent et persuasif, généreux, d'une intelligence hors ligne, ce grand homme, avant son avénement au trône d'Alger, avait déjà exécuté de nombreux coups de main contre la terre des infidèles. Dans ses courses en pays ennemi, il obtint toujours les faveurs de la victoire et en retira, en abondance, les biens de ce monde. Voici quelques détails sur sa naissance et sa vie.

Le sultan Ba-Yazîd, fils du sultan Mohammed, vainqueur de Constantinople, fils du sultan Merâd, de la famille de O'tmâne 1er le Turcoman, souche des glorieux khalifa de l'islamisme, trônant à Constantinople, avait conquis une île de l'Archipel appelée Medeli (Mételin-Lesbos) et y avait implanté une colonie de Turcs. Ces nouveaux insulaires demandèrent au sultan l'autorisation — qu'il leur accorda — de contracter mariage avec les filles des tributaires chrétiens, habitants de l'île. L'un d'eux eut, de son mariage avec une chrétienne, trois fils : A'roudj connu sous le nom de Raïs, Khéir Ed-Dîne et Ish'âk. A'roudj était l'aîné. La jeunesse de ces enfants fut façonnée aux rudes vertus de l'homme de guerre. Ils se livrèrent d'abord au commerce, puis armèrent des vaisseaux contre les infidèles qu'ils abreuvèrent de douleurs et les traitèrent avec la plus grande rigueur. Dans un combat livré près de Bougie, A'roudj perdit la main. Bougie était alors peuplée d'infidèles, qui y étaient entrés à la faveur de la ruine des Hafcides et de la dispersion de leur puissance entre les mains de nombreux chefs ; elle ne leur fut arrachée qu'en 961.

Les trois frères venaient dans les ports musulmans pour vendre leurs prises et s'y ravitailler. Khéir Ed-Dîne ayant un jour mouillé dans le port d'Alger, afin de s'y défaire comme d'habitude de son butin, la population de cette ville, vu le peu de consistance des familles royales de Tlemcène ou de Tunis, lui proposa de le prendre pour roi. Il accepta.

La mésintelligence ne tarda pas à naître entre les Algériens et leur nouveau chef. Khéir Ed-Dine s'emporta contre ses sujets et quitta sa capitale où, d'un an, il ne reparut plus. Il finit cependant par se rendre aux sollicitations des Algériens, qui s'engageaient à une entière soumission et obéissance. Toutefois, il exigea comme condition de sa rentrée dans la ville, la mort des mutins. Une liste des auteurs de la sédition fut dressée et on se disposait à leur ôter la vie, lorsque Kéir Ed-Dine s'écria :

— Ne tuez que les plus criminels.

Un triage réduisit les coupables à quelques personnes seulement.

— Cherchez bien, recommandait cet excellent Turc, les véritables rebelles, et prenez garde de mettre à la charge de celui-ci le crime de celui-là.

Ce roi vertueux n'agissait avec tant de circonspection que par crainte de répandre le sang innocent. On assure qu'il ne cessa de mettre des bornes au zèle des Algériens que lorsque les gens arrêtés furent descendus au chiffre de trois, et encore prescrivit-il de bien instruire leur affaire. On pendit sur les remparts ces trois principaux auteurs de la révolte, premiers condamnés sous le gouvernement turc.

Khéir Ed-Dîne voyait souvent le Prophète en songe. D'une extrême simplicité dans la vie matérielle, d'une grande austérité de mœurs, d'une piété scrupuleuse, il n'accepta le pouvoir souverain que lorsqu'on le lui eut démontré comme une nécessité à laquelle il devait obéir. Quelqu'un complota de l'assassiner et, dans ce but, chercha à corrompre un jeune esclave ; quand l'intention criminelle de cet homme lui fut connue, Khéir Ed-Dîne coupa le mal dans sa racine.

Khéir Ed-Dîne ne tarda pas à voir son pouvoir solidement affermi à Alger : il avait déjà saisi d'une main ferme et habile le gouvernail des affaires, créé une belle et nombreuse armée, restauré les parties dégradées de l'édifice gouvernemental, lorsque le jurisconsulte Sid Ahmed ben El-K'âd'i, homme recommandable par sa science et la générosité de son caractère, que l'auteur d'*El-Mer'àrissa* compte parmi ses ancêtres, tenta le renversement de l'ordre des choses, fit entrer dans ses vues les rois zianites de Tlemcène, leur conseilla de déclarer la guerre à l'usurpateur et d'entrer aux prises avec lui.

L'auteur de *Ed-Dorar El-Meknouna fi naouâzel Mazouna* (les perles cachées dans les événements de Mazouna) cite ce savant, natif de Medjadja, à propos du statut du mariage.

Les fils, les frères et les compatriotes de Sid Ahmed ben El-K'âd'i donnèrent l'hospitalité au cheikh A'li Abehloûl El-Ouett'âci, suivirent ses leçons sur les sens littéral et allégorique des saintes écritures, le chargèrent de l'administration des Ouak'f et instituèrent des legs pieux en sa faveur. A sa mort, il fut remplacé, dans l'enseignement, par ses deux fils, Mohammed ben A'li et Ech-Chéikh Abou A'li. Le chéikh Abd Er-Rah'mâne ben Abd El-K'âder, auteur d'El-Mer'àrissa fut l'un de leurs disciples.

Le chéikh Ahmed ben El-K'âd'i, l'un des personnages les plus marquants du Mar'reb, parvint à armer les Benou-Ziâne contre Khéir Ed-Dîne ; mais il n'eut de succès dans aucune de ses tentatives, vu l'affaiblissement progressif des Benou-Ziâne, l'épuisement marqué des forces vitales de leur empire, qui ne donnait plus l'ombre protectrice d'autrefois, depuis surtout qu'Oran avait été arrachée à leur domination.

En ce temps là, les savants illustres, les jurisconsultes célèbres abondaient dans cette partie du Mar'reb. On y trouvait, outre personnages que nous avons nommés, l'imâme El-Mak'îli à Tlemcène ; El-Ouancherîci, auteur d'*El-Mie'iar*, enterré à Fez; Abou Abdallah El-Mor'râouy, auquel on a élevé deux kobba sur les bords du Chelef. Avant eux avaient vécu, au IXe siècle, Sid Ahmed El-Marîd', habitant un des villages de Ouarancherîs et contemporain de Ibn A'rfa. Au VIIe siècle avait appartenu Abou El-A'bbâs Ahmed El-Meliâni, jurisconsulte éminent et traditionniste distingué ; il en est parlé dans le Mie'iar et le Dorar.

Cet Abou El-A'bbâs avait la présidence de tous les conseils d'administration dans le Mar'reb central. La faveur dont il était l'objet fit remettre à son fils, Abou A'li, la conduite sans contrôle des affaires publiques. Celui-ci profita de la guerre des Mor'râoua et de Yar'moracène pour s'emparer de Miliana et s'y faire reconnaître prince indépendant. El-Montacer, sultan de Tunis, leva une armée contre cet agitateur; il en donna le commandement à son frère Abou H'afs', qui prit d'assaut Miliana. Abou A'li s'enfuit aux A'tt'af et Miliana fut remise aux Benou-Mendîl.

Avant d'être aux Benou-Mendîl le pays avait appartenu aux Benou-Ouriabène dont une partie était nomade.

L'imâm El-Mazîrî, dont nous avons déjà eu l'occasion de citer le nom, a écrit un livre sur l'origine des tribus du Mar'reb central. Il y dit que les Mah'âl, habitants d'El-Bot'h'a, sont issus des Benou-Hilâl. Quant aux tribus désignées sous le nom d'El-Med'âreb, tels que les Benou-Dek'îche, les Benou-H'oméirat-El-A'bd et les Benou-A'râdj, elles descendraient, selon Ibn Khaldoun, des Benou-Makhzoum, postérité de S'a's'ʊ' ben H'ârita, issu lui-même de Hichâm ben Isma'ïl El-Makhzoumi. Cette opinion d'Ibn Khaldoun est parfaitement fondée. Maintenant, quand on considère l'aveu fait, par les Meh'âl, des droits de suzeraineté et de suprématie qu'avaient sur eux les Med'âreb, on en arrive à adopter l'opinion d'El-Mazîrî. Les Med'âreb, avant l'évanouissement de leur gloire et la disparition de leur belle fortune, ne mariaient point leurs filles aux Meh'âl. Du reste, il n'était jamais venu à l'idée de ces derniers d'aspirer à une pareille alliance : leur ambition ne s'était point élevée jusque là. Cette situation d'infériorité leur avait été léguée par leurs ancêtres et ils s'en contentaient.

Trois groupes de populations appartenaient aux Med'âreb: l'un était dans la tribu de Chekâla, un autre chez les Oulad-Fâres et le troisième à l'Oued Slt. On ne parle plus aujourd'hui ni des uns ni des autres; leurs traces ont entièrement disparu.

On dit que le saint, le vénérable Sidi En-Nâc'eur ben Abd Er-Rah'mâne était originaire des Beni-Makhzoum. La vérité à cet égard n'est bien sue que de Dieu.

Après cette digression je rentre dans mon sujet.

Khéir Ed-Dîne eut également à lutter contre Mohammed ben A'li, chef arabe d'Afrique, qui, dans le but de le perdre, devint l'âme d'intrigues à la cour des H'afcides, à Tunis. Cet aventurier fut tué, dit-on, dans les guerres qu'il fit naître.

Les populations du Mar'reb central envoyèrent une députation à Khéir Ed-Dîne et l'appelèrent au milieu d'elles. Pendant qu'il était en marche, il nomma son frère, Ish'ak', gouverneur de la K'ola' ou forteresse des Benou-Râched. Aussitôt entré à Tlemcène, il y plaça son frère, A'roudj, comme gouverneur. Après son départ, El-Mase'ou'd, roi de Tlemcène, ourdit une conspiration, leva une forte armée, monta dans la chaire de la grande mosquée et parla du royaume d'Alger; il parvint à inspirer à la population le désir de la restauration du royaume des Abd El-Ouadites. A'roudj, attaqué, fut chassé de la ville. Mais cet homme énergique revint à la tête de ses partisans, reprit Tlemcène de vive force, mit à mort sept princes de la famille des Benou-Ziâne et massacra une soixantaine de leurs cousins, les Oulad Abd El-Ouad, ainsi que plus de mille habitants de Tlemcène. Des mesures cruelles apaisèrent l'idée de révolte des Tlemcéniens. El-Mase'oud, voyant A'roudj solidement affermi à Tlemcène, se rendit à Oran, d'où, avec le secours des Chrétiens, il marcha contre Ish'ak', à El-K'ola'. Il établit son camp à El-Berrâk' et, de ce point, canonna la forteresse. Quand les assiégés se furent rendu compte de la force de l'ennemi et de leur propre faiblesse, ils capitulèrent et livrèrent la ville. A peine ces malheureux avaient-ils franchi les murs de la citadelle que les assiégeants manquant à la foi jurée, les attaquaient et tuaient

Ish'âk'. « Mon père, raconte Es-S'ebbâr', fut du nombre de ceux qui furent égorgés ce jour là. »

El-Mase'oud, toujours aidé des Chrétiens, prit la direction de Tlemcène pour y assiéger A'roudj. Celui-ci trouvant que le siège trainait en longueur, sortit secrètement de la ville avec ses compagnons d'armes, chargé seulement de quelques dépouilles. Cette fuite réussit tout d'abord, mais poursuivi et rejoint, dans le djebel Beni-Moussa, il périt avec son escorte. Cet événement eut lieu le jour de la fête qui terminait le jeûne de l'année 935. A'roudj était resté maître absolu de Tlemcène pendant une année environ.

On rapporte que A'roudj était à peine installé à Tlemcène que la population se soulevait contre sa tyrannie, le chassait de la ville ; puis, dans l'effroi de son retour au milieu d'eux, courait tout alarmée implorer le secours de l'ami de Dieu, Ibn Mellouka. Celui-ci fit appel à la colère de Dieu, et il paraît que c'est à la suite de cette invocation que A'roudj périt dans le djebel Beni-Ournîd. Nous n'affirmons pas l'authenticité de ce récit.

J'ai lu dans une histoire des victoires d'Alger, que Khéir Ed-Dîne entra deux fois à Tlemcène : la première fois lorsqu'il en nomma son frère gouverneur; la seconde après la mort d'A'roudj, qui lui servit de prétexte pour l'établissement immédiat d'une h'anba (garnison turque) dans la place, où elle est encore actuellement. Cette mesure en tranchant dans le vif, mit un terme aux rébellions qui ne reparurent plus.

Bientôt Khéir Ed-Dîne se prépara à repousser une attaque dirigée contre Alger par terre et par mer.

Le port de cette ville était alors aux mains des Espagnols, peuple infidèle, qui y possédaient une forteresse, celle même où se trouve aujourd'hui le phare. Tant que dura cet état de choses, Musulmans et Espagnols vécurent tantôt ne cachant point l'aversion qu'ils ressentaient les uns pour les autres, tantôt conservant les apparences d'une bonne intelligence, d'autres fois vivant sur le pied d'une bonne et franche paix ou cherchant à se surprendre en défaut de vigilance. Cette forteresse était entourée par la mer, car la chaussée qui la relie à la terre ferme ne fut construite que plus tard par les rois turcs.

Avant la fondation d'Alger par Bologuine ben Zîrî, les Beni-Mezer'nna et la plus grande partie de la Métidja payaient tribut aux détenteurs de la forteresse dont il s'agit. Lorsque Bologuine, le Sanhadjien, eut bâti la ville, l'eut entourée de remparts et y eut mis garnison, les Chrétiens renoncèrent à cette redevance coutumière et consentirent à la remplacer par des échanges commerciaux.

Après un blocus entremêlé d'attaques et d'armistices, Khéir Ed-Dîne finit par se rendre maître de la citadelle du port d'Alger (948). En 956, il obligea également les Benou-Ziâne à renoncer à tout espoir de jamais rentrer en possession de Tlemcène.

J'ai lu dans une relation des victoires d'Alger, pendant le règne de Khéir Ed-Dine, que ce prince, venu pour la première fois dans cette capitale vers 915, en construisit les remparts en 924. S'il est vrai, comme dit l'auteur de cette relation, que Khéir Ed-Dîne ait élevé ces remparts, que penser de ce que j'ai dit précédemment que Yahya ben R'ânia pendit Mendîl ben Abd Er-Rah'mâne sur ces mêmes remparts, au commencement du 6e siècle? On ne peut concilier ces deux opinions contradictoires qu'en supposant que Khéir Ed-Dîne construisit une nouvelle enceinte après avoir détruit la première. Dieu est le plus savant.

Non seulement Alger fut en butte aux attaques des Chrétiens de tous les pays, mais elle fut encore une cause constante de guerre entre nous.

La première attaque des Chrétiens se fit, avec 300 vaisseaux, après la conquête turque, en 925. Dieu les jeta en déroute et nous permit d'en tuer un grand nombre, soit plus de 10,000.

Sous le règne de Khéir Ed-Dîne la ville fut de nouveau menacée par les Chrétiens. Dieu leur fit encore subir un désastre et les Musulmans en firent captifs environ 3,000.

A la suite de la prise de Bordj-El-Morsa (Peñon) par les Musulmans en 948, le roi des Chrétiens dirigea lui-même une troisième attaque contre cette ville avec 700 vaisseaux. Dieu envoya un vent qui brisa la plupart des navires. Ceux de nos ennemis qui abordèrent le rivage furent tués. Le roi chrétien s'en retourna avec 12 vaisseaux seulement.

Toutes ces expéditions eurent lieu sous le règne de Khéir Ed-Dîne. Que Dieu lui fasse miséricorde !

Ce souverain portait deux titres : celui de Bacha et celui de Daoulatli.

Alger n'était certainement pas la première ville assaillie par les infidèles. L'exemple d'une cité musulmane, exposée aux coups des Chrétiens, remontait déjà fort loin, à Constantin, fils de Herk'el (Heraclius), c'est-à-dire à une date postérieure à la prise d'Alexandrie et de sa cathédrale par les Musulmans. Les vrais croyants, sous le règne du khalifa O'mar, s'étaient déjà emparés, il est vrai, de cette ville ; mais les Chrétiens y étaient rentrés au commencement du règne du khalifa O'tmâne, pour en être de nouveau expulsés. A'mer ben El-'Aci jura qu'il laisserait Alexandrie ouverte à tout venant comme la demeure d'une femme débauchée. Quand, après la destruction des fortifications, Constantin vint, en hiver, attaquer cette grande cité avec mille vaisseaux, une tempête fit sombrer tous ses navires, moins celui qui le portait. Ayant abordé en Sicile, ce général fut introduit dans une étuve ; là, on se rua sur lui et il fut assassiné en punition de l'imprudence qu'il avait eue d'entreprendre une expédition navale en plein hiver.

En 1071, sous le règne de Ramad'âne-Bacha, les Anglais attaquèrent aussi Alger avec 23 vaisseaux de haut bord et la bombardèrent sans aucun résultat.

En 1093, sous le règne de H'assane-Bacha, les Français arrivèrent à Alger avec 25 vaisseaux. Ils couvrirent cette ville de bombes, la détruisirent en grande partie et ruinèrent quelques mosquées. Cherchell eut également à souffrir de leur bombardement. Les Musulmans eurent la joie de capturer un vaisseau monté par un groupe de chefs chrétiens. Les Infidèles reprirent le chemin de leur pays sans avoir retiré le moindre avantage de leur expédition.

L'année suivante, sous le règne du même Bacha, les Français, avec 80 vaisseaux, renouvelèrent leur attaque. Dès le troisième jour de leur arrivée, ils bombardèrent la ville. Une bombe monstrueuse tomba sur le palais du gouvernement, et ce Bacha voyant les moyens de salut se rétrécir à chaque instant, signa, sans consulter aucun des membres de son conseil, la paix avec ses adversaires et accepta la condition de délivrer les captifs chrétiens, ainsi que de payer les frais de la guerre. Les ennemis de Dieu s'en retournèrent pleins de joie. Peu de temps après, les Turcs mirent leur prince à mort et le remplacèrent par H'assane-Bacha, connu auparavant sous le nom de H'assane-Raïs.

Le nouveau roi envoya ce message au chef maudit des Chrétiens : « Renvoyez les captifs musulmans si vous voulez conclure la paix; mais n'espérez rien de nous en échange. » A cette nouvelle, le Chrétien impie fondit, la même année, sur Alger et détruisit environ 300 maisons; une quarantaine de Musulmans furent tués pour la foi. L'ennemi de Dieu s'en retourna déçu dans ses desseins.

Les Espagnols menacèrent Alger l'an 1119, sous le gouvernement de Mohammed-Bacha. Ils débarquèrent près d'El-H'arrâche, y établirent des retranchements à l'aide de madriers, de planches, etc., et allumèrent les torches de la guerre. Ils passèrent la nuit dans leur camp. Le lendemain matin, dimanche, un peu avant l'aurore, Dieu les mit en déroute. Leurs morts furent si nombreux que Dieu seul en connut l'importance. Ils se rembarquèrent déçus dans leur espoir, sans avoir retiré le moindre profit de leur audace. Environ 400 Musulmans obtinrent le martyr dans cette circonstance. On leur éleva des tombeaux près de Aïn Er-Robt'. Les Espagnols étaient arrivés avec 500 vaisseaux, dont les carcasses restèrent dans les sables d'El-H'arrâche comme un enseignement utile aux siècles futurs. Notre prince, victorieux par la grâce de Dieu, Sidi Mohammed ben O'tmâne-Bey, prit part à cette victoire. Le courage et l'application qu'il montra dans la lutte firent de cette guerre l'un des épisodes les plus glorieux de son règne et les plus dignes de passer éternellement dans la mémoire des hommes.

Les Espagnols attaquèrent encore Alger en 1197. Leurs bombes détruisirent plus de 200 maisons. Ils demandèrent la paix et n'obtinrent aucune réponse. Ils repartirent désolés de leur ambition inassouvie. Ils reparurent l'année suivante. Les Musulmans les assaillirent sur mer et les mirent en fuite sans leur permettre le plus léger succès. Ces Chrétiens revinrent encore, mais cette fois pour implorer la paix, et en offrant des quintaux d'or en échange de la liberté de commercer; car, ils avaient perdu toute confiance dans le sort des armes. Selon leur habitude de peuple tributaire, ils offrirent en cadeau (1) un objet en usage dans leur pays — Que Dieu les maudisse! — La paix fut donc conclue entre eux et les Musulmans. Cet événement eut lieu sous le règne de Mohammed Daoulatli, mort en 1205, sous le règne du sultan Selim, fils du sultan Mos't'afa El-O'tmâni.

Le sultan O'tmâne 1er, aïeul des rois Ottomans, de ces empereurs de Constantinople, grands vicaires de l'islamisme, dépositaires de la puissance suprême et du plus haut rang humain, était d'origine turcomane. Il fut mis à la tête du pays de Roum, situé à l'est du canal de Constantinople, à la fin de la domination des T'art'ar (676). Il était fils de Art'efel ben Soléimâme Chah, et appartiendrait à la postérité de Anoucherouâne. Es-Sekhâouy le fait descendre de notre seigneur O'tmâne ben A'ffâne.

محمد اباكداش هو باشتها ۞ فدجاف الاكباء في الدها والرغس

Mohammed Abou Kedâche (Baktache), pacha d'Al-

---

(1) Les trois manuscrits que nous avons en main portent عجلة (génisse ou véhicule, selon la lecture). Nous croyons à une faute des copistes ou à un *lapsus calami* de l'auteur. L'un de ces copistes, trouvant le mot extraordinaire, a écrit en marge qu'il faudrait peut-être lire علجة (chrétienne en esclavage en pays musulman). Cette dernière correction ne nous paraît pas heureuse, car on ne saurait admettre que les Espagnols, pour se concilier les faveurs des Algériens, eussent sacrifié une de leurs compatriotes. D'un autre côté, le cadeau n'était assurément ni un veau, ni un véhicule. Aussi, lirons-nous جعلة présent donné en rétribution d'un pacte — et ce cadeau, déterminé par les mots qui suivent, serait tout simplement un objet d'art de fabrication européenne.

ger, s'éleva, par son intelligence et son bonheur, au-dessus de ses contemporains.

COMMENTAIRE

الرغس . — Le caractère essentiel de Mohammed Bakdâche était de faire le bien. Il combla l'islamisme des marques de sa bonté, lui donna la félicité, le favorisa de sa bienveillance. Et quel plus grand bienfait pouvait-il, en effet, nous accorder que celui de nous rendre victorieux d'Oran, alors surtout que nous croyions le mal de cette cité incurable, ses souffrances extrêmes, et que, pour mettre fin à sa douleur, nous ne pouvions même la faire mourir, à cause des obstacles invincibles qui protégeaient ses abords ?

بجهز جندا من الابطال حاصرها * اضحى لذلك حزب الكفر منبيس

بكل حين ازن حسن يزاول لها * وفايف مصطفى ذو الحزم والفرس

Il leva une armée de héros, qui l'assiégea et réduisit aux abois la troupe des Infidèles.

Ozène-Hassane ne lui laissait pas un moment de répit.
K'aïk' Mostafa était un esprit vif et pénétrant.

COMMENTAIRE

Ce Mostafa était Bey des deux provinces de Mazouna et de Tlemcène, commandées chacune, avant lui, par un prince indépendant.

H'assane était tout à la fois beau-père et ministre de Mostafa. C'était un homme prudent, courageux, très versé dans le métier de la guerre et sachant en tirer des conjectures toujours justes, visant aux actions supérieures avec l'idée de les rendre profitables à l'humanité.

Bakdâche-Daouletti mit l'armée qu'il avait organisée, pour assiéger Oran, sous les ordres de son beau-père et ministre, Ozène-H'assane. Mais il se réserva, ainsi qu'au Bey Moh'i Ed-Dîne Most'efa ben Youssof, l'administration des troupes et la direction suprême des opérations militaires. Leurs efforts furent couronnés de succès : le bonheur de leurs armes fut complet.

Les Arabes, aussi bien que d'autres peuples, ne connaissaient pas le mot vizir avec le sens qu'on lui donne actuellement. Chez les Tobba' ou souverains de l'Arabie-Heureuse, on donnait au ministre le nom de K'éil. C'est cette dernière expression que El-H'asnaouy a voulu appliquer au Bey Most'efa en l'appelant K'aïk' Most'efa. Dans le Mar'reb, le mot k'aïd est synonyme de k'éil. Chez les rois étrangers, le ministre prend le non de *marzobâne, beterkhâne, içouar, betrik,* etc.

بجتحت عنوة في تسع عاشرة * من بعد سكنى ره والدين في وكس

Oran fut pris d'assaut, dans la 19ᵉ année du XIIᵉ siècle, après avoir été le séjour des Infidèles pendant 205 ans, au grand détriment de la religion.

COMMENTAIRE

On dit que le sultan Bâkdâche mourut peu de temps après la conquête d'Oran. C'était un souverain grand dans tous les siècles, un modèle éclatant de vertu; il compte parmi les monarques qu'ont honorés leur amour pour la guerre sainte et leur ardeur à ruiner les peuples de la perdition et de l'incrédulité opiniâtre. Par la prise d'Oran, il s'est amassé une récompense infinie qu'il a retrouvée comme un trésor dans le ciel.

Le premier fort dont s'empara Mohammed Bâkdâche, à Oran, fut le Bordj El-A'ïn. Quant au Bordj El-Morsa, il ne le prit qu'après la réduction de la ville et celle de tous les autres forts.

Les avis sont partagés sur la conquête du Mar'reb par les premiers Arabes. Les uns disent que ce pays fut pris de vive force, les autres par capitulation. D'aucuns font cette différence que les parties montagneuses se rendirent, et que les plaines seules furent emportées de vive force. Certains historiens, s'appuyant sur le sens apparent des paroles de Ibn Abou Zéid, soutiennent qu'une partie du pays fut conquise à force ouverte, et l'autre par capitulation. Cette dernière opinion est certainement la préférable.

Des auteurs sont d'avis que, par terre conquise de vive force, il faut entendre tout pays passé aux mains des Musulmans, par suite de leur puissance invincible et de leur victoire sur les Chrétiens, soit que les Musulmans aient envahi le pays des Infidèles, qui n'ont pas cru devoir le quitter, soit que ces derniers aient fui leur patrie en l'abandonnant à leurs ennemis. Quant au pays pris à la suite de reddition, c'est celui dont les habitants, pour sauver leur vie, ont demandé la paix aux Musulmans qui les bloquaient, leur ont payé une rançon ou se sont soumis à un tribut, afin de rester propriétaires de leur sol.

On ne doit pas dire d'un pays qu'il a été conquis par capitulation, si ses habitants ont payé une rançon, soit pour racheter leur vie, soit pour ne pas sortir de leur patrie. Ainsi, la contrée habitée par les Mas'mouda, qui s'enfuirent pour éviter l'invasion arabe, fut réellement conquise à force ouverte. Ce pays comprenait le Djebel Dirène, Maroc, Ar'mât et les dépendances de ces villes ou contrées.

La constitution de la propriété du sol conquis eut lieu d'après ce principe : tout fonds reste en la possession de l'individu qui en est reconnu propriétaire. Toute terre ne se trouvant pas dans cette condition revient de droit à l'imâme ou chef de l'État, qui en dispose en faveur de quiconque il en juge digne. On renonça à appliquer ce règlement de droit à la terre, chez les Berbers, sur le littoral, en Afrique, parce qu'on ne connut pas la véritable situation de la propriété dans ces pays. L'imâme s'incorpora toutes les terres.

D'après l'imâme Mâlek, le Mar'reb fut si bien conquis de vive force, que celui qui s'y était attribué quelque chose et ne l'avait pas restitué au souverain était regardé comme ayant commis une action contraire à la loi.

اضحت مراتع امن للانام وفد * كانت بها طيبات الانس في دنس
فدمه بعد عشر استفل بها * بغاية حادث كالعدو للفرس
حكم الاله كما ترى فدره * لو شاء ما ملكوها عشر النبس
من بعد عشر وعشر ثم اربعة * عادوا اليها فرة اعين التعس
فملكوها بلا كبير ملحمة * لاكن في الاولى بخدعة منخيس

Dès lors, l'homme qui, jusque-là, avait vu les joies de la vie noyées dans la souillure, vécut à son aise dans de gras et abondants pâturages.

Bien qu'au départ son pied eût butté, Mohammed Bâkdâche parvint seul au bout de la carrière où il s'était jeté avec la vigueur d'un cheval emporté.

Tel fut l'arrêt de Dieu qui règle tout avec puissance. S'il l'avait décidé, les Chrétiens ne l'auraient pas possédée, même pendant un dixième de seconde.

Après dix ans, plus dix, puis quatre, les Chrétiens revinrent à Oran, car elle était pour eux comme la consolation que recherche le misérable.

Ils en reprirent possession presque sans coup férir. Déjà la première conquête de cette ville avait eu lieu grâce à la trahison.

COMMENTAIRE

Les chrétiens — que Dieu les détruise! — rentrèrent à Oran

en 1144, après en être sortis en 1119. Dans la date rappelée par notre vers, nous n'avons point compris l'année même de leur sortie.

Lors de cette seconde conquête d'Oran, les infidèles abordèrent nos rivages avec une grosse flotte et jetèrent l'ancre à Morsa El-H'aricha, à l'ouest d'Oran. Là, ils débarquèrent leur cavalerie et leur infanterie, bien pourvues de munitions et de matériel. Ils avaient un corps de réserve parfaitement armé.

Most'afa ben Youssof-Bey sortit contre les envahisseurs à la tête d'environ 4,000 hommes. Il ne put leur tenir tête.

Mon maître et professeur, le cheikh Sidi Abd El-Kader ben Abdallah El-Mocherrefi — puisse Dieu, en lui donnant une place dans le paradis, le traiter selon ses mérites! — assista à cette affaire. Cet homme, pendant sa vie, mena constamment une vie exemplaire et fut le dernier de ceux qui, dans leur ferme croyance à une volonté motrice et directrice, se consacrent à la recherche des vérités dogmatiques. Voici ce qu'il me racontait :

« Les Infidèles, après avoir concentré toute leur armée sur le rivage, s'aperçurent que la plus grande partie de leur réserve était restée sur les vaisseaux. Alors, au lieu de se former en ligne de bataille et de nous offrir le combat, ainsi que l'eussent fait de véritables soldats, ils marchèrent directement sur la ville avec toute leur infanterie et leur cavalerie, comme une lourde meule qui écrase le grain dans son mouvement rotatoire; leur poudre tonnait pareille au roulement continu du tonnerre, leurs balles tombaient en pluie serrée sur nous. Chacun redoutait de les approcher; aucun de nos guerriers n'osait renouveler une attaque demeurée vaine. Les Musulmans fuyaient devant leurs ennemis. Peu nombreux furent ceux qui les chargèrent; moins nombreux encore furent ceux qui revirent leur famille. Le bey Most'afa fut précipité ce jour-là de cheval, tant il mettait d'ardeur à animer ses troupes contre une trop grande multitude de Chrétiens, que soutenaient encore les escadrons des Beni A'mer, traîtres à leurs frères. Les mécréants n'étaient pas arrivés à la ville que déjà son enceinte était vide de ses habitants : tous avaient fui. »

Le même cheikh me racontait également que les Chrétiens, lors de leur débarquement dans la baie d'El-H'aricha y trouvèrent les Musulmans rassemblés qu'ils chassèrent des abords du rivage à coups de canon. « Le premier boulet, disait-il, que lancèrent les ennemis de Dieu, tomba près de moi, à une distance d'une coudée ou d'une brassée au plus, et s'enfonça dans la terre. »

الأولى La première prise d'Oran eut lieu, comme nous l'avons relaté, au commencement du Xe siècle. Les Chrétiens nous l'enlevèrent par adresse et fourberie, et non les armes à la main. Ils s'emparèrent d'abord de Bordj-El-Morsa, grâce à l'odieuse machination d'un Juif ; puis, quelques années après, ce fut au tour de la ville de succomber sous les coups de la perfidie, de la ruse et du manque à la foi jurée entre Musulmans et Infidèles, comme cela était déjà arrivé pour Malaga. On sait qu'une trêve avait été solennellement conclue entre la population de Malaga et les Chrétiens. Mais les dix-huit articles de ce traité de paix furent indignement violés.

فرة اعين Les Chrétiens avaient une telle prédilection pour Oran et cette ville leur rendait si bien cette affection, que, pour la posséder, ils venaient des rivages les plus éloignés. Espérons que l'Islam saura maintenant leur enlever à tout jamais l'espoir d'y remettre les pieds.

ومرتين ابتاعوها غيرغالية ٭ كيف يباع ثغروهران بالبخس

**Deux fois ils l'achetèrent pour une modique somme.
Comment Oran a-t-elle pu se vendre à vil prix ?**

COMMENTAIRE

Le roi de France avait réclamé le secours des Chrétiens, dont un des souverains, le Pape, qu'ils appellent vicaire du Messie, lui permit de disposer des biens des églises. Les rois d'Angleterre et d'Écosse, les princes de Tourk (Luxembourg) et de Barcelonne, ayant répondu favorablement à son appel, il marcha contre Tunis (668).

Les flottes des Infidèles abordèrent à Carthage. Le rivage était défendu par 4,000 Almoravides et des volontaires. Les Chrétiens débarquèrent au nombre de 6,000 cavaliers et 3,000 fantassins, commandés par sept rois. La reine, épouse du roi de France, était avec ces troupes.

L'armée infidèle s'établit à Carthage qu'elle fortifia de palissades. Elle y resta six mois et mit à profit ce temps pour entourer les remparts de la ville d'un fossé profond.

Enfin, vers la moitié de moharrem, premier mois de l'année 669, la masse des Chrétiens se précipita aux combats. Il périt des deux côtés un certain nombre de soldats. Un soir, à la nuit, les Chrétiens attaquèrent le camp des Musulmans, qui les culbutèrent après leur avoir tué 500 hommes.

A leur tour les Musulmans furent éprouvés par les défaites, tant et si bien qu'ils se laissèrent aller aux pensées décourageantes et que le sultan Mohammed songea à se retirer de Tunis à Kairouane. Tout à coup, Dieu fit mourir le roi des Chrétiens : une flèche le blessa un jour mortellement. Les Chrétiens reconnurent son fils Dimiât', ainsi nommé parce qu'il était né dans la ville de Dimiât' (Damiette), lors de l'invasion de l'Égypte par les Infidèles. La direction suprême des affaires de l'État devait, selon la coutume vicieuse des Chrétiens, revenir à la reine.

Cette dernière fit dire à El-Montacer que s'il voulait rembourser tous les frais de la guerre, elle quitterait le pays. Le cadi Ibn Zéitoun fut chargé de conclure une trêve de quinze ans. Le seigneur de Sicile conclut aussi la paix pour son île.

Les Chrétiens levèrent le camp au commencement de l'hiver. Une tempête les fit périr pour la plupart.

On affirme que El-Montacer donna à la reine dix charges d'argent. Les Chrétiens abandonnèrent à Carthage dix mangonneaux.

Des émissaires allèrent répandre sur toute la terre le récit de cet heureux événement.

Lorsque Djouher, sur l'ordre de Ma'dd, qu'on appelle El-Moa'zz, partit en Égypte avec des troupes, il emporta, entre autres richesses, mille charges d'argent. Quant au matériel et aux vivres, Dieu seul en connut l'énorme approvisionnement (358). A la fin de cette même année, le Caire était conquis et enlevé à son vizir et chef, le très docte Ibn El-Forât, connu sous le nom de Ibn Khinzâba, ministre des Benou El-Akhchîd, rois d'Égypte. Quand El-Djouher fut seul maître de l'Égypte, il prit pour ministre l'eunuque Kafour, affranchi des Benou El-Akhchîd.

Kafour, pendant son vizirat, enseigna la tradition du Prophète. Les hommes de mérite venaient de partout écouter ses leçons.

A la mort de Kafour, El-Djouher gouverna seul le pays en seigneur indépendant et arrêta un grand nombre d'hommes d'État, parmi lesquels Ya'k'oub ben Kels qu'il força de lui remettre 4,500 dinars.

خلا لها الجو صربا والطمانوا بها * وفد تجلت للكبر جلوة العرس

Ils s'installèrent librement à Oran et y vécurent tranquilles. Elle avait toujours paru aux Infidèles comme une épouse parée pour les épousailles.

يا له من ثغر اضحى اهله جزر * للنايبات وامس للعدا خبس

Quel triste sort a été celui d'Oran! Sa population, après avoir été victime de catastrophes, était hier encore la proie de l'ennemi.

COMMENTAIRE

نايبات — Nouba est une montagne du Soudan, au sud de

la Haute-Égypte. On donne aussi ce nom à un vaste territoire du Soudan où naquit notre seigneur Belal.

وكل شارفة كالهام بارفة * ما تمها عاد للعداء كالعرس

تفاسم الروم لا نالت مفاسمهم * ثم المعافل موضع الدرس

Les réunions funèbres formées par nos femmes, dont la beauté était encore rehaussée par leurs parures, devinrent, pour nos ennemis, des assemblées nuptiales.

Les Chrétiens se partagèrent les imposantes citadelles et les écoles d'enseignement, mais ils ne devaient pas en rester longtemps les maîtres.

COMMENTAIRE

درس. — Dans le Mar'reb, le mot *medrassa* signifie communément un établissement où l'on donne et reçoit l'instruction. Telles sont la medrassa El-I'nânya (d'Abou-I'nâne) à Fez ; la medrassa Ibnëï El-Imâme à Tlemcène ; la medrassa El-Mostancerya et la medrassa El-Biachya à Tunis ; la medrassa El-Kechachya à Alger ; la medrassa El-Mohammedya à Mascara, fondée par Sidi Mohammed ben O'tmâne, vainqueur d'Oran, de cette ville dont nous racontons la prise.

Les medrassa n'existaient point au commencement de l'islamisme. Il n'y a donc rien d'étonnant à ce que les Arabes d'alors ne les connussent pas. Dans les premiers temps de notre ère, on n'apprenait guère le Coran et les autres connaissances que dans les mosquées et, quand l'enseignement avait lieu en dehors des temples, les établissements où il se distribuait ne portaient point le nom de medrassa.

Ces écoles commencèrent à s'élever dans le quatrième siècle.

On doit leur fondation à Abou El-H'assane ben Ali ben Ish'ak', surnommé Nid'âm El-Molk ou K'ouâme Ed-Dine El-Ouedkâty (Ouedkate, village près de Tous), qui descendait des chefs des agriculteurs persans. Son exemple fut suivi.

كانت حدايق للاحداق مونفة ٭ وبابدلت بنوعى الجبس والدحس
محى محاسنها طاغ اتيح لها ٭ اكتحل السهر لها مكثر الحوس

Il y avait des jardins sur lesquels l'œil aimait à se reposer; les Chrétiens les dévastèrent et les ruinèrent.

Le chef de leur nation impie ne laissa pas trace de leur splendeur et passa de nombreuses veilles à rêver à cette ville.

Nous terminerons ici le premier livre de notre histoire d'Oran. Nous y avons parlé de l'origine de cette ville, de ses diverses dynasties, de ses malheurs, de sa soumission aux infidèles et aux musulmans.

La seconde partie de mon récit sera consacrée à célébrer notre grande victoire, à louer le prince auquel Dieu accorda la faveur de prendre Oran, après lui en avoir ménagé l'approche et facilité la profonde blessure. Les desseins de la providence étaient de faire sortir de cette cité les partisans de la trinité et des idoles, et d'y amener le peuple de l'unité et de la foi, qui put alors se reposer dans les verdoyants parterres de la tranquillité et de la confiance. Gloire au victorieux bey Sidi Mohammed ben O'tmâne !

حتى تداركها الله برأفته ٭ من بعد ما مضى لها مدة العنس

Enfin, Dieu, dans sa clémence, la sortit de sa dé-

plorable situation, bien que déjà l'âge des épousailles fût depuis longtemps passé pour elle.

COMMENTAIRE

Oran resta dans les mains des Infidèles égarés et pervers jusqu'à ce que Dieu, par un effet de sa miséricorde et de sa compassion, dont rien n'atténuait l'immense et sublime pureté, eut confié à notre prince le sceptre du Mar'reb central. Ce roi s'était préparé avec activité à la guerre sainte, avait consacré à ce grand acte, non seulement toute son énergie, mais encore sa fortune personnelle. Il chassa du boulevard de l'Islamisme le peuple de la perdition et de la résistance aux volontés divines. Puisse Dieu, en considération du Prophète et de sa famille, maintenir éternellement cette ville sous la domination de l'Islamisme !

Depuis longtemps, les Musulmans se prosternaient aux pieds de Dieu et le suppliaient, par l'intermédiaire de son Envoyé, des Anges et des Saints, de donner le succès à leurs armes, et de hâter la venue du jour de victoire, signal de notre prospérité future. Il n'y a maintenant plus à douter que la Providence n'ait exaucé nos vœux et changé notre espoir en certitude.

بتفليد المغرب الاوسط لعمدتنا * اضاء شمسه بعد حالك الدس

Dès que notre appui eut pris possession du mar'reb central, on vit les rayons éclatants du soleil succéder à des ténèbres épaisses.

المغرب. — Le Mar'reb se divise en trois régions : le Mar'reb oriental, le Mar'reb central, le Mar'reb occidental. A l'ouest, il est borné par l'Océan ; à l'est, par la mer de Suez suivant les uns, et par Barca suivant d'autres.

Le Mar'reb oriental comprend l'Afrique, c'est-à-dire : Constantine jusqu'à Bougie, Tripoli, Barca. Il a pour capitales Tunis et Tripoli. Il est traversé par un très grand fleuve, l'oued Medjerda, qui reçoit toutes les rivières d'Afrique, et se jette dans la Méditerranée à une étape à l'ouest de Tunis, près d'une localité appelée Benzert.

Barca ne conserve plus aucune trace de son antique splendeur; ses grandes cités ont été détruites et cette contrée, après avoir été le séjour des Latins, puis des Haouâra et autres Berbers, n'offre plus aujourd'hui aucun obstacle aux immigrations des populations du Mar'reb. Les villes populeuses, Ez-Zouila, Lebda, Barka, Kas'r-H'assane et autres, ont été changées en ruines et en déserts. La durée appartient à Dieu seul.

De la province d'Afrique à Tripoli, on rencontrait les pays des Nefouça, des Nefzaoua et autres, qui forment actuellement les terrains de parcours des Arabes Soléim. Les anciens habitants de cette région ont oublié la langue de leurs pères et adopté le langage de l'Ouest, dont ils se sont assimilé les usages. Il en est de même du Djerid: son territoire sert de pâturages aux Arabes, à l'exception toutefois des montagnes d'un difficile accès, où l'on voit encore des débris des Ketâma, des A'djissa et des Haouâra.

Le Mar'reb central commence à Bougie et finit à Oudjeda.

Isma'ïl, roi du Mar'reb occidental, voulant accroître son empire aux dépens du Mar'reb central, envahit ce dernier à la tête d'une armée et s'avança en personne jusqu'à El-Bet'h'a, dont il s'empara. Les Turcs marchèrent contre lui. Une grande bataille eut lieu sur les bords de la Djediouya. Les lignes des Marocains furent enfoncées et mises en complète déroute. Mans'our Er-Râmi, vizir du roi du Mar'reb occidental, fut tué. Mazouna, Besnâs et autres bourgs, furent livrés au pillage.

Le chef des troupes turques suivit Isma'ïl dans sa fuite, et tous les deux assignèrent, comme bornes des deux États, la ville d'Oudjeda, où passait une ligne droite allant vers le Nord et vers le Sud.

Il est certain que cette limite était déjà ancienne, alors surtout que de grands savants, tels que Sidi Mohammed ben Zâr'ed El-

Tlemçany ; des saints, tels que Sidi Sa'ïd, et d'autres personnages, assistèrent au traité conclu entre Isma'ïl et les Turcs.

On dit que cette ligne de démarcation remontait à Zîri ben A't'ia El-Mor'raouy, fondateur d'Oudjeda.

Le Mar'reb central était, en grande partie, habité par les Zenâta, branche des Mor'râoua, par les Benou-Ifréne, Medïouna, Mar'îla, Kïouma, Metar'ra et Met'mât'a. Après ces tribus, il appartint aux souverains des Benou-Ouemânnou, Benou-Ilouma, puis aux Benou-Abd-El-Oued, aux Toudjîne, branche des Benou-Bâdène. Telle est du moins la version de Ibn Khaldoun. Cet historien dit textuellement : « Ensuite, le Mar'reb central passa aux Benou-Ouemânnou, etc. » On peut inférer de ces paroles que la souveraineté des Mor'râoua disparut avec l'avènement de celle des Makhoukh, des Benou-Ouemannou et autres. Il n'en est pas ainsi ; bien au contraire, car la monarchie des Mor'râoua exista conjointement avec celle des Makhoukh et des Benou-Abd-El-Oued, et ces maisons souveraines vécurent à côté l'une de l'autre, tantôt en lutte, tantôt en paix avec Yar'morâcène. De même que les rapports de ce dernier avec Ibn R'ânia, furent parfois hostiles et d'autrefois annoncèrent l'amitié. Il est vrai de dire que O'tmâne ben Yar'morâcène mit fin à la souveraineté des Benou-Abd-El-Oued sur Mazouna, et à celle des Toudjîne sur Tâk'damet.

Jusqu'à nos jours, la capitale du Mar'reb central a été Tlemcène.

Alger est une ville des Sanhâdja.

Le Mar'reb central est traversé par l'Oued Chelef, attribué aux Benou-Ouass'el. C'est un très grand fleuve qui prend naissance dans le Djebel Benou-Râched et entre dans le Tell par le pays des H'oss'éine. Il a pour affluents les cours d'eau du Mar'reb central, tels que la Minâ, et se jette dans la Méditerranée entre Kelmitou et Moster'ânème. Sa source forme une autre rivière, qui coule dans la direction de l'est et se perd dans une sebkha entre Touzer et Nefzâoua, territoire d'Alger.

Quand les historiens et géographes parlent du Mar'reb central, ils ont en vue la partie du pays dont notre maître, Sidi Mohammed-Bey, est actuellement roi. On peut s'en référer, à cet égard, à l'opinion de Sid Ahmed El-Merïd' et autres personnages, exprimée dans le Mie'ïar, à propos de l'expédition des Souéid et des Benou-A'mer. (Voir la partie du dit ouvrage où les cas exceptionnels sont collectionnés).

Le Mar'reb occidental commence à Oudjeda et finit à Asfi, ville de l'Océan. Ibn Khaldoun lui donne une fois pour limite Oudjeda et une autre fois la Moulouya. Sa première opinion est la meilleure.

Le Djebel Derène, limitrophe du pays de R'essâssa, est peuplé par les Mas'mouda et les Bet'ioua. Il n'y a que peu de Sanhâdja parmi eux.

Le Mar'reb occidental a encore aujourd'hui Fez pour capitale. Il est traversé par un grand fleuve, l'Oued Oum-Er-Rabi', qui a sa source dans le Djebel Derène, et dont les eaux, à la saison des pluies, se déversent dans la mer à 70 milles d'Azemour.

Du Djebel Derène, coule un autre fleuve qui traverse le pays de Dra' et se perd dans les sables, au sud de Sous.

Les Meknâssa avaient autrefois leurs bourgs sur le fleuve Moulouya; ils y sont aujourd'hui remplacés par des tribus de Zenâta.

La Moulouya sort des montagnes situées au sud de Taza. Sa source donne naissance à un grand fleuve qui coule sensiblement dans la direction sud-est, traverse l'Areg, arrive à Debra et à Tementit, arrose un pays désert et disparaît sous les sables. A l'endroit de sa perte, sont des villages de palmiers ou k'sour appelés Rekâne.

A l'est de Bouda, au delà de l'Areg, se trouvent, en plein Sahara, les k'sour de Tassabît.

Au nord-est de Tassabît, on rencontre les k'sour de Tikourarîne, au nombre de 300 et plus en les comptant l'un après l'autre. Leurs habitants sont des Senhâdja. Au delà est le Touât, où se trouve le tombeau de Sidi Mohammed ben Abd-El-Kerim El-Mek'tyl'y, contemporain d'Es-Soïouti et son contradicteur dans la défense d'étudier la logique.

Entre la mer et le Sous, est une terre habitée par un grand nombre de H'âlia, dont la plupart habitent H'omr-Ech-Cha'ra, localité ainsi appelée de l'immense quantité d'*azkâne* qu'on y rencontre. L'*azkâne* est un arbre dont la baie fournit à la population de cette contrée, par l'extraction, une huile excellente, odorante et comestible. Les gouverneurs des provinces envoient ce produit, en présent, aux souverains, qui le tiennent en grande estime.

Au sud du Djebel Derène, à la latitude du Djerîd et avec le même climat, s'étend un immense territoire, qui part de l'Océan et aboutit au Nil égyptien, dont la source est au sud, derrière l'équateur, et l'embouchure à Alexandrie. Ce territoire, très peuplé, est traversé par l'Oued Sous jusqu'à l'Océan Atlantique. Dans cette région, on cultive la canne à sucre. Au point où l'Oued Sous sort de la montagne et entre dans la plaine, est située la ville de Taroudant.

De l'embouchure de l'Oued Sous à l'embouchure de l'Oued Mâssa, il y a deux étapes. C'est là que s'élève le poste (Ribât') de Mâssa, fort connu par les visites et les prières que les hommes pieux y font. C'est une croyance parmi le peuple que le Fat'imite, ou précurseur de la fin du monde, doit sortir du Ribât'-Mâssa.

De ce poste aux zaouya des Oulad Ben-Na'mâne, dans la direction du sud et en suivant les bords de la mer, il y a deux étapes. A plusieurs journées de marche au delà, se trouve l'embouchure de Sak'iat El-H'amra, point extrême des émigrations hivernales des Mer'ol.

L'Oued Noun descend du Djebel Nekîssa et verse ses eaux dans la mer. Sur cette rivière, s'élève la ville de Tagâoust, où se tient annuellement une foire d'un jour, encore aujourd'hui très courue des marchands.

Mon frère germain, l'érudit, le dévot et le plus parfait modèle des vertus, Sidi Abd-El-Kâder — puisse Dieu rafraîchir son tombeau et lui attribuer dans le Paradis la large part qu'il a méritée ! — qui connaissait ces localités pour les avoir traversées en se rendant au Soudan, me racontait, en 1194, que le marché de Tagâoust est aussi fréquenté maintenant qu'autrefois, et que le temps ne lui a rien enlevé de son importance.

Le pays d'Ifri est au pied du Djebel Nekîssa. Viennent ensuite les contrées de Sous, des Guezoulya et des Lemta. Ces derniers sont au delà des sables inhabités.

Lorsque les Ma'k'el, Arabes yamanites, se rendirent maîtres de ces territoires, ils en firent le partage et attribuèrent aux Chebanat le pays avoisinant le Djebel Derène. Les Lemta étaient les alliés des Chebanat, et les Guezoulya ceux des Doui-H'assane.

Les Sanhâdja voilés, que nous appelons Touaregs, sont établis entre le Soudan et les sables qui forment la limite extrême du pays des Berbers. Ils s'étendent depuis l'Océan Atlantique, du côté du Mar'reb, jusqu'au Nil, à l'Orient. De nos jours, ils ne sont plus unis comme autrefois par la même idée politique et les mêmes lois. Quelques-unes de leurs peuplades reconnaissent l'autorité du roi du Soudan et participent aux expéditions de ses troupes. Dans le pays, on leur donne une origine noble. Les caravanes qui se rendent au Soudan traversent leur territoire.

La chose que les Touareg préfèrent à tout, c'est le tabac. Les Grands en distribuent au peuple à titre de faveur, et ceux qui en reçoivent ont l'habitude de le cacher comme une durée précieuse.

Lorsque un individu de cette nation se trouve en présence de gens de la caste noble et qu'il veut manger, il se retire un peu à l'écart et dresse son bouclier entre eux et lui, afin de soustraire sa bouche à leurs regards.

Quand les Touaregs ont fait du butin dans une expédition, ils gardent les chameaux et les bœufs et abandonnent les moutons à leurs esclaves, appelés *ma'nâdi*.

Ces Berbers logent sous des tentes en peau. S'ils reçoivent un hôte, ils lui présentent toute la chair de l'animal qu'ils ont égorgé en son honneur, et l'usage veut qu'il emporte, comme provision de route, ce qu'il a laissé de l'animal après avoir satisfait son appétit.

Près des Touaregs, est une tribu appelée Kent, qui prétend descendre des Benou-Oméya et des Ans'âr. La langue arabe s'y est conservée dans toute sa pureté originelle.

Ces détails m'ont été donnés par mon frère germain, Sidi Abd-El-Kader.

De la confédération des Guedâla dépend la tribu des Mak'il, Arabes du Sous méridional.

Les Lemtouna et les Triga sont en face des Doui-Mans'our. Nous avons déjà dit quelques mots sur les rois lemtouniens.

Les Messoufa sont en face du Mar'reb central; les Lemtouna en face des Arabes du Zâb; les Traga en face de la province d'Afrique, etc.

Les chevaux sont peu nombreux chez les Touaregs, si même il y en a. Ils ont pour montures des chameaux coureurs appelés *nedjib.*

Jusqu'à nos jours, les Touaregs ont guerroyé contre les Benou-Saïd, branche des Riâh', Arabes d'Ouargla. Le Souf, R'edâmès, le Fezzane et autres contrées ne sont pas à l'abri de leurs incursions.

La population d'Ouargla, qui donne à son chef le titre de *sultan,* est originaire des Benou-Ifrène et des Mor'raoua.

A vingt journées au sud d'Ouargla, se trouve la ville de Takedda, d'origine sanhadjienne. Sous le règne d'Abou-l'nâne, vingt marchands qui passaient à Takedda payèrent à cette ville douze mille chameaux à titre d'aumône ou de dîme.

La population de Figuig, Tigrarine, du Touât et de la plus grande partie du Mezab, descend des Sanhadja. Quelques familles de ce dernier pays sont originaires des Lemaya. Dieu sait mieux que personne la vérité absolue.

ملك تفلدت لانام طاعته * بجاف يحيى كثير الزحوب والربس

C'est un roi auquel les populations obéissent, dont la renommée est plus grande que celle de Yahya, qui eut cependant à soutenir plusieurs guerres et fut homme de courage.

COMMENTAIRE

يحيى. — Ce Yahya, fils de R'ânia El-Messoufi, fut un héros illustre, d'une audace éprouvée. Lui et son frère Ali étaient rois de Maïorque. Tous deux sortirent de cette île avec leurs frères

Abdallah et El-R'azi, et s'emparèrent, en 581, de Bougie, sur Abou Rabi' Abdallah ben Abd El-Moumène. A cette nouvelle, ce dernier, alors gouverneur d'El-K'ola', dans la Metidja, marcha contre Ali ben R'ânia, qui lui enleva son armée, puis conquit Alger, Mazouna, Meliana, El-K'ola', se porta sur Constantine dont il fit le siège, envahit le Djerid qu'il soumit à ses armes et subjugua l'Afrique.

Yahya remplaça son frère Ali, mort. Il rangea tout le pays sous sa domination et ses troupes portèrent le ravage en tous lieux, jusqu'à Sidjilmesse même. On le vit tantôt à Tlemcène, tantôt à Mazouna puis à Meliana. Il ruina Tiaret qui ne s'est plus repeuplée depuis lors. Partout où ses armes pénétraient, le succès suivait ses pas. Il continua cette vie d'aventures heureuses pendant 50 ans. Nous avons déjà parlé de lui à propos de la troisième fraction des Sanhâdja. Avant de conquérir Bougie, lui et ses frères combattirent longtemps les Infidèles sur mer et sur terre. Ils envoyaient jusque dans les parages du Mar'reb occidental, surtout à Maroc et à Fez, des prisonniers chrétiens qu'ils y vendaient comme esclaves.

مويد لو رمى نجما لا ثبته * ولودعى دبيلا لبى وما احتبس
شهم همام بحزم الملك متزر * ومرتد النصر وفي الحلم ذو طخس
وملك مال منديل تحت سلطانه * مدلهم من متيجة الى تنس

Notre prince est un roi victorieux. S'il lançait un trait contre une étoile, il l'atteindrait, et le mont Debil d'Arménie viendrait à lui s'il l'appelait.

C'est un cœur valeureux, un souverain magnanime, couvert de gloire ; il administre ses états en déployant autour de lui la plus grande énergie, tout en étant naturellement porté à l'indulgence.

Son royaume comprend celui des Benou Mendîl, qui s'étendait de la Metîdja à Ténès.

COMMENTAIRE

مَتِيجَة. — Metîdja est une contrée de l'Afrique.

تَنَس. — Tenès est une bourgade du littoral méditerranéen; elle a donné le jour à un groupe de savants.

تِنِّيس. — Tenis est un ville située dans une île de la Méditerranée, près de Damiette ; elle est renommée pour sa fabrication de riches vêtements.

La Metîdja était un domaine des Benou Bologuîne, branche des Sanhâdja, fondateurs de Médéa et de plusieurs autres villes.

Les Ma'k'il ayant envahi le Mar'reb, vers le milieu du Ve siècle, en même temps que les Hilaliens, s'établirent sur les confins de ces derniers, près de la Moulouya. Leurs frères, les Ta'âleba, s'installèrent, à la même époque, dans la Metîdja, et reconnurent l'autorité des Sanhâdja.

Lorsque les Benou Abd El-Moumène se furent emparés du royaume des Sanhâdja sur les Almohades, les Ta'âleba se déclarèrent indépendants. Une cause favorisa puissamment la proclamation de leur liberté.

Au commencement du VIe siècle, le *mehdi* des Almohades se dirigeant vers l'Ouest, s'arrêta dans la Metîdja, chez les Ta'âleba, qui le reçurent avec honneur, et acceptèrent de lui les croyances ascharites et devinrent ainsi ses disciples. Quand il les quitta pour continuer sa route vers l'Occident, ils le pourvurent de tous les vivres nécessaires et lui firent présent d'un âne d'une grande rapidité. Le chéikh n'oublia jamais leur cordiale hospitalité et, du pays des Mas'mouda, entretint avec eux une correspondance suivie. Ses partisans, les Almohades, ayant vaincu les Sanhâdja et ruiné leur empire, les Ta'âleba s'emparèrent de Médéa et de la Metîdja.

Les Ta'âleba avaient une grande considération pour les Almohades et exerçaient une suprématie sur les Benou Siba' ben Ta'leba.

Siba' est l'un des ancêtres de l'ami de Dieu, du plus grand saint d'Alger, Sidi Abd Er-Rahman. Lorsqu'il se rendait à Maroc, les Almohades plaçaient sur son turban un dinar qui en pesait plusieurs, en témoignage de leur vive reconnaissance pour la sympathique réception faite à leur imam El-Mehdi par les Ta'âleba.

Quand le mehdi se sépara des Ta'âleba, suivi de ses disciples, qui se pressaient autour de l'âne offert par ses hôtes, il leur cria plusieurs fois de dessus un autre âne qu'il montait : « Donnez à Abd El-Moumène cet âne, il vous fera monter sur des chevaux de prix. » Les événements donnèrent raison à cette prédiction.

Ibn Khaldoun affirme que les Benou Merîne anéantirent le royaume des Sanhâdja. C'est là une erreur historique, car Abd El-Moumène et ses fils, rois des Almohades, mirent seuls fin à l'empire des Sanhâdja sur la Metidja, Médéa, Alger, Meliana, Achîr, Kola' près de Medjâna, et Bougie. En outre, le mehdi des Almohades n'arriva dans la Metidja, chez les Ta'âleba, qu'en la 13e année du VIe siècle, et la royauté des Ta'âleba sur la Metidja commença en l'année 48 du même siècle. Quant aux Benou Merîne, leurs soldats ne foulèrent cette contrée que sous le règne de Youssof ben Ya'k'oub ben Abd El-H'akk' le mérinide, alors qu'il assiégait Tlemcène, c'est-à-dire au commencement du VIIIe siècle. Dieu est le plus savant. Bien plus, les Benou Merîne ne prirent possession complète du Mar'reb que dans l'année 68 du VIIe siècle. Leur première apparition dans les plaines de Fez et du Mar'reb date de la 13e année du VIIe siècle.

Les Ta'âleba demeurèrent souverains de Médéa et de la Metidja jusqu'au VIIIe siècle, où le sultan Abou Hammou, roi abdelouadite, les battit et les réduisit en captivité. Depuis lors, ils ont disparu de la scène politique et les traces de leur individualité se sont perdues. La durée est à Dieu seul.

Achîr fut ruinée par Abou Tachefîne, roi des Benou Abdel-Ouad.

Les Ta'âleba, pour avoir pris, de concert avec Abou Zakariâ, seigneur de Bougie, fait et cause pour Youssof ben Ya'k'oub, s'étaient attirés l'inimitié de Abou Hammou. La mort de Youssof laissa aux Benou Abd El-Ouâd toute liberté d'action. Abou H'ammou ayant organisé une puissante armée, confia l'administration de son royaume à son cousin Mohammed ben Youssof ben Yar'moràcène et marcha contre les partisans de Youssof ben Ya'k'oub. Il anéantit les Ta'àleba, assiégea Bougie, soumit les Mor'ràoua, dont le prince, Râched ben Mohammed ben Tâbet ben Mendîl, chercha un refuge auprès du hafcide Abou El-Bak'à, sultan de Bougie. Il subjugua les Toudjîne, se rendit maître d'Alger, et força à la fuite Ibn A'llâne, qui s'était emparé de cette dernière ville, après en avoir chassé Abou El-Bak'à. Celui-ci, bien qu'il se fût déjà rendu maître de Dellys sur Ibn Khellouf, avait vu Alger lui refuser obéissance. L'armée de Abou Hammou entra ensuite dans le Zab, réduisit le Djebel Ibn Tâbet, et, en 40 jours, construisit à Asfoun un château-fort dans lequel fut laissée une importante garnison. Le sultan Abou Yahya Zakariâ Mohammed El-Lih'iâny renversa cette forteresse en l'année 13 du VIIe siècle.

Les Ta'àleba avaient élevé dans la Metîdja même et tout autour de cette contrée, trente forteresses. Ces moyens de défense indiquaient un degré fort élevé de puissance.

En ce temps-là, Mendîl ben Abd Er-Rahman El-Mor'ràouy était roi de Mazouna, de Meliana, de Ténès et d'Aguerouma; son royaume était limitrophe des Ta'àleba, et l'Oued-Sebt séparait les deux États. Mendîl fatigua ses voisins par l'envoi continuel de troupes sur leurs terres, par des combats répétés, le blocus de leurs villes; il parvint ainsi à ruiner leurs forteresses. C'est ce roi que Ibn R'ània tua de dessein prémédité et mit en croix sur les murs d'Alger.

Ibn Khaldoun affirme que l'insurrection de Yahya ben R'ània amena la destruction de Rachegoul, d'El-Djabat, de Chelef, du château des A'djiça de Rezka, d'El-Khad'ra, de Morsa Ed-Dodjâdj et de la K'ola' des Benou Hamad. La même cause produisit aussi la ruine de Tâhret, appelé aujourd'hui Tiaret, près de Takdemt et de Mîna.

Dja'fer ben Ali ben Ahmed ben H'amdâne El-Andalouçy, émir du Zâb, s'étant enfui des Benou Abîd, se réfugia chez les Mor'ràoua, qui lui remirent la direction des affaires de leur pays. Il fut l'instigateur des guerres dans lesquelles fut tué son ennemi personnel et celui des Mor'ràoua, Zîrî ben Menâd.

Dja'fer aimait à donner et protégeait les savants. C'est de lui qu'à dit Mohammed ben Hani El-Andaloucy :

« Il y a deux choses à voir dans le monde entier : un corps bien fait et un œil noir de Babylone.

» Les astres qui nous éclairent sont au nombre de trois : le soleil, la lune brillante et Dja'fer. »

Ce Dja'fer fut le fondateur de Mecila vers l'an 340. Il resta chez les Mor'ràoua jusqu'à l'expédition de Bologuine ben Ziri contre le Mar'reb. Ne se reconnaissant pas la force de lutter contre un tel adversaire, Dja'fer se retira en Andalousie, où il fut assassiné (364).

Il n'est pas absolument vrai que notre Bey, Mohammed ben O'tmâne, ait placé sous son sceptre tout le royaume des Benou Mendîl, car il faut en excepter Meliâna. Cette ville fut tout d'abord gouvernée par des souverains des Ouersefine, branche des Mor'ràoua, et ne fit partie des états des Benou Mendîl que lorsque Abou Ali, fils du jurisconsulte Abou El-Abbâs, s'en fut emparé. Ce prince, menacé par El-Mostancer, parti de Tunis pour voir son frère Abou Hâfs, s'enfuit à El-Attâf. Abou H'afs concéda alors Meliâna aux Benou Mendîl. Nous avons déjà dit un mot de ces événements.

Abou Amer ben Yar'morâcène, frère du sultan Otmâne ben Tâbet ben Mendîl, fut assiégé dans Ténès ; mais secouru par la flotte de Ali ben Tâbet, il put se retirer.

Le traditionniste Et-Tenecy, contemporain de Chéikh Es-Senoucy, est originaire de Ténès.

A Tenis, près de Damiette, est né Abou Oucki', dont Abou Mans'our El-Ta'âleby parle en ces termes : « C'était un poète éminent, un érudit en toute science, un génie supérieur qu'aucun de ses contemporains n'a surpassé. Il a formulé d'ingénieuses définitions propres à faire disparaître l'erreur et que l'intelligence s'assimile facilement. Il a composé un recueil de poésies et un ouvrage en prose où il dévoile les plagiats d'El-Motenebby. Il mourut à Tenis en 303. On lui a élevé un mausolée.

La ville de Tenis eut pour fondateur un petit-fils de Noé, **Tenis ben H'âm ben Nouh.**

كذا ملك تجين في ايالته * كذا الجدار القديم المتفن لاسس
(اه) ملك لال يغمور فيه نظرتهم * كذلك ملك بنى
يعلى لافريني الروس

Font également partie de son empire, les Toûdjîne, l'antique cité de Tlemcène aux solides fondations,

Le royaume de Yar'morâcène dont Tlemcène était le grenier d'abondance, et aussi le royaume des fiers enfants d'Ya'la l'Ifrinite.

COMMENTAIRE

Les Toûdjîne formaient une branche des Benou Yadîne, d'après Ibn Khaldoun. « Les Benou Yadîne, dit cet historien, appartenaient aux Zenâta ou Benou Abd El-Ouâd. » Les Toûdjîne, les Mossâb, les Benou Zerdâl, les Benou Râched furent les partisans des Almohades depuis leur glorieuse élévation, car, plus que les Benou Merîne et autres tribus de ce groupe générique, leur origine les rapprochait de cette dynastie.

Dans quelques copies de l'histoire d'Ibn Khaldoun, on lit Zerouâl au lieu de Zerdâl. Quelques généalogistes transforment le nom de Benou Yadîne en celui de Ouâcîne, lequel était fils d'Akhîk ben Mâdr'ès ben Berber.

El-Bekri, parlant de l'origine des Berbers, dit que de Mâdr'îs, surnommé El-Abter, c'est-à-dire l'Abou Bokr des Berbers, descendaient tous les Zenâta qui, par conséquent, étaient Berbers. Cette opinion est appuyée par celle d'Ibn Khaldoun : « les Berbers, dit-il, comprenaient un grand nombre de tribus : Haouâra, Zenâta, D'erîs, Mek'îla, Nefzâoua, Ketâma, Louâta, Mas'mouda, Senhâdja, etc. »

Les Toûdjîne résidèrent d'abord dans les environs de Nahr Ouâc'el ; puis, du Djebel Râched, ils émigrèrent à Derrâg. Leur armée comprenait trois mille cavaliers. Les Benou Tir'rîne et les Benou A'zîz formaient deux de leurs tribus. Les Benou Tir'rîne furent très puissants et très influents au IXe et au Xe siècle. On en trouve la preuve dans l'ouvrage intitulé *Naouâzel Mazouna* (cas particuliers de Mazouna) où l'on voit que des hommes de cette tribu épousèrent des filles de marabouts ou de familles religieuses. Leur territoire avoisinait l'Ouâncherîs. Les populations de cette région leur donnaient le titre fort en usage dans notre pays de *Djouâd* ou d'illustres.

Les Benou Toûdjîne résidèrent dans cette contrée jusqu'à la rébellion d'Ibn R'ânia. A la suite des troubles produits par cet agitateur, les Benou Zor'ba s'établirent dans les Hauts-Plateaux et les Benou Yadîne dans le Tell. La partie du Tell habitée par les Benou Toûdjîne s'étendait depuis la K'ola' Sa'id, à l'ouest, jusqu'à Médéa, à l'est. Nous avons déjà indiqué les causes qui amenèrent, plus tard, les Zor'ba, dans le Tell, sous le règne d'Yar'morâcène.

Les tribus des Benou Râched étaient cantonnées dans les montagnes qui portent leur nom et que l'on appelle actuellement le Djebel Amour. Lorsqu'elles pénétrèrent dans le Tell, du côté des Benou Yadîne, elles résidèrent un instant dans le pays de Tessâla, puis se fixèrent définitivement sur le territoire des Benou Ifrène. Le pouvoir était exercé chez elles par la famille de A'mrâne, mort en 790.

Le territoire sur lequel les Benou Râched remplacèrent les Benou Ifrène, était situé dans le pays de R'erîs. Là, à Ifkâne, un roi ifrénite, Ya'la, avait bâti une ville qui fut ruinée, en même temps que son fondateur tué, par Djouher, envahisseur du Mar'- reb. Nous avons déjà parlé de ce fait. Yeddou succéda à son père Ya'la, et fut mis par Bologuine dans l'obligation de chercher un refuge dans le Mar'reb. L'autorité des Benou Ifrène sur la ville d'Ifkâne disparut à tout jamais pour faire place à celle des Benou Râched.

Le droit de seigneurie et de commandement sur les Toûdjîne appartenait aux Benou A't'iâ. Un membre de cette famille, El- A'bbâs ben A't'iâ, servit de guide à El-Mans'oûr ben Youssef ben Abd El-Moumène, maître de Maroc, lors de son expédition en Afrique, pendant laquelle il prit d'assaut K'âbès, s'empara du Djerîd, mit en déroute Ibn R'ânia et K'arak'oche El-R'ozzy, roi de Tripoli, et soumit la Tripolitaine. Il dirigea encore le retour de l'armée victorieuse (584). Les Benou A't'iâ ne revêtirent les insignes et les emblèmes de la royauté, selon la coutume des monarques, qu'en l'année 639. Le célèbre Abd El-K'aouy ben A't'iâ, frère d'El-A'bbâs, fut le premier de cette famille qui se distingua par des ornements royaux.

Chez les Benou Mendîl, El-A'bbâs fut le seul à recevoir les insignes du pouvoir suprême que conservèrent ses descendants. La permission de porter les marques extérieures de la royauté et d'avoir une maison souveraine fut accordée aux Toûdjine par Abou Zakariâ, non-seulement afin de les récompenser de l'aide qu'ils lui avait prêtée pour s'emparer de Tlemcène et y faire reconnaître son autorité, mais aussi afin de servir sa haine contre Yar'morâcène et lui faire dépit. Ce dernier assista aux fêtes données à l'occasion de la prise de ces insignes. Nous avons déjà dit un mot de ces événements.

Sous le règne de Yar'morâcène, les Toûdjîne se rendirent maîtres de Médéa sur les Ta'âleba.

Au temps d'El-Mostancer ben Abou Zakariâ, les Francs ayant mis le siège devant Tunis, Ziâne ben Abd El-K'aouy arma les tribus des Zenâta et fournit au sultan de Tunis un secours de 7,000 cavaliers.

Le pouvoir ne cessa de grandir et de se fortifier dans la famille des Benou A't'iâ jusqu'au jour où O'tmâne ben Yar'morâcène dirigea contre eux une puissante armée, dont il confia le commandement à son frère Abou Sa'ïd, et s'annexa leurs états.

Lors du siège de Tlemcène par Youssof ben Ya'k'oub, les Toûdjine étaient déjà nomades et parcouraient en toute liberté les Hauts-Plateaux; mais leurs nouveaux pâturages n'offraient pas ces plantes délicieuses que la fortune fait pousser sous les pas des puissants. Ils devinrent ensuite les sujets des rois du Mar'reb et de Tunis, sujets tantôt indociles et tantôt soumis au joug, tour à tour en guerre ou en paix avec leurs maîtres; ils descendirent enfin, surtout les Benou Tir'rîne et autres fractions, au rang de tribus payant l'impôt. Telle a été dans le passé, la loi de Dieu à l'égard des nations, et cette loi sera éternellement vraie pour les peuples à venir.

C'est d'après Ibn Khaldoun que nous avons représenté les Toûdjîne comme issus des Benou Yadîne. Cet historien considérait sans doute ce fait comme authentique, car, chaque fois qu'il a eu à parler de cette origine, il n'a jamais varié dans son sentiment. Cependant, j'ai lu dans l'ouvrage du chéikh et maître, le très érudit Abou Mehdi Sidi Aïssa ben Moussa Et-Tidjâni Ez-Zendâzy, que les Toûdjine, dont cet auteur se prétend originaire, étaient la postérité de notre seigneur El-A'bbâs, issu de Merdâs Es-Selmy, compagnon du Prophète. Dès lors, les Toûdjine seraient de la famille de Ibn H'abîb El-Maleki El-K'ort'oby, auteur d'*El-Ouád'îhia ou Al-Mostakhridja*, qui tenait des deux frères, Mo'arref et Madjichoun, nombre de traits historiques, c'est-à-dire qu'elles descendraient de Mod'ar ben Nizâr ben Ma'dd ben A'dnâne, neuvième ancêtre du Prophète. Une personne de confiance m'a affirmé avoir lu cette épigraphe sur le dos du livre du chéikh Abou Medhi :

« Nous sommes les enfants d'El-A'bbâs. Il est certain que nous comptons parmi les Ans'âr : nous frappons avec le glaive. »

On sait que notre seigneur El-A'bbâs ben Merdâs Es-Selmy secourut le Prophète à la bataille de H'onéine et remplit son devoir de combattant pour Dieu. Si le Prophète fut moins généreux envers lui qu'à l'égard de O'ïëina ben H'is'n El-Fezâry et El-Ak'ra' ben H'âbès Et-Temimy, c'est que, par sa foi ardente, El-A'bbâs se montrait musulman convaincu, tandis que O'ïëina et El-Ak'ra' n'étaient que des princes prédestinés par Dieu à préparer les populations à l'Islamisme. Aussi, le Prophète leur prodiguait-il davantage ses faveurs. El-A'bbâs disait à ce sujet :

« Quoi ! tu donneras mon butin et celui des autres fidèles à O'ïëina et à El-Akr'a'.

» Cependant leurs pères, H'is'n et H'âbès, ne surpassent pas Merdâs en noblesse.

» Je ne suis pas au-dessous d'eux. Celui que tu abaisses aujourd'hui ne s'élèvera pas demain. »

J'ai dit tout à l'heure, sur l'autorité d'une personne de confiance, qui avait lu un ouvrage d'histoire concernant les Benou Yadîne, que le nom de Todjine appartenait à deux tribus dont l'une était noble et l'autre zenatienne, et que le nom de la première, qui descendait du Prophète, s'orthographiait Toûdjine. Dieu est le plus savant.

J'ai lu, dans un fragment de manuscrit, que le favori de Dieu, le chéikh Sidi Yahya ben Râched, écrivit au très savant Sidi Moussa ben Aïssa El-Mek'ily Et-Tazouny pour lui demander la généologie de Abd El-K'aouy. Celui-ci répondit en ces termes : « Abd El-K'aouy était de la famille du Prophète. Son fils Mohammed, sultan de Takdemt, avait trois frères : El-K'âcem, Sedouâne et Cherif'. Il avait placé ce dernier à la tête du Djebel Ouancheris. Le nommé Ali ben Achîra était également son préfet pour la contrée de Nehiou. Celui-ci pour éviter la mort à laquelle l'avait condamné son roi, s'enfuit auprès de l'ami de Dieu, Sidi Ouadah' ben A'c'em El-Meknâcy. Le sultan Mohammed envoya d'abord un émissaire pour lui faire quitter son refuge ; puis affligé par Dieu d'une maladie, non-seulement il pardonna à Ibn A'chîra, mais se rendit lui-même auprès du chéikh en visite de dévotion.

« Tu as deux sœurs pour concubines, lui dit le saint, il faut renoncer à l'une d'elles. »

« Le roi obéit.

Sidi Moussa terminait ainsi sa lettre :

« Le sultan Mohammed, mort en 663, eut pour successeur son fils Moumène, puis O'mar. Cette dynastie, après un règne de 70 ans, succomba sous l'hostilité du roi du Mar'reb, provoquée par Ouâtermâr ben A'rif ben Yahya, de la postérité de S'a'ss'a' ben H'ârita El-Makhzoumy. »

Nous avons rapporté à ce sujet, sur l'autorité d'Ibn Khaldoun et autres historiens, des faits qui sont absolument contraires à ce que nous venons de mentionner.

Des Benou Toûdjine sont sortis non-seulement de grands rois, mais encore, dans les temps anciens et modernes, de savants jurisconsultes qui se sont transmis d'âge en âge les deux souverainetés temporelle et spirituelle. Les hommes justes et de vie exemplaire se sont surtout montrés dans la famille des Rachediya. Les plus illustres branches de cette populeuse tribu furent les Benou Azendâr et les Benou Ouâguemâr. Dieu est le plus savant.

Dans la contrée qu'ils habitèrent en premier lieu, près du Djebel Benou Râched, les Benou Toûdjîne ont laissé une fraction importante.

D'après le très docte Abou H'ayâne, prince des grammairiens et régent des sept modes de lecture du Coran, narrateur d'anecdotes surprenantes et de faits historiques, poète, lexicologue et logicien remarquable, le *Djidar* dont il est parlé dans le Coran ne serait autre que le vieux Tlemcène situé autrefois à côté de Gâdir. Il n'y aurait rien d'étonnant à cela, car les prodiges des prophètes sont bien plus merveilleux que celui de cette ville ayant subsisté à travers les âges.

Dans un voyage qu'il fit de Grenade en Orient, Abou H'ayâne passa à Tlemcène, dont les habitant se montrèrent, à sa convenance, peu hospitaliers. Pour se venger, il flagella la ville dans les vers suivants, où l'on retrouve sa croyance à l'origine mystérieuse ou légendaire de la vieille cité:

« Si tu viens à Tlemcène! remplis de tes reproches ses places, ses assemblées, ses maisons.

» Cette population n'accueille aucun de ceux qui lui demandent asile et nourriture. Vaudrais-tu mieux que Moïse et que Khadir ? (1). »

Chez les Musulmans de toutes les conditions, Tlemcène a la réputation de manquer de prévenance envers les étrangers.

Ibn Khaldoun accuse Abou H'ayâne de commettre une erreur en avançant que le Djidar du Livre-Sacré est le Tlemcène de nos jours.

Le très docte El-Makk'ari, dans son livre intitulé *Nef El-T'îb*, dit que Tlemcène était une ville où florissait la civilisation. D'a-

---

(1) Ces deux personnages de l'histoire sacrée musulmane auraient réparé les murailles de la ville appelée *Djidar* dans le Coran et qui, d'après Abou H'ayâne ne serait autre que Tlemcène ; ils auraient eu également à se plaindre du peu d'empressement des Tlemcèniens à les recevoir.

près cet auteur, l'étymologie de Tlemcène serait *Telemm Sâne*, ce qui signifierait : elle joint deux choses, le Tell et le Sahara. Aucun historien ne donne la date de sa fondation et le nom de son fondateur. Je n'ai pu, malgré de nombreuses recherches, arriver à aucun résultat à cet égard.

Les créateurs de cette cité furent les Benou Ifrène, antique tribu berbère, qui a produit des rois, des saints et des savants.

Le Kharedjisme pénétra chez les Benou Ifrène dans le milieu du IIIe siècle. Abou K'orra, l'un des chefs de cette hérésie, appartenait à cette tribu. A la tête de 40 mille hommes, il marcha contre O'mar ben H'afs', fils de K'abîss'a ben Abou S'ofra El-Azedy, préfet de l'Afrique au nom de Dja'far El-Mans'our, l'assiégea dans T'obna et se retira après lui avoir imposé la paix (151). O'mar ben H'afs' s'enferma dans Kairouâne ; les Benou Ifrène et Abou H'âtem El-Mek'tly vinrent l'y assiéger avec 350 mille Ibadites, parmi lesquels 35 mille cavaliers. Cette armée fut divisée en douze corps, dont un prit position à Médiouna, sous les ordres de Djerîr ben Messe'oud, et un autre à S'anhâdja, sous les ordres de Abd El-Mâlek ben Sekerdir.

Dans cette guerre fort longue entre Sonnites et Hérétiques, l'avantage fut pour ces derniers. O'mar ben H'afs' perdit la vie dans un combat (154) et la population de Kairouâne signa la paix avec Abou H'atem aux conditions qu'il leur dicta. Les Hérétiques abandonnèrent le siège de la ville. Abou Dja'far El-Mans'our informé de ces événements par les gens de Kairouâne, confia le commandement de l'Afrique à Yazîd ben K'abîss'a ben El-Mohalleb. Les Ibadites attaquèrent à Tripoli le nouveau gouverneur. Abou H'atem fut tué, les Berbers mis en déroute, leur puissance détruite, leurs armées dissipées. Depuis la bataille où périt O'mar ben H'afs', à Tobna, les Ibadites livrèrent 375 combats aux Sonnites.

Yazîd mit fin aux désordres de l'Afrique et fit rentrer le calme dans cette province.

Les Benou Ifrène revinrent à Tlemcène et ne renoncèrent pas à l'hérésie. Il était réservé à Idris Ier d'arracher l'erreur de leur cœur.

Il existe des fractions de cette tribu dans les plaines et les montagnes, dans le Zâb, à Biskra, à Ouargla et autres lieux.

Tlemcène resta aux mains des familles régnantes en Mar'reb jusqu'à l'invasion conduite par O'k'ba ben Nafé El-Fihri, sous le règne de Moa'wya. De ce moment, la ville fut administrée par des préfets musulmans, parmi lesquels nous citerons Abou El-Medjâher. Quand le Kharedjisme eut enveloppé le Mar'reb de ses tristes replis, les Benou Ifrène reprirent possession de leur antique cité que notre maître Idris Ier fit ensuite rentrer dans le giron de l'Islamisme. A Idris Ier succéda son fils Idris II ; à celui-ci son cousin paternel Sidi Mohammed ben Soléimane ben Abdallah El-Kâmel ben H'assane ben Ali ben Abou Tâleb. Les provinces du Mar'reb central, telles que Arechegoul, Ténès, H'amza, etc., se divisèrent entre les fils de ce dernier. Mohammed ben Idris, sur l'avis de son aïeule Kenza, mère d'Idris II, partagea les contrées du Mar'reb entre ses frères. Les Benou Soléimane conservèrent en apanage Tlemcène, qui leur fut enlevée par deux généraux des Benou A'bîd, Mossalet El-Miknâcy et Ibn Abou El-A'fia. La famille de Ya'la ben Mohammed El-Ifreni, seigneur d'Ifkâne, reprit possession de Tlemcène. Bologuîne ben Ziri ben Menâd l'enleva à son tour. Après avoir bloqué les Benou Ya'la et amené leur soumission à son autorité, il les transporta à Achîr de Titeri, ne laissant à Tlemcène que les faibles et les impotents.

A la mort de Bologuine (373), les Benou Ifrène rentrèrent à Tlemcène. Leur prince, Yeddou, s'était réfugié dans le Mar'reb au moment où Bologuîne entreprenait le siège de Tlemcène. A la mort de ce grand homme à Ouargla, il revint à Tlemcène dont le gouverneur ennemi s'était enfui. En 474, Youssef ben Tachefine arracha cette ville des mains de la famille de Yeddou ben Ya'la ben Mohammed El-Ifreni et en donna le commandement à Mohammed ben Baya'meur El-Meçoufy.

Les Lemtouna conservèrent Tlemcène pendant toute la durée de leur puissance. Les Almohades s'en emparèrent en 539. Djaber ben Youssef ben Mohammed El-Abdel Ouâdite la délivra des Almohades et des étendards de l'Est. Yar'morâcène ben Ziâne en devint ensuite le maître. Sa postérité en fut dépouillée par les Turcs. Les Benou Merîne l'assujettirent deux fois à leur empire, et les Hafcides une fois.

Le traditionniste Et-Tenecy rapporte que les Benou Ziâne sont la postérité de Soléimane ben Abd El-Kámel ben H'assane ben H'assane ben Ali et forment une branche des Benou Abd El-Ouad. Ibn Khaldoun répète plusieurs fois que les Abdelouadites sont des Zenáta. Le très docte El-Mosnaouy adopte, sans la combattre, l'opinion de Et-Tenecy. Toutefois, il ajoute que cet historien est dans l'erreur en affirmant que notre seigneur Soléimane se rendit à Tlemcène, car son fils seul y alla.

يغمور — Yar'mor est le même personnage que Yar'morâcène ben Ziâne, l'abdelouadite. Cette orthographe a été adoptée par Ibn El-Khat'ib Es-Schnâny.

Ibn Khaldoun raconte, en un certain endroit de son histoire, que Yar'morâcène prétendait être du sang d'Idris et disait à ce sujet : « Si cette origine est vraie, elle me servira auprès de Dieu. En tout cas, ce n'est pas par la noblesse, mais par les armes que je me suis affermi en ce monde. »

Et-Tenecy, dans sa généalogie de la famille de Yar'morâcène, ne mentionne pas Idris, nous le répétons, mais son frère Soléiman. Dieu est le plus savant.

La puissance des Benou Ziâne s'est effondrée ; leur société s'est désorganisée. Telle a été, du reste, la destinée de tous les États.

Il ne reste plus aujourd'hui de cette tribu souveraine que des fractions dispersées en divers pays. C'est d'eux que seraient issus les Benou Cho'éib, les Chouchâoua, les Oulad-Moussa d'El-Attâf et un groupe de population dans le Djebel Aourás, au sud de Constantine. Notre excellent maître et saint intermédiaire auprès de Dieu, Sidi Ahmed ben Tâbet, savant devant Dieu et parfait devant les hommes, que ses tentatives en vue de la réforme des mœurs ont rendu populaire et qui a vu se briser à ses pieds l'orgueil des grands de la terre, est issu du sang des rois zianites.

Les Benou Ziâne, au temps de leur puissance, comprenaient douze tribus, dont les vestiges sont cachés sous les voiles de l'oubli recouvrant les traces de leur grandeur. Leurs débris vivent en état d'hostilité avec les tribus qui payent l'impôt, sans plus d'influence que s'ils n'existaient pas ; en butte à la tyrannie du fort, ils boivent à la coupe amère de l'obscurité.

En langue berbère, le mot *ifrène* a le sens de fuite. Il ne reste plus aujourd'hui des Benou Ifrène que des fragments peu importants, presque inconnus et comme perdus au milieu des autres tribus. Ils n'ont plus, comme autrefois, ni lieux de campement, ni responsabilité, ni alliés accourant au premier appel. Telle est la loi de Dieu à l'égard du genre humain. Malgré leur extinction, il ne faudrait pas oublier que des Benou Ifrène et des Benou Abd El-Ouâd sont sortis de grands saints, d'illustres savants, dont la réputation vit parmi toutes les classes de la société. Nous citerons entre autres El-Ifreni que Sactani a copié dans son traité de dogmatique.

شعنب ومصاب مدت طاعته ۞ على مسابات شتى من ضرس

Son autorité s'étendit sur le pays de Cha'nb et de Moss'âb, à plusieurs journées de marche de D'ers.

COMMENTAIRE

شعنب. — Le royaume de notre prince est limité : au nord, par la Méditerranée ; et au sud, par le pays de Cha'nba.

Cha'nba est le nom du premier Arabe qui pénétra dans cette région, vers le premier tiers du VIIe siècle. Une grande et forte tribu porte également ce nom ; elle campe au sud du kas'r d'El-Abiod, à plus de cinq journées de marche d'Abou D'ers, localité située près du chott des H'oméyane, branche des Benou Yezîd.

Le Djebel Moss'âb rappelle le nom du premier des Lemaya qui s'y fixa ; il s'appelait Mozâb (1). Les Lemaya étaient frères des Medâr'er.

---

(1) Les Beni Mozâb, dans leurs chroniques, prétendent qu'ils formaient tout d'abord la tribu des Benou Moss'a'b (بنوا مصعب). C'est sous ce nom qu'ils auraient émigré de la presqu'île arabique, à la suite de leurs sanglantes luttes avec les orthodoxes, et qu'ils seraient arrivés en Afrique. Les Arabes, au milieu desquels ils se re-

Les habitants du Djebel Mozâb sont un mélange de S'anhâdja et autres Berbers. Ils y ont fondé des villes, entre autres R'erdâya. On trouve aussi parmi eux des *sonnites*, les Benou Merzouk', que, dans ce pays d'hérésie, on désigne sous le nom de *malékites*.

Aux Benou Moss'âb se rattache la population de Guerâra, ainsi qu'une partie de celle d'Ouargla, etc.

Les ancêtres des Benou Moss'âb furent initiés au *khar'edjisme* par leur chéikh Abou El-Khatt'âb, lequel avait bu l'erreur à sa source même, l'I'râk', dont les habitants, pour me servir de l'expression de Sa'ïd ben Mocïeb, étaient gens de scission et d'hypocrisie.

La doctrine du kharedjisme eut pour fondateur, dans l'I'râk', Abdallah ben Ibâd', qui vivait à l'époque des contemporains ou successeurs des compagnons du Prophète. Son œuvre fut continuée par Nedjeda et Merdâs Abou Hilâl, sous le règne de Moa'wya ; par Nafé' ben El-Azrek', inventeur de la secte des Azareka, par Abdallah ben Ouheb Er-Râsby, sous le règne de Ali ; par Kéilâne, sous le règne de O'mar ben Abd El-A'zîz, etc. L'un des disciples de Abou El-Khatt'âb fut Rostem ben Destâne, auteur de la guerre de K'âdicya et père d'Abd Er-Rahmâne, fondateur de Tahret, au pied du Guezoul, dans la direction du Seressou. Nous avons déjà parlé de ce fait.

Dans le Mar'reb central, on rencontre beaucoup de Lemaya. Ils sont orthodoxes et appartiennent à la principale communion de l'Islamisme, telles que les populations de Frenda et de H'aouâret, avec leurs annexes. Dieu est le plus savant.

Les habitants des villages du Djebel Râched, les Benou El-Ar'ouât' et les tribus des environs, ne reconnaissaient aucune autorité et infestaient les routes de leurs brigandages. Notre maître dirigea contre eux une expédition et fit cesser cette anarchie. Dès qu'il eut dompté ces contrées, le calme y succéda à la tourmente. J'ai dépeint cet événement dans les vers suivants :

---

trouvaient, pour satisfaire leur haine contre des schismatiques, auraient transformé, au moyen d'un simple changement de lettre, le nom de Benou Moss'a'b en celui de Benou Moss'âb (مصاب) (fils du réprouvé), par allusion au fondateur du kharedjisme.

« Il a conduit ses bataillons vers des terres tellement éloignées, que depuis deux mois on n'en a plus entendu parler.

» Il a marché contre les gens d'El-Ar'ouât', dans l'intention de s'emparer de leurs demeures. Il a d'abord subjugué les El-Arbâ' et les Oulad-A'meur-ben-Abd-Menâf-ben-Hilâl.

» Il a entraîné sur ses pas une armée nombreuse vers ces indomptables contrées. Malgré les guerriers redoutables, il a posé de force son pied dans les campements ennemis.

» Les tribus ont résisté un instant, puis ont fui en déroute. Son armée les a poursuivies avec la furie de l'onde débordée.

» Rien ne les protégeait, ni remparts, ni maisons, contre l'obus rempli de matières inflammables, qui perforait les murailles.

» Enfin, elles ont imploré la paix, livré des otages, et se sont rangées sous l'autorité de ce seigneur, de ce prince, qui leur a recommandé la soumission à Dieu, notre créateur, l'obéissance au Prophète et au souverain.

» Il s'est ensuite rendu à Aïn-Madi pour combattre les Tedjîni et leurs auxiliaires.

» Ils ont voulu se défendre; mais ils ont été rompus et brisés. Il est entré dans ce k'as'r de malheur et de malédiction.

» A l'aide de ses vaillants soldats, il a fait rentrer dans l'ordre le Sahara, dont les héros ne lui ont pas été plus redoutables que ces faibles créatures qui cachent leurs traits sous un voile.

» C'est Mercure traversant les constellations, c'est l'ouragan déchaîné sur la terre et sur la mer.

» Il a reçu le pouvoir du Maître de miséricorde ; il ne montre aucun orgueil dans ses actes, aucune trace d'arbitraire dans ses jugements.

» Il fait le bien, recherche les lieux où il y a à faire de bonnes œuvres. Que d'institutions il a déjà fondées, qui dureront autant que le temps.

» C'est ainsi qu'il a donné la sécurité aux voies de ses États. Puisse Dieu lui donner la sécurité au jour de la résurrection et du jugement dernier. »

بيهد الكل برخص وعافية   فد امنوا كلهم عواقب البلس

محمد بن عثمان نجم سعدهم   رصد من كلب يصمى ومن سجس

مدة ست وستة من امارته   حل العذاب باهل البغى والبلس

Il usa de douceur et de bonté pour pacifier les tribus, auxquelles le bien-être fut dès lors garanti.

En devenant l'étoile du bonheur de tous, Mohammed ben O'tmâne assura chacun contre les périls et les révolutions mortelles.

Pendant douze ans de son règne, il infligea le châtiment au peuple de l'iniquité et du dénûment moral.

COMMENTAIRE

Dès qu'il eut pris la direction du Mar'reb central, en 1093, Mohammed ben O'tmâne porta toute son attention sur la ville d'Oran. Il forma le projet de la combattre et de la bloquer étroitement. Pendant douze ans, il dirigea contre elle de nombreuses expéditions, et finit enfin, après un siège rigoureux, par s'en emparer. Nous donnerons tout à l'heure de plus amples détails, à l'occasion d'un vers de notre poëme. Quand l'armée qu'il avait organisée pour l'investissement de cette place vint camper à Messoulâne et à Micerguine, grande fut la joie de tous les Musulmans. En effet, c'était l'affermissement des bases de la loi et du culte de Dieu. Rien que l'annonce de cet événement était déjà un bienfait que se partageaient tous les vrais Croyants. A partir de ce moment, tous ses actes furent des faveurs successives; d'une nature excellente, il ne resta pas un seul instant sans répandre un amas de grâces et les marques d'une libéralité que ne ternissait ni vice ni défaut. Dans sa sublime bienveillance pour les Musulmans, il ne laissa pas les Infidèles goûter la moindre joie. Grâce à son activité, le lendemain ajoutait une nouvelle inquiétude à celle de la veille, la douleur suivait la douleur dans le cœur de nos ennemis. Il était digne qu'on lui appliquât ces deux vers d'Abou Tâyeb sur Séif Ed-Daoula, sultan des Arabes :

« Il se fixa enfin dans les faubourgs de Kherchana, d'où il abreuva d'amertumes les Grecs, les gens du crucifix et des temples.

» Désormais, les enfants sont pour le massacre, les femmes pour l'esclavage, les trésors pour le pillage, les moissons pour le feu. »

٨٦ عمر كل مرصد كان مسلكهم ٭ بالخيل والرجل مع حلف العسس

Tous les lieux par où nos ennemis pouvaient passer furent remplis de cavalerie et d'infanterie, ou entourés d'un cordon de postes.

COMMENTAIRE

حلف. — Nos pères, qui, certes, étaient gens vertueux, ne se rasaient la tête que lors de pèlerinage et de visite aux lieux saints. Les kharedjites ou schismatiques furent les premiers qui firent tomber leurs cheveux sous le rasoir, en dehors de toute dévotion, sous le règne de Ali; on les reconnaissait à leur tête rasée. D'après Chihab El-Khafadji, on ne se rasait la tête, dans les premiers temps de l'Islamisme, qu'en vue de pratiques religieuses. Selon le même auteur, les pays habités par les kharedjites étaient : El-Djezira (Mésopotamie), O'mâne, Mossoul, H'adramout et quelques localités du Mar'reb : Mossa'b, Djerba, Guerâra, Zebâra, etc.

طلبة جاهدوا كبعل شيخهم ٭ احمد او محمد او ابن الفرس

Les Taleb participèrent à cette guerre sainte et y déployèrent toute l'intrépidité de leurs maîtres, Ahmed, Mohammed, ou Ibn El-Ferès.

COMMENTAIRE

Les *taleb* s'illustrèrent, au siège d'Oran, par des actes surprenants d'héroïsme, des traits d'audace inouïe, une patience peu commune : ils semblaient se jouer des plus grandes difficultés. Jamais on ne les vit fuir l'ennemi ou trembler aux détonations de la bombe. Les combats ne les empêchaient pas de réciter assidûment le saint Livre, d'observer avec soin le rythme harmonieux et la cadence admirable de ses versets, dont la divine odeur fait oublier le parfum des fleurs apporté par la brise, dont la pureté force les ruisseaux limpides de rentrer sous terre, dont la douceur réduit au silence les fraîches haleines du feuillage. Des émanations embaumées se dégagent du campement de cette troupe de lévites; l'auréole lumineuse de la sainteté brille constamment au-dessus d'eux. La voix seule de leurs chants sacrés a fait plus de mal aux Chrétiens et leur a causé une mort plus rapide que si elle leur fût venue par la flèche ou le trait. Les tolba avaient préparé, en vue des Infidèles, les plus puissants engins de destruction : en moins d'un clin d'œil, ils eurent brisé leur force à l'aide du glaive qui sépare la bonne voie de l'erreur. La vérité apparut et le mensonge s'enfuit avec d'autant plus de vitesse que les tolba étaient plus proches. La superbe haine de nos ennemis fut abattue ; ils dirent adieu aux forts et aux maisons, où ils semblaient n'être restés qu'un instant. Nous entrâmes dans la ville en même temps qu'ils en sortaient : le corbeau avait croassé sur leurs demeures.

شيخهم احمد . — Le chéikh Ahmed, dont il est parlé dans mon vers, était fils de Tâbet et fut le plus grand de nos maîtres; il est aujourd'hui notre médiateur auprès de Dieu, notre refuge, notre forteresse et notre soutien. Ce docteur ès-lois divines, ce juste devant Dieu, qui avait le droit absolu, de par sa naissance et ses mérites, de distribuer les diplômes d'enseignement, descendait de l'illustre roi de Tlemcène, Abou Tâbet. D'une vertu éminente, d'une science étendue, il réunissait en lui tout l'esprit du siècle. Les sciences n'avaient pour lui ni mystères ni subtilités. Sa connaissance parfaite des règles des sept modes de lecture du Livre saint lui donnait une supériorité incontestable sur tous les savants. Il s'était approprié l'art de l'éloquence, sans avoir été dirigé dans cette étude par une idée mondaine ; il possédait, avec une rare perfection, les systèmes scolastiques, l'histoire, la littérature, et s'était assimilé la théorie de l'entendement et de la syntaxe.

Quoique une ou deux générations nous séparent de Ahmed ben Tâbet, je n'ai pas hésité à en faire le chéikh des taleb mes contemporains, car il fut l'homme le plus érudit du Mar'reb central, le chef de la corporation des savants. A la tête d'une armée d'étudiants, où le matériel et l'argent ne manquaient pas, il mit plusieurs fois le siège devant Oran. L'orgueil de la puissance ne lui faisait point perdre Dieu de vue. Ses troupes avaient une entière confiance en son intelligence et sa foi. Son disciple et lieutenant, Sidi Mans'our Ed-D'erir (l'aveugle), homme d'une grande autorité et profondément versé dans les principes du Coran, me racontait que l'attaque du chéikh contre Tlemcène eut lieu à la suite de l'ordre que lui en donna le Prophète dans un songe. Il considérait la réforme des mœurs, qui était le but de son expédition, comme un devoir sacré, une obligation rigoureuse, un précepte de nécessité. Il livra plusieurs combats aux habitants de Tlemcène. Un grand nombre de tolba furent tués.

Tlemcène ne changea pas de situation jusqu'à sa prise par le Bey O'tmâne.

Le chéikh Ahmed mourut vers le milieu du XIIe siècle.

محمد. — Ce Mohammed, plein de piété et de religion, était le très docte fils de Abd El-Kerîm El-Mer'ili. Il était chéikh de ces révérends tolba que leur dévotion professionnelle ou spiritualité appelle à l'intimité de Dieu. On le faisait homme de vaillance et d'énergie ; il jouissait de l'estime et de la considération publiques. Il était contemporain de Soïout'i, et son émule de gloire scientifique. Lorsque ce dernier soutint qu'il y aurait convenance à prohiber l'enseignement de la logique dans les écoles, Mohammed ben Abd El-Kerîm se fit le champion de l'idée contraire, et, dans une épître en vers, dont nous donnons un passage, entreprit de démontrer la parfaite légalité de l'étude de la logique.

« Jamais rien de semblable n'a frappé mon oreille. Mais tout bruit a une cause, de même que toute branche se rattache à un tronc.

» J'aurais désiré, je le jure par le Seigneur du temple, non pas entendre, mais voir moi-même. Ne l'ayant pu, je veux être bienveillant pour l'auteur de ce bruit.

» Se peut-il qu'un homme, représenté comme l'argument de la science, en vienne, par ses paroles, à défendre la lecture raisonnée du Coran ?

» La logique, qui est le signe de la pensée, est-elle donc autre chose qu'un moyen d'arriver à la vérité, d'acquérir la certitude quand on ne l'a pas ?

» Prouve-moi, par un exemple, je t'en prie, que la logique est tout autre chose que ce que je te dis, et je laisserai de côté cette science.

» Ne viens plus dire : « c'est un Infidèle qui l'a inventée ; des hommes l'ont condamnée », si tu en as constaté la valeur.

» Prends la science même chez l'Infidèle, et ne juge pas un homme d'après la religion de ses concitoyens.

» Nous avons constaté la présence de la vérité chez les païens ; il ne faut pas dire le contraire. Dans la controverse, appuie-toi sur la vérité seule et non sur les hommes qui l'ont découverte, car ils ne sont que les guides qui y mènent.

» Certes, les opinions que tu rapportes des philosophes anciens sont vraies. Ces philosophes étaient nombreux ; nombreux aussi sont parmi nous les savants en législation révélée qui autorisent le recours à la logique.

» Si tu ne veux pas accepter la science des anciens, efforce-toi de prouver l'aveuglement d'une partie d'entre eux, mais que ce soit de façon à ne pas avoir à craindre le poison des traits de Dieu. »

Cette épître fut adressée par son auteur à l'adversaire de la logique.

A peine Es-Soïout'i, pour blâmer l'usage de la logique, avait-il composé son traité intitulé : *El-K'aoul El-Mocherik fi tah'rîm El-Ment'ik* (Discours instructif pour la prohibition de la logique), que le chéikh Mohammed soutenait la proposition contraire et écrivait un ouvrage intitulé : *Kitâb El-Lobâb fi redd El-Fikr ilâ Es-S'aouâb.* (Discours de l'homme intègre pour ramener la pensée vers le vrai). Cette inscription, en même temps qu'elle était un titre, indiquait une divergence d'opinion.

Le chéikh Mohammed fit longtemps la guerre aux Infidèles dans les villes maritimes du Mar'reb, où l'Islamisme se montrait d'une regrettable faiblesse. A cette époque, grande était l'influence des Juifs à Sedjelmesse et dans les contrées environnantes ; extraordinaire y était leur puissance. La trahison leur rapportait de gros bénéfices. Leurs rangs se grossissaient encore de tous les gens de l'erreur. Cet état de choses souleva dans l'âme du chéikh Mohammed une sainte exaltation, et le désir de faire pénétrer dans le monde les principes sacrés de morale l'entraîna dans une guerre acharnée contre ce peuple criminel. Il apaisa ainsi sa soif de vengeance et la haine qui lui rongeait le foie. Il se rendit ensuite au Touât, y réunit des bandes, des contingents et des soldats, et marcha sur Maroc, sous le règne du sultan Ahmed ben Yahya ben Abou El-Amrane El-Ourtâcy. Son armée fut mise en déroute ; il rentra au Touât, qu'il ne quitta plus jusqu'à sa mort. Là, son tombeau devint un lieu fréquenté de pèlerinage. Le chéikh Ahmed Baba (1) était, dit-on, de son conseil intime, et rien ne s'entreprenait sans son avis.

Les Mer'îla, dont le chéikh Mohammed était originaire, formaient l'une des plus anciennes tribus berbères. Ils descendaient

---

(1) Saint et jurisconsulte fort vénéré à Tombouktou. Il aurait écrit un commentaire sur Sidi Khelil.

des Benou Temcît ben At'rîs ben Zedjîk ben Mâdr'ès ben Berber. Ils avaient pour frères les Four'âl, Kernît'a, Sederdja, Met'mât'a, Set'foura, Lemâya et Medîouna.

Les Ouelhâça, Soumâta, Mernîza et Zatîma sont issus des Benou It'oufet ben Nefz ben Sedjîk ben Mâdr'ès ben Berber.

Les Meklâta sont aussi une branche des Benou It'oufet. Suivant quelques généalogistes, Meklât était Himiarite et fut élevé par It'oufet. Il serait alors Meklât ben Ra'âne ben Kolâ' ben Sa'd ben H'imiar.

Des Mer'îla descendait Abou H'âtem, surnommé Abou K'âdoum, qui appartenait à la secte schismatique des kharedjites-sofria. Il fut roi pendant 40 ans. Quand les kharedjites se réunirent à Tripoli pour combattre Ameur ben H'afs El-Azedi, préfet de Dja'far El-Mans'our, et s'emparèrent de cette ville, ils choisirent pour roi Abou H'âtem. Leur armée, divisée en 12 corps, s'élevait à 350,000 hommes, dont 35,000 cavaliers. Je ne connais que très peu de rois berbers qui aient entraîné à leur suite un nombre aussi considérable de combattants.

Abou K'orra, selon l'opinion la plus répandue, était des Mer'îlâ. On le fait aussi descendre des Benou Ifrène. Proclamé khalifa en 148, il fut mis en fuite par El-Ar'leb ben Souda, préfet de Tobna, qui le poursuivit jusqu'au Zâb.

Tobna fut fondée en 151, par O'mar ben H'afs, de la postérité de K'abîss'a El-Azdi, qui y établit les Refdjouma.

Des Mer'îla sortirent : Abou H'assane, qui se révolta en Afrique, dans les premiers temps de l'Islamisme ; le savant Khelifa ben Khlat,' et Deloul ben H'ammâd, émir vassal de Ya'la l'ifrénite.

La plus grande partie des Mer'îla se trouvaient dans le Mar'reb occidental. Ils s'attachèrent à la cause de notre maître Idrîs, le soutinrent de leurs armes et lui amenèrent la soumission des tribus berbères. Leurs fractions les plus populeuses étaient établies entre Fez et Sofroui.

Des Mer'îla descend le groupe des Bou Arizer ou Benou A'zouz, fixés au-dessous de Mazouna. Ils ont aussi donné naissance à quelques familles de savants à Mazouna.

C'est du littoral des Mer'îla installés près de Mazouna, que partit pour l'Andalousie Abd Er-Rahmâne Ed-Dakhel, avec un de leurs chefs, H'assane ben Zeroual. Les Mer'îla participèrent à la révolte qui éclata en Afrique. Le commentateur Ibn Et-Tlemçani est né dans cette tribu. Cet érudit a jeté un jour lumineux sur les questions d'hoirie.

En somme, les Mer'îla exercèrent la souveraineté, cultivèrent les sciences, et eurent la sainteté de mœurs. Aujourd'hui, ils sont taillables et corvéables. Dieu seul est supérieur à ses décrets.

« Comme d'autres, ils étaient rois, a dit un poète ; ils le seraient encore, si les dynasties duraient ; mais elles ne sont pas durables. »

Les Mer'îla ont été les clients de deux maisons royales : d'abord ceux de Abd Er-Rahmâne Ed-Dakhel, et ensuite ceux de Idrîs.

Le célèbre imam El-Mazouni, enterré à Tlemcène, fils et père de savants, naquit dans cette tribu.

La plupart des Medîonna étaient fixés autour de Tlemcène. Avant l'Islamisme, ils étaient de religion juive. Djerîr ben Messaoud fut un de leurs rois. Beaucoup d'entre eux émigrèrent en Espagne. C'est de ces derniers que sortit Belâl ben Abza, qui se révolta contre Abd Er-Rahmâne, se soumit et devint chef des Berbers de l'Andalousie orientale. Dans le Mar'reb central, on trouve encore, noyés dans les tribus, quelques restes des Medîouna.

Aux Set'foura se rattachent les populations de Nedrouma, Mer'âra, Benou Iloul, Mecîfa, Tîoura, Hechîma et Kîouma. De ces derniers sont sortis les Benou Senous et les Benou A'bed. Ceux-ci ont donné le jour à l'illustre sultan Abd El-Moumène. Ce souverain naquit à Tiagueraret, dans la montagne qui domine Ahnaï.

Les Mat'mât'a étaient la postérité de Fatène ben Temc'ît. Une de leurs fractions est fixée aux environs de Fez, une autre aux environs de l'Ouarancherîs. Ils habitaient le territoire de Guezoul, près de Tahret. Leur chef, R'erouna, soutint contre les Louata et autres Berbers une lutte fertile en batailles. Son fils Ztri lui succéda ; vaincu par les S'anhâdja, il traversa la mer et se réfugia auprès de Mans'our ben Abou A'mer, qui en fit un des chefs des Berbers de son royaume, eut recours à ses armes pour consolider sa puissance et l'éleva à une des principales dignités de sa cour. Les fils et successeurs de ce prince, El-Mod'affer d'abord et Abd Er-Rah'mâne ensuite, imitèrent à son égard la conduite de leur père et lui conservèrent la faveur royale.

Au nombre des personnages remarquables des Mat'mat'a passés en Espagne, il faut citer Kehlâne ben Loua, biographe des Berbers, qui devint l'hôte de Nac'er. Aux Mat'mat'a appartenait aussi le grand historien Sâbek' ben Soléimâne ben H'errat ben Moulât ben Doumâs, fondateur de la généalogie berbère, ainsi que Abdallah ben Idris, directeur de l'impôt foncier sous O'béid Allah El-Mahdi.

Chez les Oulhâça naquit le savant Mondir ben Sa'îd, cadi de Cordoue.

Le pays de Mendâs fut ainsi nommé de son roi Mendâs ben Mefer ben Artr' ben Ktouri. Ce qu'il y a de plus certain, c'est que Mendâs fut élevé par Haouâr. Il eut trois enfants : Chedâ, Keltoum, Tekkem.

Les débris des Mat'mat'a habitent aujourd'hui l'Ouancheris, où ils se réfugièrent après avoir été vaincus par les Todjine. Nous donnons ce fait sous toutes réserves.

L'Ibn El-Ferès de notre vers est Abd Er-Rahîm ben Abd Er-Rahmâne ben El-Ferès, l'un des pôles des maîtres ès-sciences de l'Andalousie. Il est surtout connu sous le nom de *Mohr* (poulain). Après avoir bataillé contre les Infidèles en Andalousie, il aborda sur nos rivages et se manifesta d'abord dans le pays de Djezoula. Il s'arrogeait l'imâmat et prétendait être le *Kah't'ani* dont le Prophète parle en ces termes :

« La dernière heure sera précédée par un homme de K'aht'âne, qui conduira les hommes avec un bâton et remplira la terre d'autant de justice qu'elle renfermait d'iniquité. »

Les vers suivants sont de ce faux Messie :

« Dis aux enfants d'Abd El-Moumène ben Ali de se préparer à un grand événement.

» Le seigneur, l'être actif de K'aht'âne est venu. Il est le dernier terme de la parole divine, le renverseur des empires.

» Les hommes doivent obéir à son bâton. Il est leur conducteur ; le pouvoir suprême lui est déféré ; il est la mer de science ; à lui l'infinité des actes.

» Hâtez-vous d'aller à lui. Dieu est son auxiliaire, Dieu humiliera le peuple du péché et de la dégénérescence. »

En-Nac'er envoya contre lui des troupes, qui le mirent en fuite. Il fut tué et sa tête, portée à Maroc, fut exposée sur les murs de cette ville. C'est à cette occasion que furent faits les vers suivants :

« Le *poulain* rétif a poursuivi avidement un but que ne pourrait atteindre un coursier rapide.

» Il a couru ; ses pieds ont couru, mais sa tête a devancé le corps, qui est resté en arrière. »

ما ٭ سنة خمس اتى لها بكلكله ٭ جند عظيم ما بين الشهم والحوس

En l'année cinq du VIIIe siècle, une armée immense de héros et de guerriers intrépides campa, avec son matériel, sous les murs d'Oran.

COMMENTAIRE

خمس. — Nous avons précédemment donné la date de l'avènement de notre prince au trône du Mar'reb central. Il marcha contre Oran à la tête de bataillons pareils à des torrents impétueux, aux vagues terribles d'un Océan en furie, au flux irrésistible de plusieurs mers réunies. A la vue de ce déploiement de forces, les populations de la contrée, qui avaient déjà l'existence la plus douce, la plus commode et la plus aisée, virent encore s'augmenter, sous l'annonce répétée des victoires, la masse de leurs jouissances et de leurs félicités.

مدافعاً و بونبات احاط بها * كانها بينهم كحلفة الجلس
يكاد يصدع الشامخات برودة * رعد سحاب مديم الصعق والجرس
يشيب من حربه راس الغراب ولا * يشيب راس نهار دايم الغلس
نفع خيله ودخان برودة * يوم حليمة اوبعاث او حدس
١٨ حارطاغيتهم من باس امرنا * وقلبه مملو بالرعب والوجس

Le chef de cette armée enveloppa Oran de canons et de mortiers, et la ville devint comme une femme entourée d'un cercle infranchissable de curieux.

Peu s'en fallut que sa poudre ne fît éclater les montagnes élevées. C'était le roulement continu du tonnerre dans un nuage fulgurant.

Si terrible était cette guerre que la tête du corbeau en eût blanchi; mais l'aurore ne blanchissait jamais le ciel, tant les nuages de la poudre étaient épais.

La poussière des chevaux, la fumée de la poudre rappelaient l'horreur des batailles de H'alima, de Bo'ât ou de Djedîs.

Le roi des Chrétiens était consterné des ravages causés par notre prince; son cœur était plein de crainte et de frayeur.

COMMENTAIRE

Bedr El-Djemâli était un homme brave dans les combats et sage dans les conseils. Mostanc'er, roi d'Égypte, ayant écouté le conseil qu'on lui donnait de le prendre pour ministre, afin de préserver ses États de la ruine qui les menaçait, vit aussitôt ses affaires se rétablir et reprendre l'assurance qu'elles n'avaient plus. L'arrivée de cet homme d'État en présence du souverain coïncida avec la lecture de ce passage du Coran : « Dieu vous a secouru à Bedr,... » Le lecteur s'était arrêté à ce dernier mot.

— Par Dieu, s'écria le roi, si on avait terminé le verset, je tranchais la tête de Bedr.

Ce ministre fut remplacé, à sa mort, par son fils Abou El-K'âcem Chahnachah, surnommé El-Afd'el, auquel Mostanc'er attribua le ministère de la guerre et de l'instruction publique. Lorsque Ahmed El-Mosta'li succéda à son père, El-Mostanc'er, il conserva à El-Afd'el son emploi. Celui-ci prit la direction du gouvernement, mit le monarque lui-même en tutelle et le protégea contre les entrainements des passions. Le roi, qui aimait le plaisir, s'adonnait à l'ivresse dans son palais situé sur le Nil et devenu aujourd'hui un caravansérail. El-Afd'el s'étant un jour dirigé à cheval vers les rives du fleuve, fut attaqué et tué par une bande d'assassins aux ordres d'El-Mosta'li (515). Il fut le père de Abou Ali ben Chahnachah.

La mosquée du quartier des parfumeurs, à Alexandrie, fut élevée par Bedr El-Djemâli.

El-Afd'el s'empara de Jérusalem sur les Benou Ortok (Turcs ortokides) et confia l'administration de sa conquête à un préfet. Celui-ci ne put résister aux Francs, qui prirent cette place d'assaut en 492. Il aurait mieux valu, dans l'intérêt des Musulmans, que cette ville fût restée aux mains des Benou Ortok. El-Afd'el comprit sa faute quand il n'était plus temps de la réparer.

Ce ministre laissa une fortune colossale : 600,000 dinars d'or, 250 ardebs de monnaie d'argent, 75,000 costumes de brocart, 30 charges de chamelle d'or *irakien*; une écritoire d'or ornée de perles, d'une valeur de 12,000 dinars; 100 clous d'or, pesant l'un 100 mitkal, en dix salles, soit dix par salle. A chacun de ces clous était appendu un essuie-mains en étoffe brochée d'or sur fond de couleur. L'invité qui avait fantaisie de ce linge pouvait l'emporter. A ces richesses, il faut ajouter 500 coffres d'effets pour le personnel de la maison. Dieu seul savait le nombre de ses chevaux, mulets, montures, chameaux, ânes, parfums et bijoux. Quant à ses bœufs et à ses moutons, on n'oserait en prononcer le chiffre. L'année de sa mort, le lait de ses troupeaux rapporta au fisc 30,000 dinars d'or. Il faut aussi mentionner deux grands coffres renfermant chacun un autre coffre d'or à l'usage des femmes et des concubines.

اخبارها فد طارت في لا ارض فاطبة * لا فينا في وامدوجات من وراء فابس
٨٣ اوبة جئنا بفلنا هنئنا لنا * وصلنا حـ الجمع بالجهاد النبس

La nouvelle du siège d'Oran vola dans le monde entier. Nous en entendîmes parler à Amdoudjât, au delà de K'âbès.

Combien est grand mon bonheur, m'écriai-je, en revenant de terre sainte : pèlerinage un vendredi, guerre sainte ensuite.

COMMENTAIRE

١. امدوجات. — Amdoudjât est le nom de deux montagnes dans la Méditerranée, plus proches de l'Afrique que ne le sont la Sicile et autres îles. Des religieux chrétiens s'y sont installés ; ils ont des serviteurs, des troupeaux, etc. Quand on cesse d'apercevoir ces montagnes, on découvre l'île de Kousra.

Au retour de pèlerinage, nous nous croisâmes, dans les parages de l'île d'Amdoudjât, avec un navire venant de Sfakas et se dirigeant vers la presqu'île turque de Morée ; il nous informa du siège d'Oran.

Notre arrivée à la sainte montagne d'Arafa eut lieu le vendredi de l'année 1204, et notre rencontre du navire se fit dans le mois de Cha'bâne de l'année 1205.

Sur le chemin de terre sainte, je m'abouchai, à Tunis, avec des savants, et conversai avec eux dans la mesure de mon savoir. Je visitai notre chéikh, Sidi Ahmed ben Abdallah Es-Souci, homme de spéculation et de pratique tout à la fois, docteur ès-lois divines, modèle achevé de science et de vertu. Je rencontrai Sidi Mohammed El-Mectri, dont la science théologique et le savoir littéraire faisaient la gloire de cette ville, car il était la dernière limite des connaissances religieuses et humaines, et portait noblement le drapeau des poètes et des prédicateurs. Je vis aussi le but de mes efforts, la fin vers laquelle tendait tout mon être, notre chéikh Abou El-Féid' Mortad'a. Sous sa conduite, j'étudiai les premiers principes de diverses sciences ; pour les autres branches de connaissances, il jugea que sa direction ne m'était plus nécessaire, et me conféra le diplôme d'enseignement. Des récits anecdotiques ou badins, auxquels succédaient l'examen de points scientifiques, historiques, etc., charmaient nos loisirs. En m'autorisant à faire le pèlerinage cette année même, il me remit une lettre de recommandation pour le bey de Suez. Je m'embarquai pour Djedda et, au mois de Dou El-Kada, j'entrai dans la resplendissante cité de La Mecque. A peine le temple se découvrait-il à moi que mes yeux en voyaient la porte ouverte. J'augurai bien de cette circonstance; j'en conçus l'espoir que ma manière d'être était agréable à Dieu, et que mes actes, comme un présent de vertus, monteraient à Lui. Dans le temple sacré, à la station même de l'imâme hanafi, je me livrai, pendant quelque temps, à l'étude du *Précis de jurisprudence* de Sidi Khelil. Là, j'étais à portée de vue et d'oreille du noble tabernacle. A la porte d'El-A'meri, également à portée de vue et de voix du noble tabernacle, je m'appliquai à l'étude de la Kholáss'a d'Ibn Malek. Le savant grammairien et philosophe sophite, Sidi Abd Er-Rahmâne Et-Tâdeli, m'expliqua, par de doctes leçons, le livre que Sidi Mohammed ben A'bbâd, homme que ses vertus transcendantes ont non-seulement élevé au-dessus du vulgaire, mais ont fait un des pôles de la sainteté, a composé sur les aphorismes du théologien Ibn At'allah. Nous achevâmes cet ouvrage à El-H'i'djr, le matin du troisième vendredi de mon arrivée à La Mecque. Je rendis grâce à Dieu, qui avait daigné me conduire : sans Lui, je n'eusse point été capable de venir à bout de mon voyage.

Je quittai La Mecque dès que mes intérêts ne m'y retinrent plus : j'avais terminé mes dévotions et accompli strictement les devoirs du pèlerinage.

Au Caire, je retrouvai notre chéikh Abou El-Féid en excellent état de corps et d'esprit. Après m'avoir encore donné quelques leçons, il me délivra le brevet de capacité et me permit de rentrer dans mon pays. Il mourut environ cinq mois après notre séparation.

De retour à Tunis et revenu de l'abattement et des angoisses où m'avaient jeté les fatigues de la mer, je rencontrai Sidi Mohammed ben El-Mah'djoub, l'honneur de Tunis comme savant et comme mofti, qu'on aimait à l'égal d'une espérance, d'un désir, et dont les belles et splendides actions sont prises comme exemples et lui ont valu une sainte réputation. Pendant tout le temps de mon séjour auprès de lui, il me combla d'attentions ; les jours se passèrent pour moi dans une félicité complète jusqu'au moment de mon départ.

La guerre sainte entreprise contre Oran causait une rumeur qui prenait à chaque instant plus d'intensité et remplissait toute l'Afrique. Bientôt il n'y eut plus de localité où l'on ne s'entretînt de cet événement.

A mon arrivée dans la province de Constantine, les campagnes et la capitale étaient pleines de bruits belliqueux. On se racontait avec joie les faits de guerre qui s'accomplissaient autour d'Oran, et toutes les conversations roulaient sur ce sujet.

Au mois de Chaouâl de la même année, j'entrai à Mascara. Là, j'entendis les détonations des bombes et des canons : on aurait dit les grondements successifs de la foudre ou le bruit sourd et prolongé de tremblements de terre.

Je ne m'attardai point à Mascara : l'amour de la guerre sainte me poussait vers les combats ; mes oreilles étaient constamment pleines de la voix du canon ; les nouvelles de nos victoires parfumaient ma tunique de senteurs odorantes, et le désir immodéré que j'avais de combattre les Infidèles m'entraînait vers les champs de bataille. Mon esprit ne reprit son calme qu'au milieu de l'armée victorieuse qui humiliait et domptait le sanctuaire des Infidèles, sous la conduite de notre prince héroïque, de cette âme énergique et si propre à augmenter le châtiment des ennemis de Dieu. Campé en personne sous les bordj d'El-Aïoun et d'El-Djedîd, il faisait un feu soutenu, chaque jour plus terrible, sur les Chrétiens. Enfin Dieu facilita la victoire de notre armée et hâta le succès des Musulmans.

فابس. — K'âbès est une ville du Mar'reb, entre Tripoli et Sefak'os. Ses princes, au temps de la dynastie sanhadjienne, étaient les Benou Djâmé', parmi lesquels nous citerons Rechîd ben Kâmel ben Djâmé, fondateur du k'asr Adoucine et de la monnaie qui a reçu de lui le nom de rachidienne. Abd El-Moumène s'empara de celte ville sur le fils de Rechid, Merafa, dernier prince de cette race à K'âbès.

Les Dahmane, branche des Riah', s'étant révoltés, Abd El-Moumène fit marcher son fils Abdallah, qui leur enleva K'âbès.

Cette cité resta aux mains des Almohades jusqu'à sa conquête par Ibn R'ânia. Les Benou Mekki en devinrent ensuite maîtres sous les Benou Merîne. Le ministre Abou El-Abbâs paya aux Chrétiens la rançon de Tripoli, qui s'élevait à 50,000 dinars. Nous avons déjà parlé de ce fait.

K'âbès dépend aujourd'hui de Tunis.

٨٤ وجدنا سوسة والمستير فذ سمعوا ٭ مدينة اللخمى وجربة مع تونس

A Soussa, à Mestîr, dans la ville d'El-Lakhmi, à Djerba, à Tunis même, on parlait du siège d'Oran.

COMMENTAIRE

Sortis des horizons profonds de la mer, nous abordâmes, dans le mois de Cha'bâne, les rivages africains. A Soussa, à Mestîr, à Sfax, ville natale d'Abou El-H'assane El-Lakhmi, auteur du commentaire appelé *El-Ikhtiár*, sur le *Précis de jurisprudence* du chéikh Kkelîl, on s'entretenait du siège mis devant Oran par l'irrésistible Sidi Mohammed ben Otmâne. A Djerba, on savait aussi l'événement, car une personne de cette localité m'en avait parlé un jour avant notre atterrissage. A Tunis, le blocus d'Oran était également l'objet des conversations.

سوسة. — Soussa est une des plus grandes villes maritimes de l'Afrique. En 543, Roger, roi de Sicile, chargea son général, George, de l'attaquer avec 300 navires. Pour arriver à ses fins, il employa la perfidie. Il feignit d'aller au secours du sultan de Mehdia, Abou El-H'assâne ben Ali ben Yahya ben Temîme ben El-Moa'zz ben Bâdîs. Celui-ci, qui avait envoyé ses troupes à l'aide du seigneur d'El-Moa'llak'a, se trouva sans forces pour déjouer les projets de Roger. Aussi abandonna-t-il Mehdia, dont la population le suivit dans sa retraite. L'ennemi s'empara de cette ville sans essuyer de résistance. Abou El-H'assâne y avait laissé le trésor amassé par les rois ses prédécesseurs. George donna l'*amane* aux habitants qui étaient restés, afin de mieux les maintenir en sujétion, rappela les fuyards, envoya des détachements soumettre Sfax, Soussa, Tripoli, Mestîr et toutes les villes du littoral, et imposa la capitation aux populations. En 555, Abd El-Moumène ben Ali délivra les Musulmans du joug des Infidèles.

En 480, sous le règne de Temîme, ancêtre d'Abou El-H'assâne, les Génois, au nombre de 30,000 combattants apportés par 300 navires, s'emparèrent de Mehdia. Temîme, moyennant une rançon de cent mille dinars, amena leur départ. Son fils, Yahya, fit, avec ses escadres, une guerre si vive aux Infidèles, que les nations d'outre-mer ne virent d'autre moyen pour éviter ses coups que de lui payer tribut.

Les Chrétiens attaquèrent Mehdia au commencement du règne d'Abou El-H'assâne. Leur acharnement à la lutte fit tomber entre leurs mains le château ou kas'r Dîmâs. Les Musulmans se liguèrent, les vainquirent, les poursuivirent sans relâche et les obligèrent à rentrer tout honteux en Sicile.

En résumé, Mehdia des Benou A'bîd eut à supporter trois fois l'agression des Chrétiens.

Lorsque El-Moa'zz ben Bâdis, attaqué par les Arabes (449), se retira à Mehdia, sous la protection de Mounès ben Yahya Er-Riâh'i, Soussa et Tunis échappèrent à son autorité.

مستير. — Mestir s'élève également sur les bords de la mer. Cette ville est appelée la meilleure des sépultures et la pire des habitations. J'y visitai le tombeau de l'imam Ibn Younès, auteur du *Terdjih'*, et aussi celui d'El-Mâzeri, qui a commenté le *Précis de jurisprudence* de Sidi Khelil, en un livre intitulé : *El-Mak'oul ou El-K'aoul*.

صفاكس. — Sfax, et mieux Safak'os, est plus près de Djerba que ne le sont les villes précédemment décrites. Ses habitants, d'après le K'amous, boivent l'eau de puits.

Quand la puissance des Sanhâdja commença à péricliter, H'ammou El-Berr'ouât'i se révolta et s'en empara (451).

جربة. — Djerba est une île. Elle n'a de communication avec la terre ferme que par ses navires. Cependant, ses habitants m'ont affirmé qu'ils avaient connu, du côté du Sud, un gué qui fut ensuite détruit parce qu'il livrait passage aux lions, aux chacals et aux voleurs.

De l'ouest à l'est, la longueur de l'île est de soixante milles. Sa largeur, du côté de l'ouest, est de vingt milles, et, du côté de l'est, de quinze. Ses arbres sont: le figuier, l'olivier, la vigne. Ses pommes sont renommées. Ses vêtements de laine, recherchés partout avec empressement, donnent lieu à une exportation considérable.

La population de Djerba est berbère. Elle est, en grande partie, originaire des Lemaya, qui donnèrent, à Tiaret, la royauté à Abd Er-Rahmane ben Rostem ben Dastâne. Le reste descend des Ketâma, Sedouikeche, Nafra et Houara. Tous professaient le kharedjisme, qu'on y rencontre aujourd'hui divisé en deux sectes : 1° les Ouehbites, ou sectateurs de Abdallah ben Ouehb Er-Râsbi, tué par le prince des Croyants, Ali ben Abou T'âleb, à Nehraouane; ils habitent la partie occidentale de l'île ; 2° les Nekkara, fixés dans la partie orientale. Les Ouehbites exercent l'autorité.

Au commencement de l'Islamisme, Djerba fut conquise par Rouéifa' ben Tâbet El-Ans'âri, des Benou Neddjâr, qui, nommé gouverneur de Tripoli par Moawia, en 46, envahit l'Afrique et conquit Djerba (47). Le saint et vertueux H'aneche ben Abdallah Es-S'ana'ni, l'un des plus remarquables disciples des compagnons du Prophète, assista à la prise de cette île. Le tombeau de cet auguste personnage serait à Barka, s'il faut en croire Ouali Ed-Dine El-Irâk'i. Ce dernier, dans son ouvrage intitulé : *El-A'tbya*, ou traité de terminologie sur le Hadit, s'exprime ainsi : « Le tombeau de Rouéifa' El-Ans'âri est à Barka. » On le dit aussi enterré en Afrique. C'est là, du moins, ce qu'affirme Abou Zakariâ ben Menda. Ce saint homme fut le dernier des compagnons du Prophète, mort en Afrique. La première opinion est soutenue par El-Mazini. De son côté, Es-S'elah' ne croit pas que Rouéifa' mourut en Afrique. Suivant Ibn Younès, sa mort eut lieu à Barka, alors que El-Moslima ben Mokhled y commandait (53) ; et cet auteur ajoute même : « Son nom est encore aujourd'hui fort répandu à Barka. » D'après le *Tehdîb El-Kemâl*, sa mort serait arrivée en 56. El-Léit ben Sa'd assure que sa dernière heure fut marquée à Tripoli.

A l'apparition de Abou Yéid, l'homme à l'âne, en 331, les gens de Djerba adoptèrent sa doctrine. Ismaïl reprit l'île et massacra les partisans du novateur. Lorsque les Arabes arrachèrent aux Sanhâdja les pays plats, les insulaires de Djerba construisirent des navires et pillèrent les côtes africaines. Les flottes de Ali ben Yahya ben Temîme les arrêtèrent dans leurs déprédations. Ils se soumirent et s'engagèrent à renoncer à la piraterie.

En 529, les Chrétiens se rendirent maîtres de Djerba. Ils en furent chassés par les habitants soulevés, en 548. Les Infidèles vainquirent une seconde fois ces insulaires et les réduisirent en captivité. L'île ne cessa de passer successivement des mains des Chrétiens aux mains des Musulmans, jusqu'à sa conquête définitive par Abd El-Moumène et ses fils. A la ruine de la puissance almohade, elle entra sous la domination des Hafcides, ainsi que toute l'Afrique. En 688, les Chrétiens de Sicile s'en rendirent maîtres sur son gouverneur, Mohammed ben Semmou, cheikh des Ouehbites, et sur le chéikh des Nekkara, Yekhlef ben Mor'âr. El-Merakia (le marquis), seigneur de Sicile, marcha contre l'île, au nom du roi de Barcelone, El-Fedrik ben Ridakoun (Frédéric, fils de Rodrigue). Il avait avec lui 70 galères. Après plusieurs combats, il s'empara de Djerba. Les Chrétiens firent main basse sur les richesses de l'île, emmenèrent huit mille prisonniers, et jetèrent dans les puits les enfants à la mamelle. Ce revers est l'un des plus cruels qu'aient eu à supporter les Musulmans, dont le malheur fut encore accru par une contribution annuelle de cent mille dinars.

Les Infidèles construisirent à Djerba la forteresse d'El-K'achetîl. Ils lui donnèrent une forme carrée, garnirent les angles de bastions, flanquèrent chaque courtine d'un fort, et entourèrent le tout d'un fossé et d'un double rempart. Ils y tinrent garnison jusqu'en 738. Elle leur fut alors enlevée par Makhlouf ben El-Kemâd, ministre du sultan Abou Becr.

« Les insulaires de Djerba, raconte le chéikh Ibrahîm, sont kharédjites de religion et non d'origine, c'est-à-dire qu'ils ne descendent pas des fondateurs du kharédjisme. En effet, les tribus dont ils sont issus sont beaucoup plus anciennes dans le Mar'reb que cette hérésie, avec laquelle, du reste, ils sont parfois en opposition en ce qui concerne les principes, les articles et les préceptes doctrinaux.

» Les gens de Djerba sont de hardis marins; ils connaissent l'art de lancer les flottes sur la mer. Il en est de même des habitants de Sfax. Ces derniers se sont acquis de la célébrité dans leur lutte contre Malte, qu'ils abreuvèrent à la coupe des douleurs et finirent par dompter. Le capitaine des flottes de Malte, K'eitâne (Gaëtan), devenu leur prisonnier, — que Dieu le maudisse! — est aujourd'hui encore sous la puissance du pacha de Tunis, enchaîné dans une prison, au village de R'âr El-Melh. Ce réprouvé avait capturé de nombreux Musulmans et jeté la terreur sur les côtes, qu'il connaissait admirablement, depuis Bône jusqu'à Tripoli. A la saison des fruits, il chargeait ses navires de prisonniers, qu'il conduisait à Malte. On lui adressait un jour cette question : « Combien de captifs apportez-vous? — Soixante-cinq, répondit-il. Mais j'ignore à combien d'enfants les femmes enceintes ont donné le jour. » Ce fait se passait en 1195, année de famine et de désespoir. Remercions Dieu d'avoir délivré les Musulmans de leur cruel ennemi. »

« Au commencement du VIIIe siècle, dit Ibn Khaldoun, l'empire franc perdit son homogénéité et se démembra en différents États : Barcelonne, Gênes, Venise, etc., qui eurent à supporter les attaques des habitants du littoral de l'Afrique. Les Bougiotes furent les premiers à entreprendre des incursions sur le territoire des Infidèles, à l'aide de flotilles montées par des hommes choisis et vaillants. Ces navires fondaient sur les îles des Francs, les livraient au pillage, assaillaient les navires infidèles qu'ils rencontraient, et, le plus souvent, les ramenaient avec eux. Les villes de Bougie se remplirent bientôt de captifs, et leurs rues tremblèrent sous le fracas des chaînes et des fers, aux heures où les captifs se rendaient dans les chantiers. Le prix de la rançon de ces prisonniers était fort élevé. Les Francs eurent le cœur saturé d'humiliation et de douleurs. Impuissants à se venger, ils se plaignirent au sultan Abou El-Abbâs, à Tunis, qui resta sourd à leurs doléances. Les nations franques se concertèrent et se liguèrent pour attaquer l'Afrique.

En 792, les Chrétiens s'étant rués contre El-Mehdia, élevèrent entre eux et la terre ferme un rempart de bois qu'ils garnirent de combattants. La population de la ville opposa à tous leurs efforts une résistance invincible, une inébranlable confiance dans le succès final. De différents côtés, les assiégés reçurent des secours, dont les Francs ne soutinrent pas l'approche. Le sultan Abou El-Abbâs envoya ses troupes à l'aide des vaillants défenseurs de la foi ; son frère Yahya et ses fils se portèrent contre les ennemis de Dieu. Mehdia devint ainsi le rendez-vous de plusieurs peuples de l'Islamisme. Nos soldats se lancèrent en avant en faisant pleuvoir sur les Francs une grêle de traits. Les Infidèles sortirent de leurs retranchements. La lutte fut terrible entre les deux partis. Les deux fils du sultan se couvrirent de gloire. Abou Fârès aurait péri, sans la protection de Dieu. Du haut des remparts, les habitants de la ville accablèrent les Chrétiens de pierres, de traits, de naphthe enflammé, et incendièrent leurs retranchements. A la vue du feu qui dévorait leurs palissades, les Chrétiens furent tellement découragés, que, dès le lendemain, ils mettaient à la voile et regagnaient leur pays. Les Mehdiens sortirent de la ville en se félicitant de leur victoire et en rendant grâce aux princes de leur actif concours.

Le sultan Abou El-Abbâs mourut en 796. Il eut pour successeur son fils, Abou Farès A'zouz.

A la fin du XIIe siècle, les Valenciens, ces ennemis de Dieu, attaquèrent Soussa, à la tête de onze vaisseaux. Ils bombardèrent la ville, et, après en avoir détruit une grande partie, se retirèrent. Des troupes étaient arrivées au secours de la place ; mais les Infidèles ne s'approchèrent pas du rivage. J'ai visité les ruines de la ville, et l'on m'a affirmé que c'était là l'œuvre des bombes valenciennes.

Quand, en 647, arriva en Sicile la nouvelle de la mort d'Abou Zakariá, le seigneur de cette île bloqua les Musulmans dans Palerme, les soumit et les interna de l'autre côté du détroit. Il passa ensuite dans l'île de Malte et en expulsa les Musulmans. Maître absolu des îles de Sicile et de Malte, il y effaça les traces de l'Islamisme. Dieu seul est supérieur à ses décrets !

Toutes les villes citées dans notre vers sont aujourd'hui sous la domination incontestée du Pacha de Tunis. En effet, tout le pays, depuis Chek'ebnária, qui est la ville de Kaf, jusqu'à K'ábès, le pays est notoirement sous la souveraineté du pacha de Tunis, ainsi que le Djebel Ouslat et autres lieux.

L'endroit où s'élève aujourd'hui Tunis était une plaine dépendante de Carthage, un lieu de pâturage pour ses troupeaux ; on n'y voyait aucune habitation. On raconte cependant qu'il y avait là une tourelle où s'était retiré un cénobite. Ce dévot récitait ses prières de nuit à haute voix, afin que les religieux des environs l'entendissent et répétassent ses oraisons ou psaumes. Cette tourelle fut appelée *Tounès*, de *Tanis*, qui signifie : rendre sociable, tenir société. Nous donnons cette étymologie sous toutes réserves.

Dans l'antiquité, la capitale de l'Afrique était Carthage. Les Musulmans préludèrent à la conquête de l'Afrique par la prise de cette ville et celle de Sebeitla (*Sufetula*). Moa'llak'a faisait partie de Carthage, à laquelle elle était étroitement liée.

Au temps de l'imâme Mâlek, Tunis n'était pas fondée ; elle ne l'était pas encore à l'époque d'Ibn Kâcem, pas plus qu'à celle d'Ibn R'anem, et même de Sah'noun. La métropole de l'Afrique était alors Kairouâne, ville dont nous avons déjà mentionné l'origine.

A la fin du IIIe siècle, Mehdia, fondée par O'béid Allah El-Mehdi, devint le siège du gouvernement. Cette ville, plus que toute autre, fut en butte aux attaques des Chrétiens.

La fondation de Tunis tint aux causes suivantes : les Musulmans s'étaient installés à Carthage, l'une des plus anciennes villes du monde ; mais bientôt, les ruines s'entassèrent autour d'eux dans de telles proportions, que les réparations devinrent une œuvre impossible. Ils tracèrent alors, à côté de Carthage, la ville de Tunis, qu'ils élevèrent tout entière avec les débris de l'antique cité. Malgré la quantité de matériaux enlevés pour les nouvelles constructions, il ne parut pas qu'on eût pris la moindre pierre. Carthage resta sous cet aspect jusqu'en 669. A cette époque, les Francs attaquèrent Tunis, et le Hafcide Mohammed El-Mostanc'er ben Abou Zakariâ fit disparaître les derniers vestiges de Carthage, dans le port de laquelle les Chrétiens avaient mouillé.

La civilisation de Tunis fut grande au IVe siècle, qui fut celui de l'ami de Dieu Sid Moh'rez ben Khelef.

Tunis fut créée par les Musulmans, aussi bien que tant d'autres villes : Kairouâne, Fez, Maroc, le Caire, Baghdad, Tiaret, Sidjelmesse, Alger, Lemdia, Meliana, Ambâr, Rasfa, Oudjeda, Oran, Koufa, Bas'ra, etc.

Le chéikh Ibrahîm affirme que Tunis n'existait pas au temps de l'imâme Mâlek et d'Ibn El-K'âcem. Il appuie son opinion sur celle formulée par Ibn Khaldoun dans sa grande histoire.

Les rois sanhadjiens résidaient à Kairouâne et nommaient des gouverneurs à Tunis, Badja, Soussa, Chek'ebnâria et autres chefs-lieux de districts.

Tunis, K'âbès, K'afs'a, etc., s'affranchirent de leur soumission à El-Moa'zz ben Bâdis, quand le Mar'reb, soulevé contre ce roi sanhadjien, l'eut tué avec 3,300 de ses soldats. Ali ben Rezk a dit à ce sujet :

« L'image d'Oumoum est venue nous visiter au milieu de la nuit ; mais les pieds des montures avaient hâte de partir.

» Ibn Bâdis est un grand roi, je le jure ; mais il n'a pas d'hommes avec lui.

» Trente mille d'entre vous ont été mis en fuite par trois mille. C'est là une aberration. »

A la suite de cette affaire, les Arabes se partagèrent les villes d'Afrique, qui passa aux mains des Benou H'ammâd, rois de K'ola'.

Les Tunisiens se rendirent auprès de En-Nâc'er ben A'ennâs, et celui-ci mit à leur tête Abd El-A'zîz ben Khorassâne, dont la famille, selon toutes les apparences, avait une origine sanhadjienne. Le nouveau gouverneur prit en main la direction de leurs affaires, et se concilia les Arabes en leur payant un tribut déterminé. A sa mort (488), son fils Ahmed Ier succéda.

Ahmed, fils d'Abd El-A'zîz, fut le premier prince de Tunis qui mit dans ses actes l'appareil royal, abandonna la simplicité patriarcale de chéikh et la changea contre la majestueuse démarche de souverain. Il compte parmi les illustres personnages des Benou Khorassâne. Au commencement du VIe siècle, s'étant déclaré indépendant, il pourvut Tunis d'une administration forte et régulière, l'entoura de remparts, améliora sa situation et éleva les palais des Benou Khorassâne. Il conversait avec les savants et aimait leur société. Menacé d'un siège par les troupes d'El-A'zîz Ben Mans'our, roi de Bougie, il rentra sous l'obéissance de ce prince (514). Il fut exilé de sa capitale par Mot'erref ben Ali, qui s'était rendu maître de Tunis et commandait les troupes de Yahya ben El-A'zîz.

Dans la 43e année du VIe siècle, la guerre civile éclata à Tunis. Les habitants du quartier de Bâb Es-Souéika prirent les armes contre ceux du quartier de Bâb El-Djezîra. A cette époque, les Tunisiens avaient choisi comme arbitre de leur destinée le cadi Abd El-Moumène, fils de l'imâme Abou El-H'assan.

Abd El-Moumène, après avoir mis en fuite les Arabes à Sétif, soumis Bougie et Constantine, rentra au Maroc; là, il écouta les griefs des populations de l'Afrique contre la tyrannie des Arabes et envoya dans cette région une armée sous les ordres de son fils Abdallah. Celui-ci campa sous les murs de Tunis, dont les habitants refusèrent toute soumission (452). Secourus par les Arabes, les Tunisiens s'armèrent, sortirent contre les Almohades, les vainquirent et en délivrèrent leur ville. Dans cet intervalle, Abdallah ben Khorassâne mourut et fut remplacé par son fils Ali ben Ahmed ben Abd El-A'zîz. Abd El-Moumène partit de Maroc et marcha contre Tunis, qui reconnut son autorité. Ali et sa famille furent internés à Maroc. Ibn Ziad évacua Moa'llak'a. Abd El-Moumène mit ainsi fin à l'agitation de l'Afrique.

Tunis ne devint la métropole de l'Afrique qu'au commencement du VIe siècle, sous le règne de Ahmed ben Abd El-A'zîz ben Khorassâne. **Dieu est le plus savant !**

مدة اشهر الحرب يناجلها ٭ طالع سعد له عليهم بالنحس
بطلبوا السلم من بعد مراودة ٭ فاعطوا الامان على الامتعة ولـنـفس

Pendant plusieurs mois la guerre se fit avec des chances diverses. Mais l'étoile de notre prince enfin se montra et son bonheur fut le malheur des Chrétiens, qui implorèrent souvent la paix et obtinrent *l'amane* ou la permission de se retirer avec vie et bagues sauves.

COMMENTAIRE

Les Chrétiens — que le Dieu de miséricorde et de bonté les humilie et les fasse nos esclaves ! — voyant la multitude des soldats de notre prince, l'air martial de ses bataillons, comprirent que la place forte d'Oran devait fatalement appartenir au faucon qui épie sa victime du haut de son rocher, au lion dont le front plissé est plein de menaces. Condamnés par la destinée à devenir la proie de notre souverain, ils craignaient à tout instant de le voir fondre et bondir sur eux. Ils eurent alors recours à certaines influences pour obtenir la paix sous des clauses et conditions qu'ils jurèrent d'exécuter. Pour faire marcher les évènements au gré de leurs désirs, ils distribuèrent des cadeaux et des présents corrupteurs. Ils réclamèrent l'intervention du sultan d'Alger, Mehammed-Pacha. Ce monarque étant venu à mourir, ils s'adressèrent à son successeur, Hassane Daouletli, et le pressèrent d'écrire en leur faveur. Ils intéressèrent à leur situation tous les fonctionnaires de l'État d'Alger. Hassane Daouletli, dans sa vive et rapide intelligence, comprit qu'il était avantageux pour la religion du Prophète de conclure immédiatement la paix, moyennant la cession aux Musulmans de la ville d'Oran, ou le paiement de plusieurs milliers de dinars. On écrivit dans ce sens à notre prince victorieux, qui se rangea à l'avis de la plupart des Musulmans. Les Chrétiens s'étant engagés à payer une lourde contribution de guerre, nos guerriers mirent de côté leurs pesantes armures.

Dans le premier tiers du mois de Moharrem, la prise définitive de la ville fit tressaillir de joie le cœur de notre vaillant et héroïque prince. Ce jour fut, pour les Musulmans, un jour de fête, de bénédictions et de bonheur, un jour digne de rester dans la mémoire des hommes. Notre victoire terminait heureusement la guerre, et fut bientôt connue du monde entier. Nous donnerons incessamment des détails sur notre entrée dans la ville.

وكانت مدتهم بثغرها كمج * جرى بذاك القلم قد ما في الطرس

Les Chrétiens étaient restés à Oran pendant 63 ans. Ce laps de temps avait été écrit, de toute éternité, sur les feuillets de la destinée.

COMMENTAIRE

Djouher ayant reçu de Ma'dd, connu sous le nom d'El-Moa'zz, l'ordre d'aller conquérir l'Égypte, il emmena avec lui mille charges d'argent et un matériel immense. A la fin de l'année 358, il était maître du Caire. Il défendit d'y faire la prière du vendredi au nom des Abbacides, rois de Baghdad, auxquels il adressa ce vers :

« Dis aux Benou Abbas que le Caire est pris ; dis au Benou Abbas que leur règne est fini. »

Lorsque Djouher commença son mouvement vers l'Égypte, il campa à Remâda, localité de l'Afrique. Il avait avec lui cent mille cavaliers et emportait douze cents coffres d'argent. Tous les jours, El-Moa'zz se rendait auprès de lui pour l'entretenir en secret de ses projets et lui donner ses instructions. Le jour de sa dernière visite, le roi descendit de son cheval, sur lequel il s'accouda. Djouher se tint debout devant lui. El-Moa'zz lui recommanda une dernière fois ses intérêts et ordonna à ses propres enfants de lui dire adieu. Ceux-ci mirent pied à terre. Cet exemple fut suivi par tous les fonctionnaires de l'État. Djouher monta à cheval, après avoir baisé la main de son royal bienfaiteur et aussi les sabots de sa monture.

El-Moa'zz, de retour au palais, envoya son cheval à El-Djouher : il se défit également, en faveur de son ministre, des vêtements qu'il portait ce jour-là, et ne garda que son anneau. Il manda à Moula Afleh, seigneur de Barka, d'aller à la rencontre d'El-Djouher et de lui baiser les mains. Afleh donna cent mille dinars pour être exempté de cette marque de respect. El-Moa'zz maintint son ordre.

A Atroudja, près d'Alexandrie, Djouher reçut Abou-Dja'fer Moslem ben Abdallah El-Haçani, que lui adressait le Cherif comme député de la population du Caire. Là, il eut aussi à lire les demandes de tous ceux qui ambitionnaient un apanage, une fortune ou un gouvernement.

La famille de Kâfour El-Akhchîd mit à sa tête Djerîr Ech-Choutrani, et se prépara au combat. Les deux armées marchèrent à la rencontre l'une de l'autre. Les Égyptiens furent mis en déroute. Les soldats de Djouher pénétrèrent dans la ville, à la suite des fuyards. Les femmes n'eurent que le temps de se réfugier précipitamment dans le palais du Cherif. Ce dernier, sur l'invitation de Djouher, donna l'*amane* aux vaincus. Quand il sortit de sa demeure pour remplir cette mission pacifique, un officier, porteur d'un drapeau blanc, l'accompagna et circula autour des groupes de population, en annonçant qu'ils étaient tous reçus à merci. La ville reprit aussitôt son calme, comme si aucune révolution ne l'avait troublée.

Sur ces entrefaites, un messager vint inviter les corps des Cherifs et des hommes de lettres, ainsi que les notabilités de la ville, à se tenir prêts à recevoir El-Djouher, le mardi, 17 châban de l'année 358. Dès que les corporations furent en vue de Djouher, un héraut cria que tout le monde eût à descendre de cheval, sauf l'Émir Djafer et le Cherif. Tous mirent pied à terre et firent acte hommagial. Djafer plaça le Cherif à sa droite et le Vizir à sa gauche. L'armée commença son entrée dans la ville au moment où le soleil quittait le zénith. Pour cette solennité, chacun avait revêtu ses armes de luxe, son équipement de cérémonie, et montait un cheval de choix. Le soleil était arrivé vers le milieu de son déclin quand les soldats, en colonnes serrées, terminèrent leur défilé. Djouher, à son tour, pénétra dans la ville, tambours battants et bannières déployées. Il portait un somptueux vêtement de soie jaune et montait un cheval alezan. Il s'arrêta à l'endroit où s'élève aujourd'hui le Caire. Cette même nuit, il creusa les fondements du château. Comme le sol était fort inégal, il répondit à quelqu'un qui lui conseillait de le mettre de niveau : « Les fouilles des fondations ont eu lieu » en un moment de bon augure, je n'y changerai rien. »

El-Djouher rendit compte à El-Moa'zz de sa victoire, et lui envoya les têtes des tués pendant la bataille. Tous les samedis, il tenait des assises, où siégeaient le Cadi, les savants, le Ministre et les grands, pour juger les crimes. Il ajouta à la formule de l'appel à la prière du vendredi : « Accourez à la bonne œuvre. » Il commença la construction de la mosquée El-Azhar et la termina dans le mois de Ramadan de l'année 361.

هم يخربون بيوتهم بايديهم ٭ باعتبروا يا ذوى لابصار والكيس
بنوا النظير في الحشر سيفوهم بذا ٭ فكيب بالروم بىعل اليهود نس
كبار وهران تركوها غامرة ٭ بالحمد لله امنا من الهجس
باي عثمان عثمان فد رجعا ٭ الينا ما يسلى عن ارض اندلس

De leurs propres mains, ils détruisent leurs maisons ! Hommes intelligents et perspicaces, retenez ce fait comme enseignement.

Les Benou-Nedir, ainsi que le constate la Sourate du H'acher, avaient commis, avant eux, cette infamie. Quelle honte pour les Chrétiens, de prendre des Juifs pour modèles !

Les mécréants ont laissé Oran tout en ruines. Mais

le **Bey Otmane** nous a heureusement prémunis contre les sombres idées.

Lui et son fils Otmane nous ont rendu Oran, Oran qui console de la perte de l'Andalousie.

COMMENTAIRE

عثمان. — O'tmâne, fils du bey de Mascara, était vice-roi de la partie orientale des États de son père. Un esprit distingué, un extérieur noble, un air intelligent, de belles manières, le rendaient éminemment propre à exercer le commandement ; en outre, il était instruit, courageux et d'une mansuétude infinie. Les rayons qui sortaient de son visage éclairaient en lui les qualités les plus aimables, et sa parole prouvait que ses lèvres avaient bu à longs traits à la coupe de la science. Souhaitons que les étendards de la victoire flottent toujours autour de lui et que ses coursiers soient à jamais vainqueurs dans les arènes. Il ne s'attachait point, dans les affaires de son gouvernement, à l'extérieur seul des choses ; il ne les quittait que lorsqu'il était parvenu à en rejeter au loin tous les voiles de mystère.

اندلس. — L'Andalousie fut ainsi appelée du nom du premier homme qui s'établit sur son sol après le déluge. Ce fut Andalos, fils de Yaphet, fils de Noé. Ce pays devint une des premières conquêtes des Musulmans. Arrivèrent ensuite les Chrétiens, qui leur enlevèrent tout le pays, ville par ville, lambeau par lambeau, du Ve siècle à 1018. Ils détruisirent de fond en comble ce royaume et en firent disparaître l'islamisme jusqu'au dernier vestige. Les villes qu'ils s'annexèrent furent innombrables.

El-R'azzali, dans sa « Rihla » ou relation du voyage qu'il fit en Espagne en 1179, nous donne la description suivante de Tolède :

« Cette ville est construite sur une colline fort élevée. L'oued El-Kebir (Guadalquivir) ou oued Antakhou en entoure les sept huitièmes. Ses maisons à style mauresque et de moyenne hauteur ont trois étages au plus. Les rues sont très étroites. Les pièces du bas des maisons et celles du premier étage donnent à la cité un air de ressemblance avec Fez. Ses remparts, qui remontent à l'époque des Musulmans, sont encore intacts : le temps n'a point agi sur eux. On franchit le fleuve sur deux ponts romains. Le pont musulman a été détruit par les eaux ; il n'en reste plus que les piles. On voit encore la Kas'ba avec ses quatre forts octogones ; elle est dans un tel état de conservation qu'elle paraît de construction récente.

» Nous nous rendîmes à la mosquée, temple majestueux où sont réunis tous les genres épars de beauté. Le marbre a été employé à sa construction et à celle de ses colonnes, autour de chacune desquelles s'élèvent en faisceau huit piliers. Entre les joints des pierres de face, on a plaqué une tablette de marbre noir de même largeur que les pierres et haute d'un doigt, pour rehausser l'aspect général de la maçonnerie.

Le monument est surmonté d'une coupole mesurant 72 pieds en largeur et autant en longueur, et entourée d'une grille en cuivre doré.

» Les trésors de cette mosquée sont très riches : on y voit amoncelés des couronnes, des bracelets, des colliers, des anneaux, des lampes, des candélabres, des coupes, des statuettes et des croix d'or. Certains de ces bijoux sont, en outre, enrichis d'émeraudes et de perles précieuses. Ce qu'il y a de vases en argent est incalculable. Dans un des trésors se trouve une sorte de minaret, d'une hauteur de deux coudées à peine, et porté sur la mitre de deux statues qu'au premier abord on prendrait pour des êtres vivants. Le contour de ces figures est en argent et les draperies qui les recouvrent sont en or. Le tout est orné de topazes en saillie. A côté de cet objet d'art, on voit deux statuettes en or mesurant cinq doigts de circonférence et enchâssées également de topazes en saillie et d'autres gemmes, ainsi que de pierres fines. On voit aussi un livre incrusté d'or, qui a, auprès des Chrétiens, une autorité décisive : il renfermerait une partie du pentateuque.

» En résumé, les trésors gardés dans la mosquée de Tolède ont été amassés par les rois depuis un temps immémorial, et grossis par les nombreuses dynasties musulmanes et infidèles qui se sont succédé.

» Ce temple est le plus ancien monument religieux de la ville. Ce n'est pas d'aujourd'hui que ces richesses existent : les Infidèles les y avaient abandonnées, quand ils furent chassés de l'Andalousie par les Musulmans.

» Le faîte du mur de la mosquée est percé de 70 fenêtres ogives du marbre de couleur appelé Zedjadj Iraki (cristal irakien). Onze portes donnent accès dans le temple. Sur les côtés s'élève le minaret avec ses 357 marches.

» Nous visitâmes le cimetière musulman. Sur une colonne de marbre on lit cette inscription : « O hommes, la promesse de Dieu est une vérité. Ne vous laissez pas tromper par la vie de ce monde et que les vains désirs ne vous inspirent pas de fausses idées sur Dieu. Ci gît l'imâme Ahmed ben Ahmed ben Ma'nît, mort en confessant qu'il n'y a d'autre dieu que Dieu seul, Dieu sans associé ; que Mohammed est son prophète, son envoyé, chargé de montrer la bonne voie, la religion de la vérité ; de ramener, malgré les polythéistes, tous les peuples au seul culte de l'Être Suprême. Il est mort dans la nuit du dimanche, sept nuits avant la fin du mois de Rabi second de l'an 449. »

« Le verset précédent est répété sur une autre colonne ; mais le nom du défunt est effacé. Du millésime il ne reste que 44 ; il n'y a plus de trace des chiffres qui précédaient ou suivaient.

» Dans les palais royaux et les demeures princières nous lûmes quelques inscriptions parlant de salut, de gloire à Dieu, et rappelant que le monde des choses sensibles et invisibles est à Dieu.

» La ville de Grenade est adossée aux flancs d'une montagne au sommet de laquelle s'élève la k'asba des rois musulmans. Cette citadelle fort élevée et très solide, s'est conservée intacte. Sur le cintre de la porte est gravée cette inscription, en beaux caractères orientaux : « Au nom de Dieu clément et miséricordieux. Que le salut soit sur notre seigneur Mohammed, sur sa famille, ses compagnons, et leur accorde le salut ! La construction de ce monument a été ordonnée par celui qui mérite d'être appelé Porte de la loi révélée, — Puisse Dieu se servir de lui pour affirmer la fortune de la religion islamique et lui assurer l'éternité ! — par notre maître, prince des Croyants, sultan combattant dans la voie de Dieu, Abou El-Hadj Youssef, fils du sultan, du jérosolymitain Abou El-Oualîd ben Nas'r. — Que Dieu perpétue sa victoire et immortalise sa grandeur et sa gloire ! Ce monument a été terminé au mois de Ramadâne 749. »

Cette porte donne entrée dans un corridor dont l'extrémité est fermée par une autre porte, qui est en aussi bon état que la première, et en a la hauteur ainsi que l'épaisseur. Au-dessus du cintre, se trouve une inscription du même style épigraphique que la précédente. Elle commence par l'invocation du secours de Dieu contre le Démon le lapidé, et continue ainsi : « Au » nom de Dieu clément et miséricordieux. — Que Dieu répande » ses grâces et ses bénédictions sur notre seigneur Mohammed, » sur sa famille, ses compagnons, et leur accorde le salut ! — » Nous t'avons donné une victoire éclatante pour que Dieu te » pardonne tes fautes anciennes et présentes, qu'il complète ses » bienfaits envers toi, te conduise à une voie droite et t'accorde » son concours. » La date est la même.

« Le château a deux coupoles. L'une d'elles est si bien conservée, qu'on la dirait de fondation récente ; elle mesure 45 pas de longueur et est percée de trois portes.

» Dans l'une de ces coupoles, on lit l'inscription suivante :

» Je suis comme si je cherchais à recueillir la rosée bienfai- » sante qui tombe de la main de mon seigneur Abou-El-H'ad- » jâdj.

» Puisse ce monarque, tel qu'une pleine lune, continuer à » luire dans notre ciel, aussi longtemps que l'astre des ténèbres » éclairera la nuit !

» Grâce à lui, les hommes passent leurs jours dans le bon- » heur. Tes vêtements royaux et la couronne, ô Roi, te placent » au-dessus des faveurs. »

» Les murs et le plafond de cette coupole sont tellement couverts de versets du Coran moulés au plâtre, qu'il n'y a pas un seul espace sans écriture. En voici quelques-uns :

« Le bien qui est parmi vous vient de Dieu. — Cher-
» che en Dieu un refuge contre le Démon le lapidé; car Dieu
» est le meilleur des gardiens, le plus miséricordieux des sa-
» vants. — Il est gardien, savant. — Tu n'es pas chargé d'eux.
» Dieu te suffira contre eux : il entend et sait. — Ce que vous
» aurez donné, Dieu vous le rendra : il est le meilleur des pour-
» voyeurs. » Viennent ensuite le verset du trône, une partie du
chapitre de la victoire ; le chapitre de la pureté ou de l'unité de
Dieu, la louange à Dieu. « Dieu seul est supérieur », est répété
deux fois dans la même ligne.

» A la porte d'un pavillon habité par les Infidèles, nous avons
lu sur une brique cette inscription : « Il n'y a de Dieu que Dieu. »
J'étais encore là, que cette brique était arrachée et jetée dans le
grenier du pavillon.

» De la Kasba, le regard découvre douze villes autour de Grenade. Spectacle imposant et majestueux !

» On remarque, continue Er-R'azzali, chez la plupart des citadins, une certaine sympathie pour l'Islamisme ; il y a en eux
de la bonté et de la compassion pour nous. Quelques-uns affirment leur origine musulmane. Nous sommes à Dieu et nous re-
viendrons à lui. Il n'y a de force et de puissance qu'en Dieu. »

Au début de l'Islamisme, il y avait en Andalousie de grands
rois, des armées nombreuses. Lorsque El-K'âcem ben Mohammed, surnommé Kânoun, souverain de la famille de Mohammed
ben Idris, mourut dans le Mar'reb, en 337, son fils Abou-El-
Aïche Ahmed, jurisconsulte, historien érudit et soldat intrépide,
lui succéda sous le nom d'El-Fâd'el. Obéissant à son inclination
pour les Merouanides, il fit, dans les chaires, la prière publique
au nom de En-Nâc'er, et abandonna la cause des Chiites. Son
fils, Mohammed, s'étant rendu auprès de En-Nâc'er pour l'assister
dans sa guerre sainte, ce monarque fit construire pour lui un palais à chaque étape, le reçut avec les plus grands honneurs et lui
attribua mille dinars par jour. Ce Mohammed fut tué dans un
combat livré pour la foi, en 343.

Le célèbre poète Ibn Khefadja était de Chak'ra. Il y mourut
en 533.

١ ـ رماهم الله بالملك امرنا * رمية سهم اتتهم على غيرفس
٢ ـ طهر ارضه منهم انهم نجس * بمطلق وطهر ذالك النجس
٣ ـ بماضى الحزم والاقدام متزر * ان عالج الداء كان غير منتكس
٤ ـ محى الذى كتب التجسيم من ظلم * واثبت التوحيد ودام كالحبس
٥ ـ امسى على الرفع للتمييز منتصبا * عن حفظ عاملها حالا من ملتبس
٦ ـ غروان نال مجدا ليس يدركه * سواه اذ عرفه فى المجد منغمس
٧ ـ ان الامارة كانت ولاياية فى * اسلافه عرفها مخضرا لم ييبس
٨ ـ دم فى تصريىو ما اوليتم ابدا * وارض سعدك فيها النهر منبجس
٩ ـ مدينة حلها التوحيد مبتسما * خذ لان وارتحل التثليث منبيس
١٠ ـ من بعد ما صيّرها العائثيون بها * يستوحش الطرف ما انس من انس

Dieu a lancé contre les Chrétiens le roi, notre prince, comme un trait qui frappe au moment où l'on s'y attend le moins.

Il a purifié notre terre de toute l'impureté chrétienne ; il a enlevé la souillure de l'Infidèle,

Par l'intermédiaire d'un homme d'un superbe courage, couvert du manteau de gloire. Le remède a été souverain : une rechute n'est plus à craindre.

Notre roi a effacé les blasphèmes écrits par le peuple de la transsubstantiation, et a affermi l'unité, qui est devenue éternelle comme un legs *habous*.

Par là, il est arrivé à une hauteur où il est en vue de tous. Un si beau pays ne saurait être régi par une médiocrité.

Jamais aucun homme n'est parvenu à un pareil éclat. Déjà sa noble origine l'enveloppait de renommée.

En effet, ses aïeux, princes de naissance, avaient

des sujets, et leur souche est toujours restée vivace et pleine de sève.

Puisse le pays que tu gouvernes t'avoir toujours pour maître ! Tu es, pour la terre heureuse de te posséder, comme un fleuve intarissable.

Tandis que l'unité entrait en souriant à Oran, la trinité la quittait toute désespérée.

Les mécréants avaient tellement dénaturé cette cité, que l'œil affolé ne trouvait plus qu'uu désert là où il voyait auparavant des hommes.

COMMENTAIRE

الوحشة. — Avant qu'elle tombât en notre pouvoir, la ville d'Oran était une véritable solitude ; car elle n'était peuplée que d'abominables trinitaires. Il n'y avait d'autres Musulmans que ces *mer'at'is* (baptisés), alliés des Infidèles, dont ils formaient l'armée. Malgré sa nombreuse population, on se serait cru dans une nuit sombre, une nuit terrible de néant, et dans un isolement plus complet que celui de Sohe'il (Canope). Ses vieilles demeures semblaient désertes. On eût été effrayé à l'aspect de ses habitants tous vêtus de noir. Ces sectateurs de la croix avaient effacé toute trace d'Islamisme dans la ville, fait disparaître les cérémonies sacrées de notre culte, rendu déserts les lieux de prière. Les adorateurs de Dieu avaient été remplacés par d'autres hommes; nos livres s'étaient évanouis, les yeux qui les lisaient s'étaient fermés à la lumière, et chaque jour on soupirait davantage après le retour de notre culte. Enfin Dieu produisit un homme, le Bey Mohammed ben O'tmâne, qui devait ramener dans notre métropole la religion avec tous ses emblèmes, en exiler les trinitaires, les idolâtres et la gent des églises et de la croix, et, par sa politique sage et prudente, sauver le royaume, en même temps que rétablir l'enchaînement naturel des choses par ses bienfaits.

شيدت مساجدنا وهدمت بيعا ٭ اذ اننا الحق فد بطش بالجرس

ابد لها الله ببهتان جافمة ٭ مدارسا للمثاني تنفر بالدرس

Nos mosquées ont été relevées et les églises détruites. Notre cri d'appel à la véritable prière a fait taire le son des cloches.

Dieu a pris Oran comme prix des fourberies de Jayme, et y a fait germer les medersa pour l'enseignement du Livre saint.

COMMENTAIRE

جافمة. — Don Jayme, dont il est ici question, était roi de l'Andalousie au milieu du VIIe siècle. Ses sophistications, ses impostures le jetèrent, lui et ses sujets, dans l'erreur. Bien que son système ne fût qu'audacieux, puisqu'il ne s'appuyait sur aucune preuve, aucun témoignage, et ne souffrait pas le raisonnement, il trouva de nombreux partisans. Du reste, son peuple — que Dieu le détruise ! — était dans l'erreur, il ne fit qu'y entrer davantage. Il sortit de ce juste milieu où les esprits opposés se concilient. Don Jayme conduisit ses sujets dans une voie encore plus tortueuse que celle que leur avait enseignée Abdallah ben Arîs (Arius).

وغير الاسلام العالي معالمهم ٭ واذ هب اللين من ذالك والشرس

هاهي فد غضت وطابت جوانبها ٭ وثوب وشيها فد صبغ بالورس

Le sublime Islamisme a substitué ses emblèmes à ceux du Christianisme, et rejeté les signes symboliques et matériels de l'Infidèle.

Voyez-la, cette ville, comme elle pousse avec vigueur. Ses campagnes répandent des parfums; ses vêtements aux riches couleurs sont teints avec le safran de l'Yemène.

COMMENTAIRE

اوراس .1 — Aourâs est une montagne du Mar'reb, qui appartenait à Dehia bent Nâbeta, devineresse et reine d'une richesse proverbiale.

Aucune femme n'a surpassé, en opulence et en intelligence, K'at'r En-Nada, fille d'Ibn Ahmed ben T'oulone, souverain d'Égypte. Le véritable nom de cette princesse était Asmâ bent Khomraouya ben Ahmed ben T'oulone. Son père la maria à El-Mo'tad'ed. Cent ânesses, sous la conduite de Châfi El-Khoddâmi, portèrent la dot. El-Mo'tad'ed renouvela à son beau-père le gouvernement de l'Égypte, qui, par une mesure spéciale et publique, s'étendit depuis Barca jusqu'à Hît (en l'râk'). Jamais à nouvelle mariée on ne vit plus beau trousseau, car il comprenait mille bassins pleins d'or. L'aïeul de cette femme fut le fondateur de la célèbre mosquée entre Mis'ra et El-Kahira (vieux et nouveau Caire), en 257, et consacra 120,000 dinars à cette construction.

١٥٨ حبايل الشرك لا تخبو غوايلها ٭ فد وورى الكبر في اغاميف الرمس

Oran n'a plus à craindre le danger de tomber dans les filets du polythéisme: l'infidélité s'est enfoncée dans les profondeurs du tombeau.

COMMENTAIRE

Abd Er-Rebbih fut un jurisconsulte érudit et l'un des plus féconds littérateurs de l'Andalousie. El-H'amidi assure qu'il a vu de cet auteur plus de vingt volumes de poésie. Il mourut en 228, à l'âge de 81 ans.

وفد سفاها لآه العالمين حبا ٭ منار الاسلام بها ضاء كالقبس
باهت ببرد المولى من بعد بكمتها ٭ ما بها من صمم يرى ولا خرس
زهت باميرنا محمد وغدت ٭ تميل اعطافها من شدة البهس
يبدى النهار به من ضويه شنبا ٭ كهالة البدران ركب في الخمس
اعلامه كعقبان الجوحايمة ٭ يحفى من حوله شهب الفنا حرس
ما زال حظه للافبال منتبها ٭ ككوكب سعده ضاء غير منطمس

Oran — puisse Dieu la rendre florissante ! — voit aujourd'hui le flambeau de l'Islamisme l'éclairer de ses flammes ardentes.

Après un long silence, elle a proclamé l'unité du Maître de l'univers. Elle n'est plus affligée de surdité ni de mutisme.

Toute glorieuse de notre prince, elle s'avance gracieuse et superbe, en s'inclinant sur ses hanches,

Car il lui est apparu comme un jour éclatant de lumière. A cheval, à la tête de son armée, il ressemble à une pleine lune entourée d'un halo.

Ses étendards planent dans l'air comme des aigles. Les pointes de ses lances sont pareilles à des flammes voltigeant autour de lui.

Le sort lui réserve encore d'heureux événements : l'étoile de son bonheur n'a pas fini de briller.

COMMENTAIRE

Il n'est pas de nobles et immortelles actions que n'ait faites notre maître ; il a comblé la mesure du possible. Guidé par sa vaste intelligence, par une volonté que rien ne rebute, enhardi par le succès qui a toujours couronné ses efforts, il eût relevé le trône des Benou-S'emadeh, s'il n'en avait été empêché par la mer ; il eût porté la guerre sainte en Andalousie, reconquis le royaume des Benou-A'bbâd et réoccupé la presqu'île de Denia.

و11 حيث المنا كان طوعه وتابعه ٭ سعد السعود برايته كالطرس

Tout lui vient au gré de ses désirs. La fortune lui est fidèle. Le bonheur est attaché à ses étendards, comme la main qui écrit l'est à la feuille de papier.

COMMENTAIRE

Oran devint, entre les mains de notre prince victorieux, une demeure hospitalière, une dépouille légitime dont il a distribué une bonne part aux affamés. Dans son amour pour les Musulmans, il a fait de cette cité le siège de sa royauté, afin de mieux marquer la colère et la rage impuissantes des Chrétiens. Mais aussi, jamais pareille victoire n'a illustré, de nos jours, le règne d'aucun souverain. Que les jaloux, les envieux, s'ils l'osent, essaient d'effacer, sous des succès plus évidents, la gloire que notre prince s'est amassée pour ce monde et pour l'autre.

Mohammed Bey ben O'tmâne est arrivé au plus haut point de la grandeur, grâce à ses efforts invincibles. Il a réparé les maux douloureux dont nous ont affligé les Infidèles, dans ces derniers temps ; il nous a fait oublier la ruine de notre belle Andalousie, d'où nos frères ont été indignement exilés par les mécréants. Il s'est montré soudain aux Musulmans désolés, comme un verdoyant pâturage. En prenant Oran, il a pris les Infidèles. C'est là une victoire grandiose, un trophée glorieux. On peut dire de lui qu'il a fait une guerre opportune, car elle a définitivement arrêté les Chrétiens, qui, non contents de prendre l'Andalousie et ses îles, avaient même poussé l'audace jusqu'à s'attaquer à Soussa et à Alger.

Ce livre a été terminé au moment de la prise d'Oran.

في خامس البرد اضحى يوم اثنينه ∗ كان الدخول بعون الملك القدس
سنة ست ثم الحمد لخالفنا ∗ وصل ايضا على المنفى من الدنس
بانا ابريز قد ختم من رجين ∗ جبريل اعطيه من نهر البردوس
وصحبه الذين احد لوكان لنا ∗ لم يبق بالبد لهم بل ولا الخمس

Par la grâce du Roi très saint, notre entrée dans la ville a eu lieu le lundi matin, cinquième jour du mois de Radjeb l'unique,

De la sixième année (du XIIIe siècle). Louange à notre Créateur. Puisse Dieu répandre ses bénédictions sur le Prophète, pur de toute souillure !

Puisse Gabriel l'abreuver à la source paradisiaque, à l'aide d'un vase d'or du fond duquel s'exhale l'arome du meilleur vin,

Lui donner pour compagnons ceux dont le prix ne pourrait être représenté par une mesure d'or, fût-elle grosse comme Oh'od, eût-elle même cinq fois le volume de cette colline !

En terminant ce commentaire de mon poème sur la prise d'Oran, je prie le lecteur de ne point faire une censure trop sévère de mon travail : dans la masse des traits lancés vers un but, il en est toujours qui l'atteignent.

« Les hommes déprécient ou rejettent facilement les œuvres de leurs contemporains.

« Mais qu'au lieu d'être présents, ces auteurs méconnus soient éloignés seulement d'une journée, leurs livres aux yeux des critiques mériteront des lettres d'or. »

Alger. — Typographie Adolphe Jourdan.

ALGER. — TYPOGRAPHIE ADOLPHE JOURDAN

www.ingramcontent.com/pod-product-compliance
Lightning Source LLC
Chambersburg PA
CBHW071949160426
43198CB00011B/1602